Irene Gysel

Katharina von Zimmern
Flüchtlingskind, Äbtissin, Bürgerin von Zürich

T V Z

Irene Gysel

Katharina von Zimmern
Flüchtlingskind, Äbtissin, Bürgerin von Zürich

TVZ
Theologischer Verlag Zürich

Publiziert mit freundlicher Unterstützung von Stadt Zürich Kultur, der Evangelisch-reformierten Landeskirche des Kantons Zürich, der Evangelisch-reformierten Kirchgemeinde Zürich, der Katholischen Kirche im Kanton Zürich, des Fonds für Frauenarbeit der Evangelisch-reformierten Kirche Schweiz und der Evangelisch-reformierten Kirche des Kantons Schaffhausen.

Der Theologische Verlag Zürich wird vom Bundesamt für Kultur mit einem Strukturbeitrag für die Jahre 2021–2025 unterstützt.

Bibliografische Informationen der Deutschen Nationalbibliothek
Die Deutsche Nationalbibliothek verzeichnet diese Publikation in der Deutschen Nationalbibliografie; detaillierte bibliografische Daten sind im Internet über http://dnb.dnb.de abrufbar.

Umschlaggestaltung
Simone Ackermann, Zürich
Bild: Flachschnitzereien in der oberen Stube der Fraumünsterabtei Zürich, 1507/08, Schweizerisches Nationalmuseum

Druck
gapp print, Wangen im Allgäu

ISBN 978-3-290-18635-7 (Print)
ISBN 978-3-290-18636-4 (E-Book: PDF)

© 3. Auflage 2024 Theologischer Verlag Zürich
www.tvz-verlag.ch

Alle Rechte vorbehalten

Inhalt

Vorwort der Stadtpräsidentin ... 9
Einleitung ... 13

Das Flüchtlingskind

Schloss Messkirch (1478–1487) ... 17
    Bedroht ... 17
    Die Mutter ... 20
    Der Vater ... 22
    Verjagt ... 24
Weesen (1490–1491) ... 28
    Aufgenommen ... 28
    Heirat oder Kloster ... 29
    Einkauf in die Abtei ... 31
Fraumünster Zürich (1491) ... 33
    Untergebracht ... 33
    In der Abtei ... 35
    Hans Waldmann ... 37
    Unterbrechung ... 40
    Eingekleidet ... 43
    Einsiedeln ... 48
    Der wilde Bruder ... 50
Wahl und Weihe (1496) ... 53
    Umstritten und doch gewählt ... 53
    Geweiht ... 56

Die Äbtissin

Im Amt (1496)	63
Eingesetzt	63
Turbulenzen	68
Kaplanisse	72
Prozessionen	75
Wallfahrten	78
Belästigt	81
Fordernd	83
Gestaltend	85
Zwischen den Fronten	87
Familie Göldli	90
Chorfrauen	92
Heimlichkeiten	95
Das grosse Fest	97
Die Klosterstadt	101
Die Bauherrin (1506–1508)	105
Der grosse Bau	105
Die Sprüche	109
Die Flachschnitzfriese	111
Die Devise	113
Das rote Barett	117
Die Fischsirene	119
Familie, Freunde, Chorfrauen (1509–1515)	120
Der späte Erbverzicht	120
Der Söldnerführer	122
Eine neue Chorfrau	125
Wichtige Weichen (1516–1518)	129
Erasmus	129
Zwingli	130
Der Freund	133

Ein dramatisches Jahr (1518–1519) ... 135
   Die Chorfrau auf der Münsterbrücke ... 135
   Der Reformator ... 137
   Eberhard verurteilt ... 139
   Die Pest ... 141
   Streit ... 142
Anfänge (1520–1522) ... 143
   Aufbruch ... 143
   Die Schule ... 144
   Noch hoffnungsvoll ... 145
   Einschnitte ... 146
   Allein ... 148
Unruhen (1523–1524) ... 149
   Die Auseinandersetzungen werden militanter ... 149
   Streit im Kloster Oetenbach ... 150
   Die Cousine in Königsfelden ... 153
   Umworben ... 155
   Zerstörungen ... 157
   Ängste ... 160
   Der Ittinger Sturm ... 162
Veränderungen (1524) ... 163
   Feste und Feiern ... 163
   Regula verheiratet ... 164
   Der Herzog in Zürich ... 167
   Zur Übergabe bereit ... 169
   Entgegennahme des Rats ... 172
   Eine gemischte Schenkung ... 176
   Befreit und traurig? ... 177

Die Bürgerin

Noch in Zürich (1525)	181
Sich neu zurechtfinden	181
Täufer	183
Frauenklöster	186
Schaffhausen und Diessenhofen (1525–1529)	188
Verheiratet	188
Forderungen	191
Diessenhofen	192
Eine Anschuldigung	194
Katharinenthal	196
Die Königsfelderinnen	197
Brief an die Brüder	198
Zurück in Zürich (1529–1531)	200
Eberhard wieder in Zürich	200
Katharina wieder in Zürich	202
Die Cousine heiratet den Freund	206
Heiratsgut gefordert	207
Vor dem Krieg	208
Die Katastrophe	210
Ein weiteres Unglück	212
Im Oberdorf	214
Patin	216
Am Neumarkt	219
Das Erbe	225
Die Nachkommen	226
Literatur	231
Nachschlagewerke	239
Archive und Bibliotheken	239
Bildnachweis	240

Vorwort der Stadtpräsidentin

Die Tür geht auf. Katharina von Zimmern betritt den Raum. Der Blick ist klar. Entschieden ist der Gang. Grandezza und Macht sind plötzlich präsent. Im alten Rathaus von Zürich wird im Jahr 1523 disputiert. Die Hauptdarsteller der Disputation sind für einen Moment auf die Plätze verwiesen. In diesem kurzen Moment erhält Macht ein neues Geschlecht und einen neuen Namen. Zürichs Stadtherrin und Äbtissin ist anwesend.

Im November des darauffolgenden Jahrs übergibt Katharina von Zimmern die Schlüssel für das Fraumünster mitsamt Vermögen und Ländereien dem reformationsfreundlichen Bürgermeister Zürichs. Sie tut es mit grosser Geste. Zu Katharinas Grandezza und Macht gesellen sich Weitblick und Gewissheit. Der Generalvikar ist bei der Schlüsselübergabe anwesend. So unterschiedlich die Reaktionen der zwei Männer sind, so teilen sie in diesem Moment eine Gemeinsamkeit: Sie sehen, wie die Frau im Raum der Reformation Schub verleiht und das Schicksal Zwinglis besiegelt. Katharina von Zimmern macht Geschichte.

Mit diesen zwei Szenen aus Stefan Haupts Spielfilm «Zwingli – Der Reformator» wird der Name Katharina von Zimmern einer breiten Öffentlichkeit bekannt. Nun ist Geschichte kein Spielfilm und epochenmachende Transformationen sollten nie ausschliesslich den Taten einzelner (vermeintlich) grosser Persönlichkeiten zugeschrieben werden. Das gilt für Frauen wie für Männer. Und doch stellt die Übergabe des Fraumünsterstifts einen Wendepunkt in der mittelalterlichen Stadtgeschichte Zürichs dar.

Die Übergabe des Fraumünsterstifts begründete Katharina von Zimmern mit der Vermeidung «von Unruhe und Ungemach» für die

Stadt sowie mit dem «Lauf der Zeit».[1] In formeller Hinsicht beendete die Schlüsselübergabe die Herrschaft der Äbtissin als Reichsfürstin über die Stadt Zürich.

Der Fraumünsterstift war gut dotiert. Durch die Übergabe gelangten grosse Vermögenswerte und Ländereien in die Hand des Rats von Zürich. Das Gelingen der Reformation war fortan nicht ausschliesslich eine theologische Frage, sondern auch mit handfesten ökonomischen Interessen verknüpft. Beispielsweise finanzierte der Rat von Zürich mit den Vermögenswerten aus der Stiftsübergabe den Aufbau einer sozialen Fürsorge.

Darüber hinaus ist in Anbetracht der Quellenlage davon auszugehen, dass die Stiftsübergabe mitentscheidend dafür war, dass die Reformation in Zürich ohne Bürgerkrieg möglich wurde. Schliesslich gab die Übergabe des Fraumünsters der folgenden Kirchenreform einen entscheidenden Schub. Kurz nach der Übergabe beschlossen der Kleine und Grosse Rat von Zürich, alle weiteren Klöster in der Stadt und auf dem Land aufzuheben und in Staatsbesitz zu überführen.

Der Rat von Zürich erkannte die Bedeutung und historische Dimension von Katharina von Zimmerns Entscheidung. Er sprach ihr eine lebenslange Rente sowie das Wohnrecht im Fraumünster zu. Und Katharina von Zimmern durfte ein unbevogtetes Leben führen. Für eine Frau im 16. Jahrhundert ein einmaliges «Privileg».

Katharina von Zimmerns Verdienste sind anerkannt. Davon zeugt das Denkmal im Stadthaus-Kreuzgang. Und doch ist ihre Persönlichkeit einer breiten Öffentlichkeit zu wenig bekannt. Reformationsgeschichte ist in unserer Erinnerung allzu oft allein Männergeschichte.

Das soll sich ändern. Im Jahr 2024 jährt sich die Stiftsübergabe zum fünfhundertsten Mal. Diverse zivilgesellschaftliche Organisa-

---

1 Editierte Zitate aus einer Ratsnotiz vom 30. November 1524 und aus der Übergabeurkunde vom 7. Dezember 1524. Originalzitate: «[...] unruoh und ungemach [...]», «[...] gstallt der löffen [...]».

tionen nutzen das Jubiläumsjahr, um Katharinas Tat zu würdigen. Die zahlreichen Veranstaltungen und Anlässe – wie beispielsweise Stadtrundgänge, Ausstellungen oder eine architektonische Kunstinstallation – laden uns während dem Jubiläumsjahr ein, Zürichs Geschichte aus einer neuen Perspektive zu erkunden. Und Irene Gysel liefert das Buch zum Jubiläumsjahr.

Die beschriebenen Filmszenen fanden selbstredend nicht genau so statt. Und doch zeigen sie treffsicher die starke Persönlichkeit Katharinas, wie sie auch im vorliegenden Buch zum Ausdruck kommt. Irene Gysel nähert sich den Lebensumständen von Katharina von Zimmern in einer verwirrenden und widersprüchlichen Zeit an. Die Autorin legt – anhand von akribisch recherchierten und historisch belegten Tatsachen – ein packend geschriebenes Porträt Katharina von Zimmerns vor. Dank der detektivischen Quellenarbeit von Irene Gysel dürfen wir mit diesem Buch in ein aussergewöhnliches Frauenleben eintauchen. Bekannt ist, dass Katharina von Zimmern als junge, erst 18-jährige Chorfrau zur Äbtissin gewählt wurde. Oder dass sie ihr Herz einem Söldnerführer schenkte, den sie nach der Stiftübergabe heiratete und mit dem sie vermutlich bereits zu ihrer Klosterzeit ein uneheliches Kind hatte. Nun erfahren wir in Irene Gysels Buch weitere Begebenheiten und Details – aus Katharina von Zimmerns Kindheit, aus ihrer Zeit als Äbtissin und zuletzt aus ihrem Leben als «normale» Bürgerin von Zürich nach der Stiftsübergabe.

Bei Irene Gysel bedanke ich mich dafür, dass sie uns eine eindrückliche weibliche Persönlichkeit aus dem 16. Jahrhundert näherbringt. Dank ihrer Arbeit können wir mittelalterliche Stadtgeschichte neu entdecken. Uns allen wünsche ich, dass wir uns vom Pioniergeist dieser Zeit inspirieren lassen und den Mut finden, unsere heutigen Herausforderungen ebenso mit Weitblick und Entschlossenheit anzugehen. Ihnen, geschätzte Lesende, wünsche ich viel Freude bei der Lektüre.

Corine Mauch, Stadtpräsidentin

Einleitung

Die Freude am Forschen und die noch offengebliebenen Fragen bei der Recherche für das 2019 herausgekommene Buch verleiteten mich, die Lebensgeschichte von Katharina von Zimmern nochmals aufzugreifen. Und da sich 2024 die Übergabe der Abtei zum fünfhundertsten Mal jährt, lag es nahe, aus der Fülle des nun vorliegenden Materials ein weiteres Mal etwas zu gestalten. Entstanden ist eine Schrift, die ausschliesslich auf die Biografie von Katharina von Zimmern und ihr Zürcher Umfeld fokussiert. Es gibt ja nur wenige schriftliche Zeugnisse von ihr, aber einiges darüber, was ihr zugestossen ist, was ihr entgegenkam, welche Probleme und Fragen sie zu lösen hatte, ist bekannt. Wie sie es tat, sagt viel aus über sie, und streng chronologisch nacherzählt, entsteht plötzlich ein nochmals etwas deutlicheres Bild ihrer Person.

Neben den unzähligen Arbeiten, aus denen ich zitieren kann, ältere und neuere, steht an erster Stelle das Buch «Die Äbtissin, der Söldnerführer und ihre Töchter», das Christine Christ-von Wedel im Hinblick auf das Reformationsjubiläum von 2019 geschrieben hat und für das ich mitrecherchiert habe. Entstanden ist eine veritable Zürcher Reformationsgeschichte, verfasst aus einer neuen Perspektive, reich an Informationen über theologische, politische und gesellschaftliche Zusammenhänge unter Einbezug des ganzen süddeutschen Raums. Marlis Stähli verfasste den Anhang mit vielen neu erschlossenen Quellen und neu transkribierten Dokumenten und Briefen.

Aber auch die sorgfältige Beschreibung des damaligen Abteihofs von Regine Abegg, die Aktensammlung von Peter Kamber zur Reformation als bäuerliche Revolution, die verschiedenen Arbeiten von

Peter Niederhäuser und Martin Illi und die Arbeit über die Fraumünster-Verwaltung von Christa Köppel sind reiche Fundgruben. Zusätzlich habe ich weitere bisher kaum bekannte Dokumente gefunden, vor allem aus Katharinas Zeit als Äbtissin. Sie geben unter anderem Einblick in Probleme mit den Kolleginnen, ihren Mit-Chorfrauen. Einige Ereignisse aus der Geschichte der Stadt Zürich, in der Katharina die meiste Zeit ihres Lebens verbrachte und die ihr Handeln beeinflusst haben werden, sollen die Eindrücke aus der damaligen Zeit ergänzen.

Zu danken habe ich dem Verein Katharina von Zimmern und seiner Präsidentin Jeanne Pestalozzi für ihre Unterstützung, Christine Christ-von Wedel für das Durchsehen des Textes, Marlis Stähli für die neuen Transkriptionen und Übersetzungen und das Durchsehen des Textes, Reinhard Bodenmann und Meinrad Suter für Übersetzungen, Johannes Krämer vom Erzbischöflichen Archiv in Freiburg, Pater Gregor Jäggi vom Archiv des Klosters Einsiedeln, Esther Hüppi vom Ortsmuseum Altstetten, Rainer Brüning vom Generallandesarchiv Karlsruhe, Bernd Fischer vom Fürstlich Leiningenschen Archiv für Recherche und Auskünfte und Corinne Auf der Maur für ihre motivierende Begleitung und Lektoratsarbeit.

Irene Gysel

Das Flüchtlingskind

Schloss Messkirch (1478–1487)

Bedroht

Katharina von Zimmern war neun Jahre alt, als sie 1487 zusammen mit ihren sieben Geschwistern und ihrer Mutter Margarete von Oettingen vom benachbarten Grafen Hugo von Werdenberg gewaltsam aus dem Schloss Messkirch vertrieben wurde. Der Vater, beim Kaiser in Ungnade gefallen, war bereits geflohen. Die Mutter – mit ihren acht Kindern, mit Hensle, dem unehelichen Sohn ihres Manns und dem leicht behinderten Verwandten Junghans noch im Schloss – widersetzte sich der Ausweisung mit allen Mitteln.

Aber ihr Bitten und Flehen, sie mit ihren Kindern im Schloss bleiben zu lassen, half nichts. Graf Hugo gewährte ihr noch eine Frist bis zum Abend. Sie aber sperrte sich mit ihren Kindern ein und verriegelte alle Zugänge zu ihren Gemächern. Da brachen der Graf und seine Leute die Türen auf, drangen mit Gewalt ein, öffneten die Fenster und warfen den ganzen Hausrat in den Schlossgarten – Betten, Tücher, Truhen, alles, was sie in die Hände bekamen. Der mutigen und gleichzeitig verzweifelten Mutter warf er zynisch an den Kopf, was sie denn jetzt hier noch wolle, ob sie vielleicht auf dem Boden schlafen wolle. Wenn sie nicht weiche, werde er sie auf einem Sessel aus dem Schloss tragen. Es blieb ihr nichts anderes übrig, als ihm zu folgen. Es wird eine traurige Schar gewesen sein, die nun die verwüsteten Räume verliess. Junghans jedoch hatte sich mit einem Beil in einem Winkel versteckt und wollte den Grafen erschlagen. Er schrie: «Du Bösewicht, willst mir meine liebe Mutter mit Gewalt entführen, du musst ster-

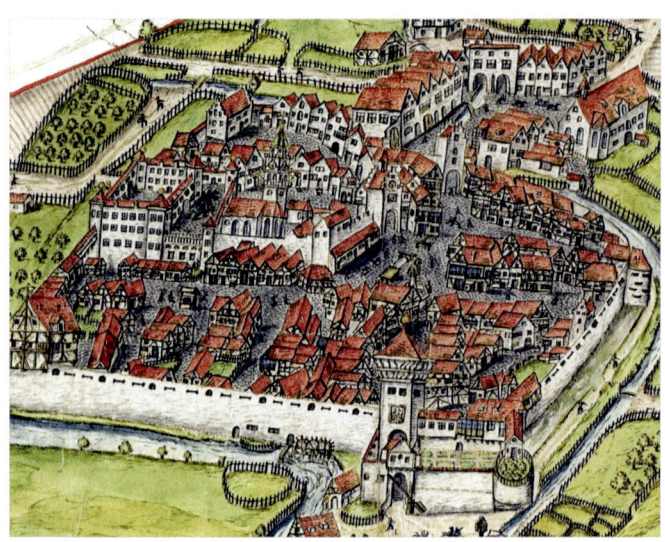

Abb. 1:
Stadtansicht
von Messkirch,
1575; links
neben der
Kirche steht
das Schloss

ben!» Mit ihrem beherzten Eingreifen verhinderte Margarete von Oettingen die Bluttat im letzten Augenblick.[2]

Was war geschehen? Graf Hugo von Werdenberg, Herrscher über das benachbarte Sigmaringen mit seinem imposanten Schloss hoch über der Donau, hatte schon lange ein Auge auf Messkirch geworfen, das sich im Besitz der hochadeligen Freiherren von Zimmern befand. Der Urgrossvater Katharinas hatte das herrschaftliche Schloss und die dazugehörige Schlosskirche um 1400 bauen lassen. Ursprüngliche Heimat der von Zimmern war die Burg Herrenzimmern nördlich von Rottweil. Der Familie wurde nun ein Streit auf höchster politischer Ebene zum Verhängnis. Katharinas Vater, Johann Werner von Zimmern, hatte als einer der mächtigen Räte von Herzog Sigmund von Tirol eine hohe Stellung am Innsbrucker Hof inne. Dem Kreis der «bösen Räte», wie sie nach ihrem Sturz genannt wurden, warf man vor, «landesverräterische Beziehungen zu den beiden Herzögen Albrecht und Georg von Bayern» zu pflegen. Sie hätten zugegeben, dass es

2   Vgl. Barack, Zimmerische Chronik, Bd. 1, S. 543 ff.

besser sei, sämtliche Länder Sigmunds an die Bayern zu übergeben,[3] die dann für Kaiser Friedrich verloren gewesen wären. Die Räte hätten Pläne gehabt, den Kaiser zu vergiften. Welche Rolle Katharinas Vater in dem Intrigenspiel zwischen Sigmund und dem Hof Kaiser Friedrichs III. spielte, lässt sich nicht mehr bis ins Letzte ergründen. Ein Auslöser des Konflikts sei die von Herzog Sigmund vermittelte Heiratsabrede der Kaisertochter Kunigunde mit Herzog Albrecht IV. von Bayern gewesen. Friedrich III. habe dieser Heiratsabmachung zunächst zugestimmt, um sie dann aufgrund gewisser Bedenken zu widerrufen. Unterdessen habe der Bote die kaiserliche Zustimmung jedoch bereits überbracht. Der unglückliche Bote sei kein anderer gewesen als Johann Werner von Zimmern, Katharinas Vater. Er sei zum Sündenbock gemacht und wegen Majestätsbeleidigung zusammen mit einer Reihe weiterer Räte Herzog Sigmunds vom Kaiser mit der Reichsacht belegt worden.[4] Die Familienchronik, die Katharinas Neffe Froben Christoph von Zimmern 1558–1566 schrieb, hat für diese Intrige den Grafen Hugo von Werdenberg verantwortlich gemacht, der nun 1487/88 in die Herrschaft Messkirch eingesetzt wurde und diese in Besitz nahm.[5] Die Messkircher Untertanen mussten ihm den Huldigungseid schwören, was sie jedoch nur unter Androhung von Gewalt vollzogen.

Die Familie verlor damit auf einen Schlag alles: Güter, Herrschaft und Ehre. Der Schicksalsschlag wird bei Katharina von Zimmern einen nachhaltigen Eindruck hinterlassen haben. Geboren 1478, war sie als knapp 10-Jährige durchaus in der Lage, zu realisieren, welche verheerenden Auswirkungen politische Intrigen und Machtansprüche haben und dass die verleumderischen Hintergründe lange Zeit im Dunkeln

---

3 Vgl. Hegi, Die geächteten Räte des Herzogs Sigmund von Österreich, S. 45.
4 Vgl. Bumiller, Die Herren und Grafen von Zimmern, in: Bumiller et al. (Hg.), Mäzene, Sammler, Chronisten, S. 23.
5 Vgl. Barack, Zimmerische Chronik, Bd. 1, S. 542.

bleiben können, ohne aufgeklärt zu werden. Erst 1504, acht Jahre nach dem Tod Johann Werners von Zimmern, stimmte der Nachfolger Friedrichs III., Kaiser Maximilian, der Wiedereinsetzung der Zimmern in ihre Herrschaft zu und rehabilitierte sie. «Doch der ‹Unfall› von 1487 und die Exilierung wirkte bei der Familie wie ein kollektives Trauma nach.»[6]

Die Mutter

Katharina von Zimmern wird in eigenen schwierigen Situationen in ihrem späteren Leben das Bild ihrer Mutter vor Augen gehabt haben, die nach der Flucht ihres Ehemanns die Geschicke der Familie allein in die Hand nehmen musste und sich dem Grafen von Werdenberg mutig widersetzte. Margarete von Oettingen war eine aussergewöhnliche Frau. Ihr Enkel Froben beschreibt sie ausführlich in seiner Chronik. 1458 geboren, wurde sie mit neun Jahren Vollwaise. Ihre acht Jahre ältere Schwester Anna, die bereits 14-jährig mit dem Truchsessen Johannes von Waldburg verheiratet worden war und ein Jahr später ihr erstes Kind gebar, und dann Jahr für Jahr ein weiteres, nahm Margarete zu sich nach Ravensburg auf die Veitsburg. Annas fünftes Kind, das sie mit 20 Jahren zur Welt brachte und das Margarete wohl mit betreute, sollte später Äbtissin zu Königsfelden und enge Vertraute von Margaretes eigener Tochter werden. Das Mädchen hiess ebenfalls Katharina. Der Truchsess von Waldburg, Landvogt in Schwaben, stand in der Gunst des Kaisers. Mit ihm in verwandtschaftliche Beziehung zu treten, konnte nur von Vorteil sein. So ist es verständlich, dass «Freiherr Werner von Zimmern, als er für seinen Sohn Johann Werner auf Brautschau ging, in Margarete eine willkommene Schwie-

---

6   Bumiller, Die Herren und Grafen von Zimmern, in: Bumiller et al. (Hg.), Mäzene, Sammler, Chronisten, S. 23.

Abb. 2:
Messkirch heute

gertochter sah. Er ging sogar auf die Heiratsbedingungen des Truchsessen und seiner Frau ein, die Hochzeit nicht in Messkirch, sondern in Ravensburg stattfinden zu lassen.»[7] Margarete war bei der Heirat um 1474 etwas älter als damals ihre Schwester: Mit sechzehn Jahren galten Mädchen als heiratsfähig. Auch Margarete gebar jedes Jahr ein Kind. In den ersten elf Jahren ihrer Ehe überstand sie zehn Schwangerschaften und Geburten. Ihre ersten vier Kinder waren Mädchen, von denen die mittleren zwei das Kindesalter nicht überlebten. Anna, die Erstgeborene (1475), und Katharina (1478), das vierte Mädchen, würden unzertrennlich bleiben. Die beiden, von denen mindestens die drei Jahre ältere Anna den Tod der beiden Schwesterchen miterlebt hatte, blieben bis zum Tod Annas um 1522 zusammen. In den folgenden Jahren kamen noch vier Söhne und zwei weitere Töchter zur Welt.

7   Günter, Herkunft und Jugend, in: Gysel/Helbling (Hg.), Zürichs letzte Äbtissin, S. 30; Barack, Zimmerische Chronik, Bd. 1, S. 542.

Margarete von Oettingen trug neben der wachsenden Kinderschar die Verantwortung für den feudalen Haushalt im Schloss Messkirch, da sich ihr Mann als Hofrat des Öfteren in Innsbruck aufhielt. «Er gehörte vor seiner Ächtung zu den einflussreichsten Adligen im Umfeld des Erzherzogs.»[8] Zudem unternahm er 1483 mit einer Gruppe befreundeter Adliger eine Pilgerreise nach Jerusalem und war den ganzen Sommer über abwesend. Im selben Jahr brach eine Pestepidemie aus, Margarete floh mit den Kindern, der Kleinste ein Säugling, auf die Burg Wildenstein, immerhin unterstützt von ihrem Schwiegervater. Auch diese Bedrohung und der Aufenthalt auf der imposanten Burg, die ebenfalls im Familienbesitz war, wird bei den Mädchen einen bleibenden Eindruck hinterlassen haben. Was es für die Mutter bedeutete, kann man sich wohl kaum mehr vorstellen. Kurz nach ihrer Rückkehr nach Messkirch verstarb der Schwiegervater, ihr Mann befand sich noch im Heiligen Land.

Trotzdem müssen die Jahre auf Schloss Messkirch zu Margarete von Oettingens glücklichsten gezählt haben.

Der Vater

Ihr Ehemann, Katharinas Vater, war aussergewöhnlich begabt. Der Chronist erzählt «wie Herr Johanns Wörner Freiherr von Zimbern auferzogen» wurde. Sein Vater habe allen Fleiss aufgewendet, ihm eine gute Erziehung zu geben. Er wurde auf die «hochen schuolen» Freiburg im Breisgau und Wien geschickt, darauf folgten zwei Jahre in Bologna, «daselbst er die welsch sprach zimlichen ergiffen, in astronomia, geometria und andern künsten, die man ciclicas oder mathematicas nempt, hat er fürbindig [ausgezeichnet] gestudiert», sodass ihm da-

---

[8] Niederhäuser, Ein Leben im Umbruch, in: Bumiller et al. (Hg.), Mäzene, Sammler, Chronisten, S. 120.

rin keiner seiner Standesgenossen in Deutschland gleichgekommen sei. «In beiden Rechten sei er ‹genugsam erfaren gewesen, die poeten und alten historien hat er gewist›, von denen er auch etliche zu seiner Kurzweil ins Deutsche übersetzt habe. Er konnte vortrefflich reden und schreiben, seine Rechtsschriften selber verfassen. Zu all dem war er ein solcher ‹Musicus›, dass er auf allen Instrumenten ausgezeichnet spielen konnte.» Er verfasste Gedichte und pflegte seinen Verwandten gereimte Briefe zu schreiben. Er sammelte Bücher und habe, da der Buchdruck noch nicht erfunden war, einen Schreiber engagiert, der ganze Bücher abschrieb. Seiner Jagdlust liess er freien Lauf. Er beschäftigte einen Falkner und baute ein «Falkengärtlin». Seine Leidenschaft für Jagd, Spiel und schöne Pferde und für ein standesgemässes höfisches Leben brachten ihn oft in finanzielle Schwierigkeiten. Seine Neigung zu magischen Praktiken lag im Trend seiner Zeit.[9] Er soll bei einem Spaziergang mit seiner Gattin Schlangen beschworen haben. Diese mussten sich in einem Kreis um sie herum niederlegen und so lange verharren, wie er wollte.[10] Johann Werner von Zimmern hat auch Prosa geschrieben. Eines seiner Werke, eine Versnovelle, ist in der Zimmerischen Chronik überliefert. Ihr Herzstück bildet eine aus Boccaccios Decamerone übernommene erotische Erzählung, die er in seine Zeit hinein variierte, ebenso freizügig wie die Vorlage. Christ-von Wedel schreibt: «Wie der Chronist den Vater Katharinas schildert, hat er sich durchaus um ein ordentliches Kirchenwesen in seiner Herrschaft gekümmert und ein verlottertes Dominikanerkloster zur Ordnung gerufen. Aber von vorreformatorischen Ideen […] ist nichts überliefert, dagegen, wie die Novelle zeigt, durchaus von frühhumanistischen. Dies alles dürfte Katharina als Kind mit wachen Sinnen eingesogen

---

9 Vgl. Günter, Herkunft und Jugend, in: Gysel/Helbling (Hg.), Zürichs letzte Äbtissin, S. 25; Barack, Zimmerische Chronik, Bd. 1, S. 422.
10 Vgl. Barack, Zimmerische Chronik, Bd. 1, S. 500.

haben.»[11] Die Lebensfreude, das offene Denken, die Bereitschaft, auf neue Ideen einzugehen, die Freude an der Musik, der ausgeprägte Gestaltungswille und nicht zuletzt die Begeisterung für das Reiten wurden ihr sozusagen in die Wiege gelegt und haben sie geprägt.

Verjagt

Mit der Vertreibung vom Schloss Messkirch 1487 aber schien alles verloren. Um keinen Volksauflauf zu provozieren, führte Graf Hugo die in Messkirch beliebte Margarete und ihre Kinder nicht durchs Haupttor aus dem Schloss, sondern durch den Schlossgarten entlang des Grabens ins Haus Gottfried von Zimmerns, des Onkels ihres Manns.[12] Dieser besass neben seiner Burg Herrenzimmern und seinem Schloss in Seedorf bei Rottweil auch in Messkirch ein Haus. Hier konnte sie für kurze Zeit bleiben. Man trug ihr die Vermutung zu, Graf Hugo könnte versuchen, ihre Söhne in den geistlichen Stand zu versetzen und ihnen damit jede Möglichkeit verbauen, später ihr Gut und Erbe zurückzufordern. Dies galt vor allem den beiden älteren Buben. Durch eine geschickt eingefädelte Flucht in Frauenkleidern über die Burg Wildenstein, die noch im Besitz der von Zimmern verblieben war, liess sie die Söhne nach Heidelberg an den Hof des Pfalzgrafen und Kurfürsten Philipp bringen. Dort waren sie vor dem Zugriff des Werdenbergers sicher und erhielten eine ihrem Stand entsprechende Erziehung und Ausbildung.[13] Die Flucht der beiden Knaben erzürnte den Grafen dermassen, dass er die Familie endgültig aus Messkirch verjagte. Gottfried von Zimmern nahm die völlig mittellose Frau mit ihren Kindern nun zu sich in sein Schloss nach Seedorf.

11   Christ-von Wedel, Äbtissin, S. 63ff.
12   Vgl. Barack, Zimmerische Chronik, Bd. 1, S. 545.
13   Vgl. Günter, Im Strom der Zeit, S. 11.

Unterdessen bemühte sich Katharinas Vater Johann Werner mit allen Mitteln an den verschiedensten Orten, über Verwandte und Freunde, mit Briefen und mit Bitten um Gespräche um seine Rehabilitierung beim Kaiser. Erfolglos. Verzweifelt erwog er, sich an den Papst in Rom zu wenden. Da rieten ihm einige Männer aus der Eidgenossenschaft, auf ihrem Boden Zuflucht zu suchen.[14] Gute Freunde, darunter Georg von Werdenberg-Sargans (entfernt verwandt mit Graf Hugo), der ebenfalls zu den verbannten Räten gehört hatte, aber unterdessen rehabilitiert worden war, und Albrecht von Bonstetten, Dekan von Einsiedeln, vermittelten ihm den Kauf eines baufälligen Herrenhauses in Weesen, das er herrichten und bewohnbar machen liess. Die Zimmerische Chronik zitiert aus einem Brief Albrecht von Bonstettens, der Johann Werner «lieben Herrn Oheim» nennt.[15] Weesen stand unter der Herrschaft von Schwyz und Glarus und befand sich damit ausserhalb der Reichweite des Kaisers. Ausserdem verfügte es über ein besonderes Asylrecht. Immerhin hatte der an Johann Werner von Zimmerns Schicksal mitschuldige Herzog Albrecht von Bayern ihn nun trotz der Acht an seinen Hof in München aufgenommen, was dem Geächteten ein minimales Einkommen garantierte.[16]

Albrecht von Bonstetten war mit Johann Werner von Zimmern verwandt und wohl aus der Studienzeit befreundet. Der damals 45-Jährige wurde von seinen Studienfreunden als geistreiche und humorvolle Persönlichkeit beschrieben. Schon früh gelang es ihm, über seine Schriften, seine Belesenheit und über sein immenses Wissen sowohl beim König von Frankreich als auch beim deutschen Kaiser bekannt zu werden. Friedrich III. ernannte ihn 1482 zum Hofpfalzgrafen und

---

14 Vgl. Meyer von Knonau, Aus mittleren und neueren Jahrhunderten, S. 125.
15 Barack, Zimmerische Chronik, Bd. 1, S. 559.
16 Vgl. Günter, Herkunft und Jugend, in: Gysel/Helbling (Hg.), Zürichs letzte Äbtissin, S. 28.

Hofkaplan.[17] Auch mit Sigmund von Tirol pflegte der Dekan nach dessen Besuch in Einsiedeln einen nahen Kontakt und wurde auch von ihm mit dem Titel eines Hofkaplans bedacht.[18] Katharinas Vater hatte ihm Zugang zum Hof des Herzogs vermittelt. Albrecht schenkte dem späteren Kaiser Maximilian das Schwert Karls des Kühnen, das möglicherweise sein Bruder Roll in der Schlacht bei Nancy erbeutet hatte.[19] Nun aber waren ihm durch seine eigenen Interessen gegenüber allen Konfliktparteien die Hände gebunden, sich dort für Werner von Zimmern einzusetzen.

Albrecht von Bonstetten hatte sein Studium in Freiburg im Breisgau und Basel begonnen. Schon bald jedoch zog es ihn nach Italien, in «die viel gepriesene Heimat des Humanismus jenseits der Alpen»[20], wo die wiedererwachte Antike an den Universitäten Raum bekam und die Gelehrten in ihren Bann zog.

Der Humanismus war eine neue, mächtige Strömung wissbegieriger, gebildeter Menschen. Sie verstanden darunter einen neuen Weg des Denkens. Der eigentliche Auslöser war die Rettung der wertvollen antiken Schriften, die 1453 nach der Eroberung von Konstantinopel durch die Osmanen in einer dramatischen Flucht auf 15 bis 20 christlichen Schiffen gerettet und dann in Italien übersetzt werden konnten. Christine Christ-von Wedel schreibt: «Antikebegeisterte Leser stürzten sich nicht nur vermehrt auf die klassischen Texte, sie lasen sie auch anders als mittelalterliche Gelehrte. Der Ruf ‹ad fontes›, zurück zu den Quellen, bedeutete, die alten Texte, auch die längst bekannten, auf ganz neue Art zu behandeln. Die Anhänger der ‹studia humanitatis› hatten keinerlei Berührungsängste, sich von nichtchristlichen

---

17 Vgl. Hug, Albrecht von Bonstetten, in: HLS.
18 Vgl. Büchi, Albrecht von Bonstetten, S. 43.
19 Vgl. Baumeler, Die Herren von Bonstetten, in: Niederhäuser (Hg.), Alter Adel – neuer Adel?, S. 98.
20 Büchi, Albrecht von Bonstetten, S. 16.

Autoren anregen zu lassen. Sie lasen sie als authentische Texte um ihrer selbst willen, ohne sie vorschnell zu christianisieren oder als ‹heidnisch› abzulehnen. Freilich waren die meisten Humanisten überzeugt, dass antike Weisheiten und Tugenden sich mit dem Christentum verbinden liessen, ja, Anregung böten, das Christentum zu seinem wahren Wesen zurückzuführen. Beschämten die Wahrheitsliebe eines Sokrates, die Tugend eines Cato und die Lebensweisheit eines Cicero nicht die zeitgenössische Christenheit und drängten so zu Reformen? Konnte die Christenheit des ausgehenden 15. Jahrhunderts mit ihren weltabgewandten Klöstern, ihrer meist erstarrten scholastischen Theologie und ihrer oft korrupten, machtbesessenen Hierarchie nicht von der Antike eine ganz neue Lebensgestaltung lernen, weltzugewandt, heiter und kraftvoll, wie es Christus mit seiner Nächstenliebe vorgelebt hatte?»[21]

Die Beschäftigung mit bisher unbekannten Schriften der Philosophen veränderte das Menschen- und das Gottesbild nachhaltig. Wie ein Rausch muss sich die Wiederentdeckung der Antike ausgewirkt haben. Er hatte auch Albrecht von Bonstetten ergriffen. Ebenso wird Katharinas Vater als Humanist bezeichnet und es ist anzunehmen, dass die humanistischen Ideen mehr als alles andere auch Katharina von Zimmern geprägt haben.

---

21 Christ-von Wedel, Erasmus von Rotterdam, S. 14.

Weesen (1490–1491)

Aufgenommen

Katharina, nun als Flüchtlingskind im kleinen Städtchen am Walensee zu Hause, hatte im Alter von dreizehn Jahren bereits einige schwierige Erfahrungen hinter sich. Sie wird wehmütig an die wohl glückliche Zeit im Messkirchner Schloss zurückgedacht haben, wo die grosse Familie noch vereint war, beliebt und hochgeachtet, und alles zur Verfügung hatte, was das Herz begehrte, Bücher, Musikinstrumente, Festlichkeiten und vieles mehr. Nach der Flucht des Vaters, der als Verräter gebrandmarkt und damit gezeichnet war, und der dramatischen Vertreibung aus dem Schloss, der Flucht der beiden Brüder, der materiellen Not, wird es vor allem die Verbitterung des geächteten Vaters gewesen sein, die dem Kind zu schaffen machte.

Das Haus in Weesen steht auf dem Bühl, nahe der Pfarrkirche, mit grossartigem Ausblick über den Walensee. Links die schroffen Felshänge, rechts die grünen Wiesen des Kerenzerbergs und dazwischen über dem See der freie Ausblick in die Ferne. Ein Ort zum Aufatmen. In Weesen, das unter der Herrschaft der Eidgenossen stand, war die Familie vor dem Zugriff des Kaisers sicher. Wahrscheinlich im Jahr 1490 oder 1491 war Margarete von Oettingen mit sechs ihrer Kinder nach verschiedenen Aufenthalten bei Verwandten in Weesen eingetroffen und wieder mit ihrem Ehemann vereint. Etwa gleichzeitig zog im Pfarrhaus, dem Nachbarhaus der Familie von Zimmern, ein 6-jähriger Bub bei seinem Onkel Bartholomäus, Pfarrer und Dekan von Weesen, ein. Er sollte von ihm erzogen und geschult werden. Es war Ulrich Zwingli, Sohn des Ammanns von Wildhaus. Ob er hin und wieder im Herrenhaus zu Gast war, mit den jüngeren Geschwistern von Katharina spielte oder gar mit ihr selber, ob er von der humanistischen Bildung der Familie etwas mitbekam und sich von der Musikalität des

Abb. 3: Pfarrhaus (links) und Haus der Zimmern in Weesen

Freiherrn von Zimmern, der die verschiedensten Instrumente spielen konnte, beeindrucken liess, können wir nur erahnen. Auch von Zwingli wird später berichtet, er habe das Spiel auf sieben Instrumenten beherrscht, und zwar hervorragend.

Heirat oder Kloster

Nun aber galt es, in der prekären Situation an eine standesgemässe Zukunft der Zimmer'schen Kinder zu denken. Zwei Söhne waren bereits in Heidelberg versorgt. Den Kleinsten, Willhelm Werner, nahm das befreundete kinderlose Grafenpaar von Werdenberg-Sargans zu sich auf die Burg Ortenstein im Domleschg. Graf Georg war als einer der Hauptanführer der geächteten Räte ein Schicksalsgenosse Werner von Zimmerns. Er besass in unmittelbarer Nachbarschaft des Hauses der von Zimmern, südlich von Weesen, das Gut Othis (Autis) und war oft zu Gast bei der Familie. Er versprach, Wilhelm Werner später zu adoptieren und als Erben einzusetzen, was aber nach seinem Tod nicht eingelöst wurde. Der Graf hinterliess sechs ausserehliche Kinder.[22] Der 4-jährige Wilhelm Werner wurde aus Vorsicht in einer Krätze versteckt, die ein Maultier nach Ortenstein zu tragen hatte. Damit er schön still und ruhig sei, gab man ihm Spielzeug – «dockenwerks» – mit in den Korb.[23] Offenbar traute man Graf Hugo zu, die Zimmer'schen Kinder auch hier zu verfolgen. Bei den Treffen der Zimmerns mit Graf Georg und seiner Frau Barbara von Sonnenberg werden die Machtverhältnisse, die Interessen und Intrigen der herrschenden Familien, die Chancen auf die Rehabilitierung von Katharinas Vater durch den Kaiser und die Mitverantwortung Herzog Albrechts von allen Seiten beleuchtet und diskutiert worden sein. Die nun 12-jährige Katharina wird wohl einiges davon mitbekommen haben – eine Schule fürs Leben.

Für die beiden älteren Mädchen der Familie von Zimmern, Anna und Katharina, standen zwei Wege offen: Heirat oder Eintritt in ein Kloster. Für eine Heirat war die augenblickliche Lage nicht günstig, denn Johann Werner war nicht in der Lage, eine ausreichende Ausstattung mit Heiratsgut für zwei Töchter aufzubringen. Der Eintritt in ein Stift oder in ein Kloster verlangte zwar auch eine finanzielle Ausstattung, doch konnte man hier auf eine Stundung des Klosters hoffen. Ob Heirat oder Kloster, in beiden Fällen hatten die Töchter traditionsgemäss einen Erbverzicht zu leisten, um das Familiengut vor zu grosser Zersplitterung abzusichern.[24] Anna hatte ihn bereits geleistet, Katharina hat sich nicht dazu durchgerungen. Warum sie es nicht tat, lassen sich nur Vermutungen anstellen.

22   Vgl. Bundi, Jörg von Werdenberg-Sargans, in: HLS.
23   Vgl. Barack, Zimmerische Chronik, Bd. 2, S. 570.
24   Vgl. Günter, Herkunft und Jugend, in: Gysel/Helbling (Hg.), Zürichs letzte Äbtissin, S. 39.

Einkauf in die Abtei

Dass die Abtei Fraumünster dem hohen Adel vorbehalten war und Zürich nicht allzu weit von Weesen entfernt lag, dürfte mit ein Grund gewesen sein, dort um Aufnahme zu ersuchen. Graf Georg wird das Anliegen unterstützt haben, eine seiner Schwestern soll dort Chorfrau gewesen sein.[25]

Hatten die beiden Mädchen zu dem Entscheid etwas zu sagen? Gab es darüber Gespräche? Es kann gut sein, dass sie es als grosse Chance wahrnahmen. «Die Vermutung, dass Dekan Albrecht von Bonstetten dabei seinen Einfluss geltend machte, liegt auf der Hand, kann aber nicht nachgewiesen werden.»[26]

An Ostern 1491 traten Anna und Katharina zusammen mit ihrer Cousine Ottilie von Bitsch ins Stift Fraumünster ein – als Postulantinnen, das heisst als Anwärterinnen für eine Chorfrauenstelle. Über den Einkauf der beiden gab es Verhandlungen, die bis vor den Rat der Stadt Zürich gezogen wurden. Katharina von Zimmern wird sich dreiunddreissig Jahre später darauf berufen, dass sie auf ein Schreiben ihres Vaters hin der Obhut des Rats übergeben wurde, und ausdrücklich nicht der Obhut des Kapitels.[27] Sie fühlte sich von Beginn an vor allem dem Rat gegenüber verpflichtet, der die Vogteirechte über die Abtei wahrnahm. Im Jahr 1400 hatte der römisch-deutsche König Wenzel der Faule zwei Monate vor seiner Absetzung die Vogteirechte an Bürgermeister und Rat der Stadt Zürich verliehen. Diese hatten darum gebeten, da ihnen oft ein Vogt fehle. Die Reichsvogtei bringe zu

---

25   Vgl. Rigendinger, Das Sarganserland im Spätmittelalter, S. 443.
26   Niederhäuser, Ein Leben im Umbruch, in: Bumiller et al. (Hg.), Mäzene, Sammler, Chronisten, S. 121; Meyer von Knonau, Die Zimmern'sche Chronik, in: Anzeiger für Schweizer Geschichte 1870, Heft 1, S. 35.
27   Vgl. Verzichtserklärung vom 30. November 1524, Staatsarchiv Zürich, B VI 249, 144r–v.

wenig Zinsen und jährliche Renten ein, um einen solchen zu ernähren. Sie wollten selber einen wählen, der im Rat sitze, wenn es gelte, über schädliche Leute zu richten.[28] Damit gingen «wesentliche Rechte über die Abtei an die Stadt über»[29]. Diese Rechte weitete der Rat im Laufe des 15. Jahrhunderts immer weiter aus.

Am 29. September 1491 trafen sich die beiden Parteien in Zürich vor Bürgermeister Konrad Schwend und den Räten: Auf der einen Seite Johann Werner von Zimmern und Frau von Tengen, Vertreterin der Ottilie von Bitsch, beide persönlich anwesend, auf der anderen die Äbtissin Elisabeth von Wyssenburg mit Chorfrauen und Chorherren. Der Rat entschied, dass die Abtei den drei Postulantinnen die ihnen zustehenden Pfründen ab vergangener Ostern auszahlen müsse, sie sich aber mit Jahrzeiten einkaufen müssten wie andere Frauen vor ihnen auch: «das von allten har ander frowen schuldig und gebunden syen gewesen die Jarzit zuo setzen und zu kouffen. Sollen die fröwli desglich ouch tuon.»[30] «Die Jahrzeit (lateinisch *anniversarium*) geht auf die von den griechischen Kirchenvätern im 4./5. Jahrhundert entwickelte Idee des ‹Seelteils› zurück. Der Christ müsse zu seinem Seelenheil einen erheblichen Teil seines Vermögens (mind. ein Drittel) der Kirche vermachen. Die mittelalterliche Kirche empfahl, die Seele für das Jenseits mit einer mildtätigen Stiftung ‹auszurüsten›, dem sogenannten Seelgerät, das neben Beichte und letzter Ölung Voraussetzung für die Absolution auf dem Sterbebett war. Die daraus entstandenen Jahrzeit-Stiftungen verbanden das Seelgerät mit der Auflage einer jährlichen Abhaltung eines Gedächtnisgottesdiensts am Todestag für den Stifter und dessen Familie.»[31] Eine «Jahrzeit» ist

---

28   Vgl. Staatsarchiv Zürich, C I 87.
29   Rübel, Das Fraumünstergut, S. 11.
30   Staatsarchiv Zürich, B II 20, S. 48.
31   Burmeister, «Jahrzeit», in: Historisches Lexikon des Fürstentums Liechtenstein.

in der katholischen Kirche bis heute eine Stiftung, welche die Kirche verpflichtet, während der Stiftungsdauer eine oder mehrere jährliche Dankesmessen für eine verstorbene Person abzuhalten. Alle können eine Jahrzeit für sich selber stiften. Die Jahrzeit-Stiftung ist kirchenrechtlich eine Schenkung mit Auflagen. Hier war sie Voraussetzung für die Aufnahme in die Abtei und diente dazu, den Unterhalt der Stiftsdamen zu sichern.

Fraumünster Zürich (1491)

Untergebracht

Nun wurden also die beiden Mädchen der benediktinischen Abtei Fraumünster übergeben, Anna war sechzehn, Katharina dreizehn Jahre alt. Das Noviziat sollte drei Jahre dauern, dann erst würden sie eingekleidet. «Tatsächlich entsprach zur Zeit Katharinas das Leben in der Abtei Fraumünster ziemlich genau dem der Kanonissenstifte, und kaum mehr der ursprünglichen Benediktinerregel. Wie die Benediktinerinnen sangen zwar die Kanonissen die sieben Gebetszeiten und legten grossen Wert auf Abteischulen und eine gute Bildung der Stiftsdamen. Kanonissen mussten sich über genügend Lateinkenntnisse und Kompetenz im Chorgesang ausweisen, bevor sie eingekleidet wurden. Mit dem Chorgesang und dem Schulwesen aber sind die eindeutigen Gemeinsamkeiten mit der Benediktinerregel schon aufgezählt. Kanonissen lebten nicht in einer strengen Klausur, sie konnten wie die Zürcher Stiftsfrauen reisen, Verwandte besuchen und Gäste empfangen, sie verzichteten nicht auf eigenen Besitz, sie hatten ihre Pfrundeinkünfte und Leibrenten. Sie assen und schliefen nicht gemeinsam, sie lebten und kochten mit Dienstboten in ihren eigenen

Wohnungen und hielten sich dabei nicht an die besonderen benediktinischen Fastenregeln. Sie legten kein Keuschheitsgelübde ab. Allein die Äbtissinnen hatten bei ihrer Einsetzung dauernde Ehelosigkeit zu geloben.»[32] Kanonissen durften die Abtei wieder verlassen und heiraten. Der Reformversuch des Bischofs von Konstanz von 1470, der versucht hatte, die Abtei wieder näher an die Benediktinerregel heranzuführen, war gescheitert.

In welchen Räumen die beiden Mädchen wohnten, ist nicht bekannt. Eigene «Stuben» erhielten sie erst nach der Einkleidung. War die Übergabe durch die Eltern bereits ein grosses Fest? Allgemein üblich war eine grosse Zeremonie. Immerhin bedeutete es den definitiven Abschied von der Familie, vom gewohnten mehr oder weniger selbstbestimmten Leben. Nun waren sie eingebunden in einen streng regulierten Tagesablauf und in eine grosse, hierarchisch gegliederte Gemeinschaft mit ihren eigenen Regeln und Gewohnheiten. Die sorgfältig verfassten Rechnungsbücher der Abtei,[33] die nicht ganz lückenlos erhalten sind, geben Aufschluss über die Zusammensetzung der Klostergemeinschaft. Auf der ersten Seite sind jeweils die Auszahlungen der Pfründe an die Äbtissin, an «unser frown gnad» und an die Chorfrauen aufgeführt. Im Jahr 1492 sind dies drei mit Namen: neben Frau von Bitsch die Frauen von Misox und von Helfenstein und «zwey frowen» ohne Namen und mit geringerer Pfründe.[34] Anschliessend folgt eine ganze Seite für den Leutpriester und die Leutpriesterei, dann die Ausgaben für die sieben Fraumünster-Chorherren, den Doctor Friess und den Schulmeister. Chorfrauen und Chorherren bildeten zusammen den Konvent, der unter anderem über Neuaufnahmen befand und die Äbtissin zu wählen hatte. Eine weitere Seite gilt den Amtsleuten oder Pflegern, die im Auftrag der Stadt Verwaltungs- oder

---

32 Christ-von Wedel, Die Äbtissin, S. 48.
33 Vgl. Stadtarchiv Zürich, III.B.
34 Vgl. Stadtarchiv Zürich, III.B.225.

Kontrollaufgaben innehatten. Sie waren alle Mitglieder des Rats, zeitweise war sogar der Bürgermeister höchstpersönlich dabei. Sie erhielten feststehende jährliche Beträge ausbezahlt. Auch Hans Waldmann war Träger dieses Amts – bis zu seiner Hinrichtung 1489. Eine Familie sticht jedoch speziell heraus: die Familie Grebel. Hans Grebel, ein Freund Hans Waldmanns, hatte das Amt inne, später sein Sohn Jörg (Georg) Grebel, auch ein Freund Hans Waldmanns,[35] dann sein Enkel. Einige Jahre lang sind sogar Vater und Sohn gemeinsam aufgeführt («Jörg Grebel und sin sun»). Interessant sind die detailliert aufgelisteten Ausgaben für Einzelaufträge an «Mitarbeitende» für alle möglichen Dienste, beispielsweise «Schyter ze füeren», «ze werken im Hof», «das Kämi ze wüschen».[36] Unter ihnen auch regelmässig Hans Escher, um «zu reden bei minen herren». Er vertrat die Abtei in allen möglichen juristischen Angelegenheiten vor dem Rat.

In der Abtei

In diese neue Welt mussten sich die beiden Zimmern-Schwestern einleben. Vielleicht erinnerte sie der grosse Betrieb an ihr Leben im Schloss zu Messkirch. Mitzuwirken hatten sie mit Sicherheit von Anfang an bei den täglichen Gottesdiensten und Stundengebeten in der grossen Kirche auf der eigens für die Chorfrauen gebauten Empore. Sie befand sich direkt über den Grabnischen der ersten Äbtissinnen Hildegard und Bertha und dem Bild der Gründungslegende auf der Südseite des Querschiffs und war von der Abtei aus mit eigenem Zugang erreichbar. Wie und wo haben die Mädchen den vorgeschriebenen Unterricht wohl erhalten? Vielleicht sogar in der angegliederten Abtei-Schule gemeinsam mit den Knaben?

35 Vgl. Keller-Escher, Die Familie Grebel, Tafel 1.
36 Stadtarchiv Zürich, III.B.227., Ausgabenbuch 1496.

Abb. 4:
Fraumünster mit Lettner und Nonnenchor

Besonders eindrücklich müssen die vielen Feiern für die Heiligen, die Prozessionen, die Wallfahrten und die Jahrzeiten für Verstorbene gewesen sein. Viermal im Jahr stach eine solche Feier besonders heraus: die Jahrzeit für Hans Waldmann. Seine Stiftung verpflichtete das Fraumünster jährlich für vier Messfeiern. Hans Waldmann, ehemaliger Pfleger der Abtei, war im Fraumünster begraben worden. Die Feier wird in den Rechnungsbüchern pünktlich abgerechnet. Wie die Jahrzeitmessen für Hans Waldmann und seine Familie von den Chorherren in Anwesenheit von Äbtissin, Chorfrauen, Spitalmeister und -schreiber[37] zu feiern seien, hatte er 1478 in der Stiftungsurkunde akribisch genau festgelegt.[38]

37 Vgl. Illi, Wohin die Toten gingen, S. 46.
38 Vgl. Gagliardi, Dokumente Hans Waldmann, Bd. 1, S. 120.

Hans Waldmann

Diese Feiern müssen recht emotional gewesen sein. Zürich, nun Annas und Katharinas Heimat, war zur Zeit ihres Eintritts im Frühjahr 1491 noch immer eine aufgewühlte Stadt im Ausnahmezustand, der nur ganz allmählich abebbte. Zwei Jahre zuvor war nach einer dramatischen Belagerung der Stadt durch die Bauern aus der Landschaft eben dieser Hans Waldmann, damaliger Bürgermeister, mit der Fraumünster-Äbtissin Elisabeth von Wyssenburg «gut befreundet»[39], im Schnellverfahren verurteilt und hingerichtet worden. Der hochbegabte Krieger und Politiker, aus einfachen Verhältnissen aufgestiegen, wurde 1476 bei der Schlacht bei Murten zum Ritter geschlagen, damals eine der höchsten Auszeichnungen, die ein Mann durch seine Tapferkeit erwerben konnte, nicht erblich, sondern verdient. Waldmann entwickelte sich jedoch mehr und mehr zum Despoten. Seine besonderen persönlichen Feinde waren der damalige Bürgermeister Heinrich Göldli, den er aus dem Amt verdrängte und dessen Cousin (oder Onkel) Lazarus Göldli,[40] den er aus dem Rat warf, beide mit einem Amt in der Abtei Fraumünster betraut wie er selber. Eine persönliche Rivalität? Die Menschen aus der Landschaft überhäufte er mit Verboten. Waldmann beschränkte ihre Feste, Hochzeiten und sogenannte «Schenkfeste» auf ein Minimum und auferlegte ihnen eine Personalsteuer. Was das Fass zum Überlaufen brachte: Er liess ihre Hunde töten. Zwei Ratsherren wurden damit beauftragt, von Hof zu Hof zu ziehen, die Hunde mitzunehmen und abzuschlachten.

Am Morgen des 1. April 1489 spitzte sich die Lage zu. Nachdem die 20 000 Bauern, die sich vor der Stadt versammelt hatten, wieder abgezogen waren, wurde bekannt, dass Waldmann entgegen seinen

---

39   Günter, Im Strom der Zeit, S. 83, Anm. 27, mit Hinweis auf die Helvetia Sacra.
40   Gagliardi, Dokumente Hans Waldmann, Bd. 1, S. LXXI ff.

Versprechen den Bauern nicht entgegenkommen werde. Daraufhin rief Lazarus Göldli dazu auf, sich zu bewaffnen und zum Rathaus zu eilen. Die ganze Stadt kam zusammen, der Platz vor dem Rathaus, der Fischmarkt, die Brücke, alles voller Menschen. Mehr als 500 mit Spiessen, Halbarten und Schwertern bewehrte Männer aus der Stadt rotteten sich zusammen und versuchten, das Rathaus zu stürmen. Sie verlangten, dass man Hans Waldmann ausliefere. Man solle die Schelme herausgeben (auch diejenigen aus dem Rat, die ihn unterstützten), man wolle die Sache nun selber richten. Da einige jedoch Väter und Brüder im Rat hatten, um deren Leben sie nun fürchteten, drohte eine Gemetzel, dessen Planlosigkeit das Schlimmste befürchten liess. Nur mit Mühe und mit dem Versprechen, Waldmann gefangen zu setzen, gelang es einigen zur Beschwichtigung des Konflikts herbeigeeilten eidgenössischen Boten, ihn durch die wütende Menge zu schleusen, die unterdessen wie eine schwarze Mauer alle Ufer der Limmat besetzt hielt, und auf einem Boot in den Wellenberg zu bringen, den Gefängnisturm mitten in der Limmat, gegenüber dem Fraumünster. Dort wurde er gefoltert.

Noch am selben Nachmittag setzte eine Bürgerversammlung in der Wasserkirche Bürgermeister und Räte ab und wählte eine neue Regierung. Diesem sogenannten Hörnernen Rat stand der «Urheber des Auflaufes» vor: Hauptmann Lazarus Göldli, zukünftiger Schwiegervater von Eberhard Reischach, Katharinas Ehemann nach 1524.

«Unterdessen läuteten die Glocken in vielen Dörfern Sturm, aus allen Teilen der Landschaft eilten Bauern herbei und lagerten beim Stadelhofen, in Riesbach und den See hinauf bis Zollikon und Küsnacht, gegen 8000 Mann. Sie besetzten gruppenweise die Gärten und Gartenhäuser, trugen Kübel und Eimer voll Wein aus der Stadt, brachen in die Keller […] und trieben vor den Mauern allen nur erdenklichen Mutwillen. Das Weissbrot und die Semmeln waren ihnen verleidet, sie wollten Lebkuchen, Feigen, Weinbeeren, Mandelkuchen und was sie sonst gelüstete oder zu haben war. Aus der Stadt wurden ihnen Fische und Wein zugetragen. Das alles, hiess es, müsse aus Waldmanns Vermögen bezahlt werden.»[41] «Essend und trinkend lagerten sie vor der Stadt, sodass man die Tore Tag und Nacht bewachen musste.»[42]

Der Hass auf den Tyrannen war gewaltig. Die Anklagepunkte, die ihm vorgeworfen wurden, hätten wohl für eine hohe Geldstrafe gereicht, niemals aber für ein Todesurteil. Trotzdem wurde er nach einem Schnellverfahren am 6. April vor den Toren der Stadt, auf Hegnauers Matte, enthauptet. Man hatte mit zwei mannshohen Standen (Holzbottiche, grosse Fässer) und zwei darübergelegten Toren eine Bühne gebaut, damit die riesige Menschenmenge zuschauen konnte. Waldmann erwies sich «aufrecht und männlich, wie in den besten Tagen». Er segnete die Menge, bat um Vergebung und dass man für ihn bete.[43] Er wurde gemäss seinem Wunsch im Fraumünster begraben, was für einen Hingerichteten aussergewöhnlich, aber seit 1435 in Zürich formalrechtlich möglich war, sofern der Missetäter Reue gezeigt hatte.[44]

Im Höngger Bericht heisst es, dass es nachher, nach einer langen Schönwetterperiode, angefangen habe zu regnen und zu schneien. Die Aufrührer erschraken. «Da machten Meine Herren und die Leute von Höngg eine Fahrt gegen Altstetten zu.»[45] Wohl besuchten sie die dortige Marienwallfahrtskirche, zu der die Abtei fünfmal im Jahr eine Prozession durchführte. Kann man die «Fahrt» als Bussübung verstehen? «Der Sturz Hans Waldmanns liess die Stadt in einer Verwirrung zurück, die man sich kaum gross genug vorstellen kann.» Die Furcht vor dem Eingreifen des Kaisers oder die Rache von anderen Verbün-

---

41 A. a. O., Bd. 1, S. CLXV.
42 A. a. O., Bd. 1, S. CLXVIII.
43 Vgl. a. a. O., , S. CLVIII.
44 Vgl. Illi, Wohin die Toten gingen, S. 62.
45 Vogelsanger/Vogelsanger, Hans Waldmann, S. 135.

deten und Freunden Waldmanns steigerte sich stellenweise bis zur Panik. «Bereits begann man die eilige Hinrichtung zu bedauern.»[46]

Eine der Aufgaben, die es danach zu lösen galt, war die Verteilung des unermesslichen Vermögens, das Waldmann angehäuft hatte und das nun Begehrlichkeiten auslöste. Da wollte auch die Abtei profitieren. Am 9. September klagte die Äbtissin des Fraumünsters, Elisabeth von Wyssenburg, gegen Waldmann vor dem Rat: «von des vorsts wegen, von der statuten wegen, von der münz wegen darinn inen nüwrungen, uffsätz, abbrüch und beswärden zu verletzung des gotshus durch Waldamnn und bösen gewalt der zunftmeister beschehen syen. Ouch hab Waldmann sich frowen von Helfensteins [ehemalige Äbtissin] guts underzogen, desglich ir sigel und slüssel zu sinen handen genommen.»[47] Die Klagen, Bestrafungen, Hinrichtungen oder Begnadigungen von Freunden und Unterstützern Waldmanns zogen sich hin bis ins Jahr 1493, als sich die beiden Zimmern-Schwestern in der Abtei auf ihre Weihe vorbereiteten und jedes Jahr viermal für ihn zu beten hatten.

Unterbrechung

Doch vorerst war es noch nicht so weit. Johann Werner von Zimmern holte seine Töchter wieder zurück nach Weesen. Mit einem sechsseitigen Brief forderte auch Berchta von Tengen, die Grossmutter der Ottilie von Bitsch, am 12. September 1492 ihren Schwiegersohn auf, seine Tochter aus dem Fraumünster zurückzuholen und für ihre Erziehung einen anderen Ort zu suchen. Die Töchter würden von den am Fraumünster tätigen Geistlichen belästigt. Es habe sich nach dem schweren Aufruhr nichts gebessert. Sein Vetter von Zimmern habe

---

46   Vgl. Gagliardi, Dokumente Hans Waldmann, Bd. 1, S. CLXXVII ff.
47   A. a. O., Bd. II, S. 141.

seine Töchter bereits abgeholt. Wenn der Graf nicht selber kommen könne, solle er einen Verwandten damit beauftragen.[48] Die mutterlose Ottilie verliess daraufhin die Abtei definitiv.

Berchta von Tengen war auch mit den Zimmern-Schwestern verwandt, sie war ihre Grosstante.[49] Im Rechnungsbuch der Abtei von 1492 fallen zwei Ausgaben auf: ein Geschenk von 12 Pfund (Geld) und zwei Kopf Wein (ca. 7 Liter) an Frau von Zimmern, die Mutter der beiden Mädchen, und die Bezahlung von Knechten, die den Chorherrn Steffan Meyer nach Schmerikon führten, wohl zu Schiff. «Da er zu mine fröwlin wollt von Zimmern.»[50] Ob er sie bereits wieder zurück nach Zürich holte? Oder nur besuchte?

Was genau vorgefallen war, ist nicht bekannt. Überliefert sind aber Berichte aus den beiden anderen Frauenklöstern der Stadt. Zwischen den noch etwa vierzig Nonnen des Klosters Oetenbach und ihren Seelsorgern, den Predigerbrüdern auf der anderen Seite der Limmat, hatte sich «ein reger gesellschaftlicher Verkehr entwickelt. Selbst die dazu nicht befugten Konventmitglieder [das heisst, die dort keine Seelsorge zu leisten hatten] weilten ungehindert und unnötig häufig im Kloster. Offenbar übte besonders die Oetenbacher Klosterküche eine gewisse Anziehungskraft auf die Mönche aus. Erfährt man doch, dass, abgesehen von den zahlreichen persönlichen Besuchen der Brüder in Oetenbach, die Nonnen alle paar Tage Töpfe mit allerlei Leckerbissen nach dem Predigerkloster hinübersandten. Der damals unter dem Einfluss Hans Waldmanns stehende Rat beschloss deshalb am 21. August 1486, es solle ‹mit den frowen am Oetenbach geredt werden [...], das schicken, so sy übertag den Breydigern an haeffnen und

---

48 Vgl. Niederhäuser, Das Fraumünster in Zürich, S. 124; Günter, Im Strom der Zeit, S. 18.
49 Vgl. Helbling, Katharina im Fraumünster, in: Gysel/Helbling (Hg.), Zürichs letzte Äbtissin, S. 44.
50 Stadtarchiv Zürich, III.B.225.

suss tund und allen unzimlichen handel und wandel miden. Desglich soll mit den Bredygern ouch geredt werden, das gelouff und überfaren an Oetenbach zu miden›.»[51] Die Oetenbacher Nonnen stammten aus den Bürgergeschlechtern der Stadt, waren gebildet und verstanden es offenbar, ihr Leben angenehm zu gestalten.

Vom kleineren Kloster vor den Stadtmauern heisst es: «Dass die Selnauer Nonnen die Klausurvorschriften zu diesem Zeitpunkt nicht mehr allzu strikt handhabten, bestätigt ein Visitationsbericht der Zisterzienseräbte von Kappel und St. Urban aus dem Jahr 1514. Die beiden Visitatoren forderten die Selnauer Nonnen auf, die sieben Gebetszeiten einzuhalten und die Klosterpforte jederzeit verschlossen zu halten. Ausserdem verboten sie den Frauen das Tanzen sowie das Tragen von auffälliger und ausgeschnittener Kleidung, schränkten den Kontakt zur Aussenwelt ein und reglementierten die Benutzung der klostereigenen Badestube durch Fremde. Immerhin wurde positiv vermerkt, dass der Selnauer Konvent ‹in guotem einheligem frid› zusammenlebte.»[52]

Auf die Klage der Frau von Tengen hin intervenierte der Rat beim Fraumünster. Auffällig ist, dass es nicht der Bischof von Konstanz war, der sich einschaltete, sondern die weltliche Behörde. Der Rat machte drei Vorschläge für eine Reform: Es sollten auch nichtadelige Frauen aufgenommen werden – er wiederholte damit ein jahrzehntealtes Anliegen –, die Benediktsregel, die vor sechzig Jahren angenommen worden sei, solle eingehalten werden und anstelle der eigenen Häuser der Frauen solle ein neues Haus gebaut werden, in dem sie zusammen wohnen und essen würden. Ein entsprechender Reformversuch des Bischofs im Jahr 1470 hatte sich, wenn überhaupt, nicht lange durch-

---

51 Halter, Geschichte des Dominikanerinnen-Klosters Oetenbach in Zürich, S. 119 f.
52 Knecht, Ausharren oder austreten?, S. 75; Staatsarchiv Zürich, C II 4, Nr. 572.

gesetzt. Der Rat beauftragte eine Laiin, mit der Abtei zu verhandeln und dem Rat Bericht zu erstatten.[53] Die Witwe Berchta von Sulz, eine geborene von Hewen und verwandt mit den von Zimmern, erhielt den Auftrag und formulierte auf den 1. Februar 1493 eine lange Liste von Anträgen. Der Kreuzgang solle abgeschlossen «und vermacht» werden, keine Männer sollen sich mehr in der Abtei aufhalten, ausser sie hätten eine Aufgabe, es brauche eine gemeinsame Küche und Mensa für die Chorfrauen und Kapläne und eine «Capplanissin», die sie mit singen und beten vertreten könne. (Hier lässt die Formulierung Fragen offen. Was bedeutete Capplanissin? Warum sollte Berchta von Sulz vertreten werden?) Die Äbtissin solle die Macht haben zu bestimmen, wann und wozu die Chorfrauen die Abtei verlassen dürfen, etwa um sich zu erfreuen und zu ergötzen «uff dem see». Es soll «och keine manlich person bei inen an den enden wonen, es erfordere dann die notturft». Aber die Vorschläge für ein engeres Gemeinschaftsleben und eine strengere Klausur waren den Stiftsdamen zu asketisch, insbesondere bemängelten sie, die Reformen verstiessen gegen das alte Herkommen – «wider des Stiffts fryheit und loblich harkomen»[54]. Der Rat gab nach und entschied daraufhin, dem Stift seine alten Freiheiten weiterhin zuzugestehen.[55]

Eingekleidet

Im folgenden Jahr wurden die beiden Schwestern Anna und Katharina von Zimmern nach 3-jähriger Novizinnenzeit eingekleidet und geweiht, Anna neunzehn, Katharina sechzehn Jahre alt, zusammen mit Veronica von Geroldseck, auch sie weit aussen verwandt mit den

---

53 Vgl. von Wyss, Geschichte der Abtei Zürich, S. 460 ff., Nr. 489.
54 Ebd.
55 Vgl. Christ-von Wedel, Die Äbtissin, S. 46.

von Zimmern.[56] Ausgaben im Rechnungsbuch von 1494 lassen auf ein ausgiebiges Fest schliessen. In den Ausgabenbüchern wird jede Weihe als «Hochziit» aufgeführt. Noch heute tragen in einigen Klöstern neu aufgenommene Novizinnen als «Bräute Christi» bei ihrer Einkleidung Brautkleider. Anschliessend werden die Frauen nicht mehr «fröwlin» sondern «frow» genannt.[57] Für die Zimmern-Schwestern und Frau von Geroldseck werden im Rechnungsbuch 1494 folgende Ausgaben aufgeführt: Tuch von oder über Saltzmann aus Basel, Ausgabe für das Schneidern der Kutten, Ausgabe für das Mahl, das bei der Weihe gefeiert wurde, dabei wurden «2 fiertel» Wein verrechnet, nach Zürcher Mass etwa 60 Liter.[58] 4 Pfund erhielt der «Tischmacher», um den beiden Fräulein ihre «Stuben zu machen», und 3 Pfund 8 Heller erhielt Hannes Bruppach für Gestelle in ihren Kellern.[59]

Der Schrank für Frau von Geroldseck war um einiges teurer, er kostete 8 Pfund. Eine weitere Ausgabe allein für sie: 1 Pfund für ein «brunnkessy» und 2½ Eimer Wein (275 l) «miner frowen Gerentzeg gan Baden». Eine Badenfahrt? Wer war Veronica von Geroldseck? Da die Chorfrauen in den Abrechnungsbüchern nur mit Nachnamen «frowe von Geroldsegg» aufgeführt sind und teilweise von zwei Schwestern die Rede ist, war es nicht ganz einfach, ihre Spur zu finden.

Veronica war bereits Nonne, zuerst Klarisse in Strassburg, dann in Basel und muss schon älter gewesen sein. Zürich (Abtei und/oder Rat) hatte sich offenbar bemüht um sie. Gemäss dem Brief eines ihrer Brüder – welcher es war, ist nicht ersichtlich – lebte sie bereits seit 1493 in der Abtei Fraumünster. Sie hatte jedoch Schwierigkeiten wegen ihrer Schulden in Basel. Ausserdem beschwerte sich der Bruder über

---

56 Vgl. Günter, Im Strom der Zeit, S. 84.
57 Vgl. Köppel, Von der Äbtissin zu den gnädigen Herren, S. 79, Anm. 26.
58 Vgl. Geschichte des Kantons Zürich, Bd. 1, S. 504.
59 Vgl. Stadtarchiv Zürich, III.B.226.; Niederhäuser, Das Fraumünster in Zürich, S. 140.

Auseinandersetzungen Veronicas mit der Chorfrau von Helfenstein. Der Streit sei des Gotteshauses unwürdig und würde «dem gotzhuss zu unglimpfen dienen»[60]. Als Klarisse brauchte sie für den Wechsel in die Benediktinerinnenabtei, die das Fraumünster offiziell war, einen Dispens aus Rom. In diesem päpstlichen, lateinisch geschriebenen Dispens für Veronica von Geroldseck heisst es, dass sie nicht länger in ruhigem Geist und gesundem Bewusstsein (*cum animi sui quiete et sana conscientia*) im Kloster St. Clara in Basel habe bleiben können, aus gewissen rationalen Gründen (*ex certis rationabilibus causis*). Vielmehr wünsche sie im Orden des heiligen Benedikt das Heil ihrer Seele zu verfolgen. Sie habe das Kloster in Basel ohne Erlaubnis der Oberin verlassen. Da sie sich nicht entschliessen könne, ins Kloster St. Clara zurückzukehren, bittet sie, ihr Absolution von Abfall und Exkommunikation zu gewähren, damit sie in Zürich im «genannten Kloster Felix und Regula» unter der Regel des Benediktinerordens bleiben könne.[61]

Und ein halbes Jahr später: Die päpstlichen Briefe sollen erstellt werden, unter Berücksichtigung der Vorbehalte des Abts des Benediktinerklosters in Ulm, dass die genannte Bittstellerin die Kleidung des Klara-Ordens beibehalten und nicht die Kleidung des Benediktinerinnenklosters angenommen habe.[62]

Es sieht so aus, als wäre Veronica von Geroldseck keine einfache Persönlichkeit gewesen. Wir werden ihr wieder begegnen als grosse Konkurrentin Katharina von Zimmerns.

Die Weihe war mit Sicherheit ein eindrückliches Erlebnis, gefeiert mit der Familie, mit Verwandten und Freunden. Dieses Ereignis, oder bereits ihre Übergabe in die Abtei vor drei Jahren, hat Katharina von

---

60 Staatsarchiv Zürich, A 190.1, 9r und 8r.
61 Vgl. Repertorium Poenitentiariae Germanicum, RG Online, RPG VIII 02405, Rom, 21. Oktober 1494.
62 Vgl. Repertorium Poenitentiariae Germanicum, RG Online, RPG VIII 02405, Rom, 10. Februar 1495.

Abb. 5: Blütenkind

Zimmern fünfzehn Jahre später in der oberen Stube ihres neugebauten Amtshauses in den Wandfriesen verewigt – so ist es jedenfalls anzunehmen: Das Kind in der Blüte ist ein Christussymbol.[63] An Christus wurde sie übergeben.

Vor dem Kind in der Blüte kniet die junge Frau, der Mann hinter ihr würde dann ihren Vater darstellen, der sie in die Abtei gab. In den «Documenta des Amts Fraumünster» ist eine Beschreibung enthalten betreffend der Weihe einer Klosterfrau. Der Abt solle sich ihr zuwenden, sie soll vor ihm knien. Sie soll drei Stunden lang knien und dreimal dem Abt die Hand bieten und dreimal um Aufnahme bitten. Der Konvent soll dreimal antworten. Dann werde sie nach Gewohnheit geschoren. Sie soll dann wieder knien und der Abt das Kyrie eleison sprechen. «Wie ein Closter Frau dis Gottshauses Gehorsame sol tun. So ein Closter Frau dis Gottshauses will Gehorsamme thun, so sol si gahn nach dem Evangelio der Frouhmess für den Altar und sol sich der Abt umkehren gegen ihr, und sol si für ihm knien und so demüthiglich sprechen: Ich Schwöster ... Gelobe Stattigkeit und Wessen meiner Sitten und Gehorsame nach der Regel meines Herren St. Benedict,

---

63   Vgl. Christ-von Wedel, Die Äbtissin, S. 140.

vor Gott und seinen Heiligen in dissem Gottshus, das gestiftet und gewiehet ist in der Ehre der lieben Heiligen St. Felixen und St. Reglen, in Gegenwerthigkeit Meines Geistlichen Herren und Vatters Herrn Abbtes... So da beschit, so kniet Sie drü Stund und biettet dem Abt ihr Hand und sol er die auch drümal empfachen und sprichet Sie drümal kniend diesen Verss: Suscipe me... Empfach mich Herr in Vollkommenheit deiner Gnad und ich lebe nach deinen ewigen Freuden, und durch mein Vergesnuss und Verlassenheit lass mich Herr niemer geschend werden vor dem Angesicht meiner Vigenden [Feinde]. Denn sol der Convent und Samlung der Frouwen und ChorHerren dreymalen antworten: Gloria Patri et. Und sol man Sie dann bescheren [scheren der Haare] nach Gewohnheit, und dann wider kneüen vor den Abt und sol der Abt dann sprechen: Kyrie eleyson, Christe eleyson, Kyrie eleyson.»[64] Der Text ist nicht datiert, daher ist nicht gewiss, aber doch wahrscheinlich, dass auch die Einkleidung von Katharina und Anna so stattgefunden hat. Zudem ist nicht bekannt, welcher Abt sie vollzog. Naheliegend gewesen wäre der Abt von Einsiedeln. Konrad III. von Hohenrechberg hatte sich jedoch 1490 für fünfzehn Jahre in das Stift St. Gerold zurückgezogen und durch einen Pfleger vertreten lassen[65] und kommt daher eher nicht infrage. Möglich aber auch, dass er sich dieses Fest nicht hatte entgehen lassen, auch deshalb nicht, da die Verbindungen zwischen Fraumünster und Einsiedeln immer besonders intensiv – und auch geheimnisvoll – waren.

---

64 Von Wyss, Geschichte der Abtei, S. 397, Nr. 432; Stadtarchiv Zürich, II.B.I., angelegt 1481 von Johannes Häring, Chorherr der Fraumünsterabtei.
65 Vgl. Jäggi, Konrad von Hohenrechberg, in: HLS.

Einsiedeln

Es war eine Äbtissin des Fraumünsters, die das Kloster Einsiedeln im Jahr 934, siebzig Jahre nach dem gewaltsamen Tod des Mönches Meinrad auf dessen Zelle gegründet oder mindestens mitbegründet hat. Der ehemalige Abt Georg Holzherr hat mich vor fünfundzwanzig Jahren anlässlich der Vorbereitung für eine Fernsehsendung persönlich auf diese damals noch wenig bekannte Tatsache aufmerksam gemacht. Herzogin Reginlind von Schwaben wurde 929 Äbtissin des Fraumünsters und hatte dieses Amt bis zu ihrem Tod 958 inne. Als Laien-Äbtissin war sie das Oberhaupt der Abtei, erhielt die Einkünfte, residierte jedoch meist nicht dort und durfte heiraten. Hagen Keller schreibt, dass schon ihr Anteil an der Dotation des Klosters um 934 ihr persönliches Interesse an der Gründung vermuten lasse, von allen Schenkungen an das Kloster sind die der Reginlind am umfangreichsten, zudem war sie die einzige der Familie, die nach ihrem Tod in der Klosterkirche, direkt neben der Gnadenkapelle, begraben wurde. Das zeige, dass sie an der Gründung des Klosters einen bedeutenden Anteil hatte. Der erste Abt war mit ihr verwandt.[66] Die Überführung von Reliquien aus dem Fraumünster, zwei Rippen der Heiligen Felix und Regula, soll ihr Ehemann Herzog Hermann I. (926–949) veranlasst haben. Einsiedeln hat sie am 17. November 1949 der neu entstandenen Zürcher Pfarrei Felix und Regula geschenkt und damit Zürich zurückgegeben.[67] Und dann gibt es da noch die Legende, dass es Hildegard, die erste Äbtissin des Fraumünsters gewesen sei, die zusammen mit ihrer Schwester als Gründerin der Abtei verehrt wird, die das Mutter-

---

66 Vgl. Röthlisberger, Reginlinde, S. 138; vgl. Keller, Kloster Einsiedeln im ottonischen Schwaben, S. 21 ff.
67 Vgl. Pfarramt St. Felix und Regula (Hg.): Festschrift zum 25. Kirchweih-Jubiläum der Kirche St. Felix und Regula, S. 19.

Abb. 6:
Die Madonna wird von
Hildegard nach Einsiedeln geführt,
Klosterpforte Einsiedeln

gottesbild vom Fraumünster nach Einsiedeln habe tragen lassen.[68] Das würde bedeuten, dass die Einsiedler Madonna Zürcher Wurzeln hätte. Ob sie das Gnadenbild wirklich Meinrad brachte oder den Waldschwestern, die gemäss der Meinradslegende (mit 64 Illustrationen als Blockbuch erschienen) schon vor ihm im Finstern Wald hausten,[69] und ob es damals schon schwarz war, bleibt unserer Fantasie überlassen. Jedenfalls hängt im Eingangsbereich der Klosterpforte in Einsiedeln noch heute ein Bild der Überbringung aus Zürich.

Ab 1351 pilgerte jedes Jahr ein Grossteil der Zürcher am Pfingstmontag und -dienstag nach Einsiedeln.[70] Aus jedem Haushalt musste jemand mitgehen. Die Prozessionsordnung schrieb vor, wie viele

---

68 Vgl. Lienert, Schweizer Sagen und Heldengeschichten, S. 23.
69 Vgl. Schmid, Frauenkloster in der Au bei Einsiedeln, S. 44 f.
70 Vgl. Geschichte des Kantons Zürich, Bd. 1, S. 441.

Geistliche von jedem Orden an der Spitze des Zugs dem vorangetragenen Kreuz folgen mussten. In den Rechnungsbüchern des Fraumünsters werden jedes Jahr die Ausgaben für die «Fahrt nach Einsiedeln» aufgeführt. Da werden die beiden Zimmern-Schwestern mitgepilgert sein oder vernahmen mindestens nachher, was sich unterwegs und oben im Wallfahrtsort alles zugetragen hatte.

Der wilde Bruder

Aus den Fraumünster-Rechnungen geht hervor, dass die drei neugeweihten Frauen nun in eigenen Räumen wohnten, in sogenannten «Hüsern». Ihre Lage wird im Westflügel und im westlichen Teil des Südflügels des Kreuzgangs vermutet. Die Stiftsdamen verfügten über eine oder mehrere «Stuben» sowie Küche und Keller.[71] Ihre Pfründe betrug jährlich 12 Mütt Kernen (ca. 720 kg Weizen), 23 Pfund (Geld), 8 Eimer Wein (ca. 880 l). Alle Chorfrauen erhielten gleich viel, auch die sicher um einiges ältere Cäcilie von Helfenstein. Warum Frau von Geroldseck gemäss der Abrechnung als Einzige zusätzlichen Weizen, Hafer und Wein erhielt, bleibt offen. Eventuell wohnte eine Schwester bei ihr, die für Präsenz im Chorgebet speziell bezahlt wurde.

Es ist davon auszugehen, dass die Chorfrauen von ihrer Pfründe gut leben konnten. Ein Bericht aus der Zimmerischen Chronik macht jedoch etwas stutzig. Katharinas zweitjüngster Bruder Gottfried Werner war unterdessen bei seinem Onkel Gottfried in Seedorf bei Rottweil untergebracht, der jedoch mit dem lebhaften Jungen nicht zurechtkam. Dieser habe allerlei Unfug im Kopf gehabt, sich nackt ausgezogen und im Schmutz gewälzt, um als schwarze Gestalt andere Kinder zu erschrecken und zu jagen. Auch sei er so in Häuser

---

[71] Vgl. Abegg/Barraud Wiener, Kunstdenkmäler des Kantons Zürich. Stadt Zürich, Bd. II.I, S. 98.

eingedrungen. Der alte Herr habe ihn nicht bestraft, sondern nur gelacht. Weil er ihn nicht meistern konnte oder wollte, schickte er ihn zu seinen beiden älteren Schwestern nach Zürich, die sollten ihn erziehen. Und da heisst es nun, sie hätten ihm nicht genug zu essen gegeben, da sie selber wenig gehabt hätten, «der jung herr hat mehrmals an den victualien, dann seine schwester nit vil überigs domals, grossen mangel gelitten»[72]. Gottfried Werner musste die Fraumünsterschule besuchen. Zu der Zeit sei ein namhafter Bürger einer Kleinigkeit wegen zum Tod verurteilt worden. Alle hätten ihn bedauert. «Do wardt von den fürnembsten angericht, das dieser jung freiherr den armen man dem nachrichter im ausfieren vom strick sollte abschneiden.» Die Äbtissin, zu der Zeit war es Elisabeth von Wyssenburg, besass noch das alte Begnadigungsrecht, von dem sie offenbar hier Gebrauch machte und dem Knaben den Auftrag gab, es auszuführen. Eine erzieherische Massnahme für den wilden Jungen? Da Gottfried noch so jung war, trug ihn der Ammann des Fraumünsters durch die Menschenmenge zum Verurteilten durch und half ihm, den Strick durchzuschneiden. Der Begnadigte hob Gottfried Werner auf, trug ihn in die nächste Kirche vor den Fronalter, fiel auf die Knie und dankte Gott.

Die Chronik erzählt weiter, dass der 9-Jährige eines Tages ausgerissen sei und sich einem Söldnerzug nach Mailand angeschlossen habe. Er zog mit dem Tross davon, denn niemand achtete auf ihn, und kam bis nach Chur. Der Ammann des Fraumünsters habe «bös getan» und sei ihm nachgeritten. Als er ihn im Haufen der Söldner sah, zusammen mit anderen Schülern, die der Schule ebenfalls den Rücken gekehrt hätten, nahm er ihn mit Wissen der «obristen» wieder zu sich. Diese ermahnten den Ammann, ihn den Eltern zurückzugeben, aber Verständnis für seine Jugend zu haben.[73]

---

72 Barack, Zimmerische Chronik, Bd. 2, S. 374.
73 Vgl. ebd.

Es muss sich bei dem Auszug um den ersten französischen Feldzug von 1494 gehandelt haben. Karl VIII. wollte Neapel einnehmen und warb Söldner an. Mit allen Mitteln versuchten die Eidgenossen aller Stände, ihre Männer zurückzuhalten, aber es gelang ihnen nicht. Die Aussicht auf Sold und Beute war zu verlockend. «Aus allen Dörfern strömten die Männer, in denen unbändiges Feuer glühte. Ohnmächtig stand die Regierung, es nützte nichts, die Strassen zu besetzen: Wo niemand es ahnte, da drangen die Krieger durch.»[74]

Da ist es nicht verwunderlich, dass Gottfried Werner mitzog.

Es heisst dann, er sei nicht mehr lange in Zürich geblieben, der alte Graf von Tengen habe ihn zu sich genommen, da ihn seine Schwestern nicht hätten bändigen können.[75]

Aber stimmt es, dass Gottfried Werner nicht genug zu essen bekam? Wohl eher nicht. Über die Kost in der Abtei gibt es eine ausführliche Beschreibung aus dem Jahr 1429. Sie bestand vor allem aus Hirsenmus, Bohnen, Kompott, Fisch, Brot. Besonders in der Fastenzeit galten strikte Regeln: Am Sonntag «ein halbe Gepten fruie hirse mit nussen gemacht, ein phannen zelten in der breiti als ein gredmich, wol gebachen mit oele, une ein erbere Schüsseln mit Kompost». «Ouch gibt man an dem stillen Fritage jeglicher Frowen einen phenwerdigen Simmelweggen und eine erbere Schüsseln mit gebrochenen bonen und zer naht eines muses mit louch und oel ane smalz».[76] In sechzig Jahren kann sich allerdings einiges verändert haben.

---

74   Von Mülinen, Geschichte der Schweizer Söldner, S. 125 f.
75   Vgl. Barack, Zimmerische Chronik, Bd. 2, S. 173 ff.
76   Von Wyss, Geschichte der Abtei Zürich, S. 436, Nr. 470c.

Wahl und Weihe (1496)

Umstritten und doch gewählt

Am 31. Januar 1496 starb die Äbtissin Elisabeth von Wyssenburg-Krenkingen nach einer Amtszeit von achteinhalb Jahren.[77] Gleich nach der feierlichen Beisetzung sollte die Neuwahl erfolgen. Wahlberechtigt waren die Chorfrauen und Chorherren der Abtei. Im Rechnungsbuch 1496 sind vier Chorfrauen aufgeführt: Die beiden Zimmern-Schwestern, Frau von Helfenstein und Frau von Geroldseck und sieben Chorherren.

Eine Äbtissin in der Familie zu haben, bedeutete Einfluss und Prestige. Neben der Ehre gab es zudem finanzielle Vorteile: Die Pfründe einer Äbtissin, über die sie persönlich verfügen konnte, war mehr als doppelt so hoch wie die einer Chorfrau. Daher ist es verständlich, dass die Familien die Wahl zu beeinflussen versuchten. Die Nachfolge von Elisabeth von Wyssenburg war heftig umkämpft.

Die Wahl muss zwischen dem 14. Februar und dem 11. April 1496 stattgefunden haben. Heinrich von Hewen, Bischof von Chur, schrieb am 14. Februar an Bürgermeister und Rat von Zürich (nicht etwa an die Abtei!) und schlug Veronica von Geroldseck zur Wahl als Äbtissin vor. Sie war eine Verwandte des Bischofs: «unser lieb mumen frow Veronica von Hohen Geroldsegg». Er rühmt ihre Geschicklichkeit und Vernunft und gibt zu bedenken, dass man sie bewegt habe, aus ihrem ureigenen Gotteshaus zu kommen: «und hier inne das früntlich und gnedig erbieten, damit ir sy usser irem ureigen gozhus zu komen bewegt haben». Er bittet «ernstlich und vlissig», die Wahl von Veronica von Geroldsegg zu unterstützen. Er werde dies der Stadt nie vergessen.[78] Die Wahl fiel jedoch auf Katharina von Zimmern.

---

77 Vgl. Vogelsanger, Zürich und sein Fraumünster, S. 251.
78 Vgl. Staatsarchiv Zürich, A 355,1 Nr. 14.

Veronica von Geroldseck bestritt das Ergebnis und wehrte sich, offenbar erbittert. Ihre Familie focht durch ihren Anwalt Augustinus Tünger das Wahlergebnis beim Bischof von Konstanz an. Johannes Truckembrot, Jurist und Bürger in Konstanz, vertrat Katharina von Zimmern mit Mandat der Zürcher Propstei (Grossmünster). Die Wahlbestätigung wurde am 11. April ausgestellt, zwei Wochen vor dem Tod des Bischofs. Aussteller des Schreibens war der Konstanzer Generalvikar, der zweite Mann in der Diözese und Vorsteher der geistlichen Verwaltung. 1496 war dies entweder Konrad Winterberg oder Johann Sattler. Truckembrot argumentierte, Augustinus Tünger habe kein genügendes Mandat, dieses sei nicht legitimiert, er sei nicht anzuhören und es gebe auch sonst keine Gegenstimme. In dem ausführlichen Dokument in Latein (es handelt sich um eine Abschrift) werden alle wahlberechtigten Stiftsdamen und Kanoniker aufgeführt. Als Chorfrauen die Zimmern-Schwestern, Cecilia de Helffenstain comitissa und Veronica von Geroldseck Baronisse und Canonisse. Chorherren waren Wolffgangus Schad decretorum doctor, plebanus Hainricus Schönenberger, Wernherus Schaller, Johannes Jörger artium magister, Stephanus Mayer, Hainricus Mayer, Ulricus Friess decretorum doctor. Die Liste stimmt nicht ganz überein mit derjenigen aus dem Rechnungsbuch, wird aber wohl die richtige gewesen sein.

Der Antrag von Augustinus Tünger wird abgewiesen, die Wahl Katharina von Zimmerns wird bestätigt. Unterschrieben hat Gebhard Bernhardi, Presbyter und Notar der Diözese Konstanz.[79]

Fünf Tage später, am 16. April, stellten Bürgermeister Heinrich Röist und die beiden Räte (der Kleine Rat zählte 18 Mitglieder, der Grosse 144) fest, die Wahl sei nicht einstimmig, aber mit «meren stymmen uf min frow von zymmern gevallen». Sie beauftragten Bür-

---

79 Hinweis von Johannes Krämer; Erzbischöfliches Archiv Freiburg, EAF Ha 320, 1rv; vgl. Niederhäuser, Ein Leben im Umbruch, in: Bumiller et al. (Hg,), Mäzene, Sammler, Chronisten, S. 123.

germeister Konrad Schwend und die beiden Ratsherren Ritter Göldli und Ritter Rordorff, beide auch Pfleger am Fraumünster, der Frau von Geroldseck und dem Kapitel der Abtei auszurichten, der Rat stehe hinter der Wahl der Katharina von Zimmern. Frau von Geroldseck solle aufhören, die Wahl zu bekämpfen, «die Erwellte darinn zuo irren und bekümbern». Die Erwählte (Katharina) habe, zusammen mit ihren Unterstützern, dem Abt von Stein am Rhein und «unser Eydgenossen von Rotwyl Bottschafft» den Rat gebeten, diese Widerwärtigkeit abzustellen und damit dem Gotteshaus Kosten und Beschwerden zu ersparen.[80] Zu der Zeit war Rottweil ein zugewandter Ort der Eidgenossenschaft.

Bezeichnend ist, dass sich Katharina von Zimmern auch hier an den Rat wandte und ihn bat, einzuschreiten. Ob ihr Onkel Gottfried von Zimmern aus Seedorf (bei Rottweil) den Rat von Rottweil um Unterstützung gebeten hat, oder gar ihre Mutter, die unterdessen in den Heimatort der Zimmern gezogen war und dort das Bürgerrecht erhalten hatte, lässt sich nur vermuten. Im Kloster in Stein am Rhein amtete Abt Johannes II., Martin von Stein. Einsiedeln wird nicht erwähnt. Hingegen ist davon auszugehen, dass auch Eberhard von Reischach sich im Hintergrund für Katharina von Zimmern einsetzte. Er hatte immerhin die Möglichkeit über seinen nahen Verwandten. Bürgermeister Konrad Schwend, der die Antwort des Rats verantworten musste und von dem auch anderswo berichtet wird, dass er sich mit der Wahl einer Äbtissin habe beschäftigen müssen, war sein Cousin.[81] Er war der Sohn von Clara von Reischach, gemäss Rüeger Chronik eine Schwester von Eberhards Vater.[82]

---

80 Vgl. Staatsarchiv Zürich, B II 27, S. 40; von Wyss, Geschichte der Abtei Zürich, S. 462 f., Nr. 490.
81 Vgl. Diener, Die Zürcher Familie Schwend, S. 25.
82 Vgl. Staatsarchiv Zürich, W I 1, Nr. 447; Rüeger, Rüegersche Chronik, Bd. 2, S. 941 und 949; Diener, Die Zürcher Familie Schwend, S. 24; Christ-von Wedel, Die Äbtissin, Anm. 257.

Katharinas Vater hat die Wahl noch erlebt. Er schrieb seiner Tochter einen bewegenden Brief, wohl als Antwort auf ein Schreiben, mit dem sie ihn aufgefordert hatte, ihre Brüder dazu zu bewegen, ihr das versprochene und ihr zustehende Leibgeding auszuzahlen. Mit bewegenden Worten sucht er sie davon zu überzeugen, dass es ihr finanziell jetzt gut gehe, ihr 12-jähriger Bruder Gottfried jedoch grosse Schulden habe. Es würde ihm grosses Missfallen und grosse Beschwerden bereiten, wenn seine liebsten Kinder in «Unfrundtschafft» kämen. Seine Tochter spricht er mit «Hertzliebe frowe» an.[83]

In München, wo er am Hofe Herzog Albrechts weilte, brach in diesem Jahr die Pest aus. Der Hof floh von einem Jagdhaus zum andern. Aber Johann Werner ritt aus unerfindlichen Gründen zurück nach München, wo er sich ansteckte. Er starb, ohne dass seine verzweifelten Versuche, rehabilitiert zu werden, Erfolg gehabt hätten.[84] Katharina hatte in dem ereignisreichen Jahr auch den Tod ihres geliebten Vaters zu verkraften.

Geweiht

Am 17. Juni 1496, einem Mittwoch, wurde Katharina von Zimmern zur Äbtissin der Abtei Fraumünster geweiht. Berichte über die feierliche Zeremonie fehlen. Immerhin hat sich wie für die Weihe einer Nonne auch für die Weihe einer Äbtissin ein Formular erhalten, das uns einige Hinweise gibt. Zur Weihe gehörten zwei Ritter oder Freiherren. Jeder soll ein Fässchen Wein tragen, das einen Kopf Wein enthalte (ca. 3,5 l) und drei Ellen Tuch mitbringen, ebenso sollen zwei Edelmänner zwei

---

83 Vgl. Staatsarchiv Zürich, A 196.3,15 Nr. 1; Schneider-Lastin, Quellen, in: Gysel/Helbling (Hg.), Zürichs letzte Äbtissin, S. 189.
84 Vgl. Günter, Herkunft und Jugend, in: Gysel/Helbling (Hg.), Zürichs letzte Äbtissin, S. 28.

grosse weisse Brote tragen. Die Äbtissin soll zwischen vier infultierten Äbten sitzen, die bei dieser Handlung das Bischofsamt ausüben dürfen. «So ist ze wüssen dass zu der wichi [Weihe] einer Äptissin gehörend und sol man han zween Ritter oder zween fryen und zwey newe fässli, da ein jetliche ein kopf win in gang, und jedlicher sol han dry elen geslagen tuch uff, und an sie, und sollen die Ritter oder Fryen die fässli tragen. Aber zwy wisse brodt gebachen von einem fiertel kernen, und die sollend tragen zween slechte edelman, und der sol och jetlicher dry ein geslagen tuchs. Aber sollend daby sin fier Aebt geiflet [infuliert] und sol die Aeptissin sitzen vor dem fron Altar und die Aept zu ihren siten. Formula autem benedictionis hec est: Psalm. Miserere. Kyrieeley, Christeeley, Kyrieeley. Pater noster etc. etc. ne nos. Salvam fac Famulam Tuam. Deus meus speramus in Te. Nichil proficiat inimicus in ea. Et filius iniquitatis non apponat nocere ei. Mitte ei auxilium de sancto et de Syon tuere eam. Esto ei Domini turris fortitudinis a facie inimici. Dominus vobiscum. Oremus etc.» [85]

Ein Bischof wird hier nicht erwähnt. Der zuständige neue Bischof von Konstanz, Hugo von Hohenlandenberg, war zwar unterdessen gewählt, aber selber noch nicht geweiht. Ob er vertreten wurde, und wenn ja, wer es gewesen sein könnte, ist nicht bekannt. Zu den vier erforderlichen Äbten hatte wohl der Abt von Stein am Rhein gehört.

Man kann sich diese Einsetzung der Katharina von Zimmern in ihr Amt kaum prunkvoll genug vorstellen. Ihre Gäste werden von weither angereist sein, Familienmitglieder und Verwandte aus dem Hochadel, hohe Herren mit kirchlichen und weltlichen Ämtern unter Anteilnahme der ganzen Stadtbevölkerung. Ob jemand aus Katharinas Familie dabei war? Ob ihr Onkel und ihre Mutter aus Rottweil anreisten?

Die Zimmerische Chronik berichtet von einer Reise von Margarete von Oettingen nach Zürich «zu ihrer Tochter, der eptissin», nennt aber

---

85 Häringsches Urbar, Stadtarchiv II.B.1.; von Wyss, Geschichte der Abtei, S. 397, Nr. 431.

kein Datum. Sie fuhr mit ihrer schweizerdeutsch sprechenden «cammermagd» Susanna Cronbergerin von Rottweil nach Zürich, als sich ihr Wagen, wohl eine geschlossene Kutsche, an einem Rain mehrmals überschlug. Es sei ihr aber nichts geschehen.[86] Wie beschwerlich eine ziemlich lange dauernde Kutschenfahrt von Rottweil nach Zürich war, kann man sich heute nicht mehr recht vorstellen.

Wie einem Eintrag im Ratsmanual zu entnehmen ist, muss das Fest mehrere Tage gedauert haben. Am 10. Juni, sechs Tage vor der Weihe, erschien der Ammann des Fraumünsters vor Bürgermeister und Rat und bat im Auftrag der Äbtissin, «zu der Hochzit irer Wyhung» für die hochrangigen Gäste eine Jagd im städtischen Wald veranstalten zu dürfen. Solche Jagdveranstaltungen zu Ehren der Gäste gehörten für Katharina offenbar selbstverständlich dazu. Die Anfrage, sie ist im Ratsmanual von 1496 protokolliert, brachte die Räte jedoch in arge Verlegenheit. Die Auseinandersetzung mit Hans Waldmann und die «Reaktion der Landleute auf seine Jagdansprüche hatten bei vielen Bürgerinnen und Bürgern traumatische Erinnerungen hinterlassen»[87]. Die Räte diskutierten. Es gab zwei Vorschläge, wie man eine Antwort formulieren könnte. Der eine wollte jemanden zur Äbtissin schicken und ihr bewusst machen, dass jetzt keine gute «unkomblich» Zeit sei für eine solche Jagd, ein «sölich gejegd». Wenn sie aber darauf beharre, solle man ihr die Bitte nicht versagen. Der andere erwiderte, es sei noch immer Schonfrist für das Wild. (Bis am 24. Juni war es auch dem Adel verboten zu jagen.)[88] Ausserdem habe die Äbtissin einen eigenen Forst, darin sie jagen möge, um so den Wald «miner herren» nicht zu «verwüsten».[89]

86 Vgl. Barack, Zimmerische Chronik, Bd. 2, S. 34.
87 Helbling, Katharina im Fraumünster, in: Gysel/Helbling (Hg.), Zürichs letzte Äbtissin, S. 48.
88 Vgl. Lutz, Die Zürcher Jagd, S. 98.
89 Staatsarchiv Zürich, B II 27, S. 56.

Wie der Rat entschieden hat, und wo die Gesellschaft dann tatsächlich jagte, ist nicht ersichtlich. Bei den meisten anderen Einträgen im Ratsmanual, die zwei unterschiedliche Meinungen wiedergeben, ist jeweils die eine durchgestrichen, sodass der endgültige Beschluss ersichtlich wird. Hier nicht. Es ist demnach gut möglich, dass Katharina auf ihrer Bitte beharrte.

Wenn ich einen Roman zu schreiben und den Charakter der jungen Äbtissin zu schildern hätte, wäre klar, dass sie sich durchgesetzt hätte in dieser Situation. Die Jagd würde im Wald «miner herren» stattfinden. Daran teilnehmen würde dann auch ein gut 30-jähriger Mann, erfolgreicher Söldner, passionierter Jäger, sensibler und geschickter Diplomat, ähnlich wie Katharinas Vater. Er hätte die eindrückliche Feier im Fraumünster mitverfolgt, hätte gesehen, wie die wunderschöne Frau (gemäss Zimmerischer Chronik waren die Zimmern-Schwestern alle ausgesprochen schön[90]) vor dem Altar kniete, würdevoll und selbstbewusst. Er hätte sich unsterblich verliebt und wäre ihr dann im Wald wieder begegnet. Sie war eine gute Reiterin und wollte die Jagd mitverfolgen, wollte mit dabei sein. Er hätte sie angesprochen. Schicksal: Als Chorfrau hätte sie noch die Möglichkeit gehabt, wieder auszutreten und sich zu verheiraten, als Äbtissin hatte sie nun gerade eben dauernde Ehelosigkeit gelobt.[91] Trotzdem wird der nicht mehr ganz junge Mann, es handelt sich um Eberhard von Reischach, alles versuchen, sich in Zürich niederlassen zu können.

Damit sind wir wieder bei den historischen Begebenheiten.

---

90   Vgl. Barack, Zimmerische Chronik, Bd. 2, S. 21–24.
91   Vgl. Christ-von Wedel, Die Äbtissin, S. 48.

Die Äbtissin

Im Amt (1496)

Eingesetzt

Das Zeugnis einer der ersten Amtshandlungen Katharina von Zimmerns als Äbtissin findet sich in einer Urkunde vom 28. Juni, zehn Tage nach ihrer Einsetzung. Damit verlieh oder bestätigte sie der Stadt auf zehn Jahre den Zoll und das Zöllneramt unter Verweis auf ihre fürstlichen Ehren. Das bedeutsame Lehen war «ein letztes Relikt der ehemaligen Herrschaft der Fraumünsteräbtissin über die Stadt, auch wenn es seit Längerem diskussionslos erneuert und auch von Katharina 1506 und 1516 bestätigt wurde. Mit diesem Lehen waren umfangreiche Einkünfte, aber auch Verpflichtungen verbunden, so Zinszahlungen an das Fraumünster, Öl für ein Licht an den Märtyrergräbern von Felix und Regula im Grossmünster, die Entschädigung des Henkers für Hinrichtungen oder der Unterhalt der Leiter beim Galgen.»[92] Die Formulierung unterstreicht Katharinas Position und Selbstverständnis. Sie macht klar, dass sie mit der Verleihung auf die Bitte des Rats eingeht und seine «ernstliche bett erhört». An der Urkunde hängt ihr Siegel, das sie hier wohl ein erstes Mal gebraucht hat.[93] Der silberne Siegelstempel mit dem Wappen Katharina von Zimmerns befindet sich heute im Schweizerischen Landesmuseum.[94]

---

92 Niederhäuser, Das Fraumünster in Zürich, S. 126.
93 Vgl. Staatsarchiv Zürich, C I Nr. 198.
94 Vgl. Abegg/Barraud Wiener, Ausbau und Ausstattung der Fraumünsterabtei, in: Gysel/Helbling (Hg.), Zürichs letzte Äbtissin, S. 116.

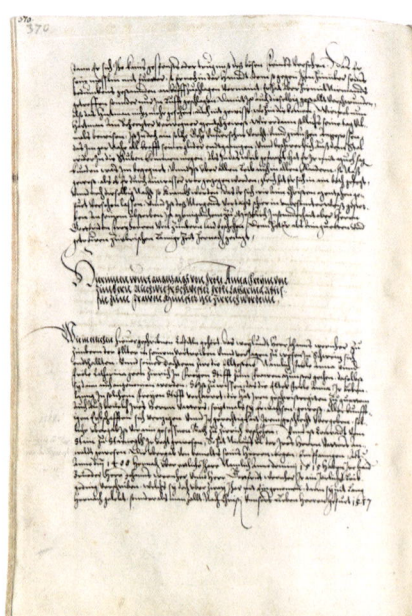 

In der am gleichen Tag ausgestellten Antwort verpflichteten sich Bürgermeister, Rat und Bürger von Zürich, die in der von Äbtissin Katharina von Zimmern ausgestellten Urkunde enthaltenen Bestimmungen einzuhalten. An der Urkunde hängt das Stadtsiegel.[95] Damit war der Grund gelegt für eine gute und erfolgreiche Zusammenarbeit, die sich in jeder Hinsicht bewähren sollte. Die beiden Bürgermeister, die sich halbjährlich in der Führung abwechselten, waren Konrad Schwend (Eberhard von Reischachs Cousin) und Heinrich Göldli. Bürgermeister Göldli gehörte gleichzeitig zusammen mit seinem Neffen (oder Onkel) Lazarus zu den Amtsleuten der Abtei Fraumünster. Wenige Wochen später bestätigte Katharina schliesslich «mit Verweis auf ihre fürstlichen Ehren» den Johannitern von Wädenswil das zweite bedeutende Herrschaftsrecht: die Vogtei in Richterswil und Wädenswil.[96]

95   Staatsarchiv Zürich, C I Nr. 199.
96   Vgl. Niederhäuser, Das Fraumünster in Zürich, S. 126; Staatsarchiv Züirch, C I Nr. 2860.

64   Die Äbtissin

Abb. 7:
Die Zimmernsche Chronik um 1565
mit dem Äbtissinnenwappen Katharina
von Zimmerns mit den Zürcher
Stadtheiligen Felix und Regula

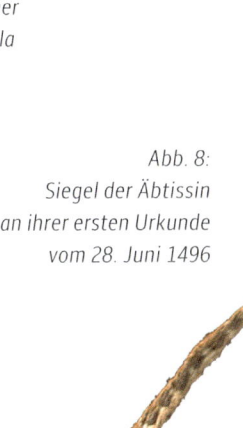

Abb. 8:
Siegel der Äbtissin
an ihrer ersten Urkunde
vom 28. Juni 1496

Die komplizierte Verwaltung der umfangreichen Abteigüter lag in der Verantwortung des Ammanns, die Verwaltung der Güter des Kapitels in der Verantwortung des Kapitelkellers. Der Ammann war jedoch mehr als ein Wirtschaftsführer. «Als Herrschaftsfunktionär vertritt er die Äbtissin auch in rechtlichen und herrschaftlichen Belangen wie beispielsweise an den zweimal jährlich stattfindenden grundherrlichen Jahresgerichten.»[97] Katharina von Zimmern konnte sich auf zwei erfahrene Männer stützen: Hartmann Wolff war Ammann seit 1488 und sollte das Amt mit einem Unterbruch von vier Jahren bis 1523 innehaben. Kapitelkeller war Jacob Kopff.[98] Das Fraumünster besass keine geschlossene Herrschaft. Aber die Rechnungsbücher, die die Einnahmen auflisten, lassen den Umfang und die Weitläufigkeit der Güter erahnen. Die Abtei verfügte über Höfe in Rümlang, Volketswil, Seebach, Riesbach, Wallisellen, Bassersdorf, Wipkingen,

---

97 Köppel, Von der Äbtissin zu den gnädigen Herren, S. 76.
98 Vgl. a. a. O., S. 75.

Fällanden, Stadelhofen, Trichtenhusen, Maur, Gössikon, Zollikon, Zumikon, Äsch, Heuberg, Busenhart, Herrliberg, Meilen, Wiedikon, Enge, Thalwil, Horgen, Käpfnach, Wädenswil, Richterswil, Kappel, Cham und über eine grosse Anzahl Häuser in der Stadt.[99] Insbesondere gehörten alle Mühlen an der Sihl und an der Limmat der Abtei. Damit war sie – was den Besitz anging – das bedeutendste Kloster auf dem Gebiet der heutigen Schweiz und übertraf sogar St. Gallen und Reichenau.[100]

Darüber, inwiefern die Äbtissin persönlich in die Verwaltung involviert war, gehen die Meinungen der Historiker und Historikerinnen auseinander. Peter Niederhäuser schreibt: «Es darf allerdings angenommen werden, dass die Äbtissin bei diesen Geschäften kaum anwesend war, sondern vielmehr der Amtmann im Namen und mit dem Siegel der Äbtissin handelte. Das einzige Verwaltungsbuch, das den expliziten Willen nach Aktualisierung und Modernisierung zum Ausdruck bringt, ist ein Zinsbuch von 1512, das einerseits die Abgaben von Häusern, Jahrzeiten, Gütern oder Kapitalien, andrerseits Kauf-, Kapital- und Freiheitsbriefe regestartig auflistet.»[101] Barbara Helbling schreibt, dass die Äbtissin «über die Wirtschaftsführung orientiert war, weil alle Geschäfte in ihrem Namen abgewickelt und von ihr gesiegelt wurden»[102]. Alle Urkunden beginnen mit dem Satz «Äbtissin Katharina des Gotteshauses Felix und Regula Zürich verurkundet». Und am Schluss steht: «Die Äbtissin siegelt». Alle jedoch, vor allem auch Christa Köppel, sind sich darin einig, dass sich unter Katharina von Zimmern die finanzielle Lage der Abtei entspannte, dass die Schulden abgezahlt werden konnten und dass sie im Unterschied zu ihren Vorgängerinnen während ihrer ganzen Amtszeit keine einzige

---

99   A. a. O., S. 112.
100 Vgl. Vogelsanger, Zürich und sein Fraumünster, S. 108.
101 Niederhäuser, Das Fraumünster in Zürich, S. 126.
102 Helbling, Katharina im Fraumünster, in: Gysel/Helbling (Hg.), Zürichs letzte Äbtissin, S. 53.

Rüge des Rats zur Kenntnis nehmen musste. Dass Hartmann Wolff mit einer Pause von vier Jahren stabil an ihrer Seite blieb, spricht für eine vertrauensvolle und gute Zusammenarbeit.

Einen Hinweis gibt uns auch ein Dokument von 1545, als Katharina längst nicht mehr Äbtissin war und als Witwe in Zürich lebte. Der Bürgermeister und die Räte beauftragten das verantwortliche Gremium in einer Auseinandersetzung mit der Gemeinde Ägeri den Rat Katharina von Zimmerns einzuholen.[103]

Der Ammann war für die umfangreiche und komplizierte Rechnung verantwortlich. Dabei muss bedacht werden, dass damals mit römischen Zahlen gerechnet wurde. Christa Köppel schreibt: «Das römische Zahlensystem ist zwar durch seinen additiven Aufbau sehr einprägsam; aber zum Rechnen, zum Durchführen der im Rahmen der Buchhaltung wichtigsten arithmetischen Operationen, beispielsweise der Addition bei der Errechnung der Summen, der Subtraktion beim Ermitteln des Überschusses beim Rechnungsabschluss und der Multiplikation bei der Errechnung der Verkaufserlöse aus Preis mal Menge, ist es ungeeignet.»[104] Man behalf sich mit Rechenbrettern, Rechentüchern und Rechenpfennig, dem sogenannten Abakus-System. Der «Rechenpfennig» war ein Hilfsgegenstand, ein Metallstück ohne Wert.

Jeweils im Juni nahm eine Abordnung des Rats die Rechnung der Abtei ab. Dabei beginnt zum Beispiel die Rechnung 1496 am 24. Juni 1496 und dauert bis zum 24. Juni 1497. Der wichtige Anlass wurde mit einem Festessen gefeiert und im Ausgabenbuch unter einer eigenen Rubrik aufgeführt. Anwesend waren neben Äbtissin und Kapitel, der Leutpriester, «miner frowen hofgesind», die «fröwlin und junkfrowen» (Aspirantinnen vor Aufnahme als Chorfrauen und Bedienstete) und eine Abordnung von vier oder fünf Mitgliedern des Rats, ein «no-

---

103 Staatsarchiv Zürich, C I 217.
104 Köppel, Von der Äbtissin zu den gnädigen Herren, S. 38.

tary» und selbstverständlich der Ammann und der Kapitelkeller. Alle Anwesenden erhielten einen Obulus von 5 Schilling.[105] Heute würde man es einen festlichen Anlass, ein Jahresschlussessen für Mitarbeiterinnen und Mitarbeiter nennen.

Den offiziellen Kontakt zum Rat nahm Hans Escher wahr, der somit als Katharinas Anwalt fungierte. Er erhielt regelmässig Lohn «umb zu reden by minen Herren». Ein schönes Beispiel findet sich in den Ratsmanualen, als Katharina um 1502 versuchte, das Münzrecht zurückzugewinnen. Escher tritt vor den beiden Bürgermeistern und beiden Räten auf und vertritt «das begeren und Anbringen so min gnedige frow die äpttissin der müntz halb mit darleggen und er erzügen ettlicher briefen getan hat». Sie brachte ihre Anliegen demnach schriftlich vor und liess sie von Escher vor dem Rat vertreten.[106]

Turbulenzen

Drei Monate nach ihrem Amtsantritt fand sich Katharina von Zimmern in einer belastenden Situation wieder: Die ihr unterlegene Konkurrentin Veronica von Geroldseck kam am 5. September[107] zu Tode. Wie sie starb, bleibt im Dunkeln. Die Briefe ihrer beiden Brüder Gangulf und Diebold von Geroldseck an den Rat lassen jedoch den Schluss zu, dass sie sich das Leben nahm.[108] Sie schreiben allerdings von zwei Schwestern. Diebold erwähnt Veronica nicht mit Namen. Er fügt nur am Schluss des Briefs bei, dass man die Habe der verstorbenen Schwester in der Abtei belassen solle. Sein Brief gilt einer Maria, auf die sonst

---

105 Vgl. a. a. O., S. 79 ff.
106 Staatsarchiv Zürich, B II 32, S. 82.
107 Vgl. von Wyss, Geschichte der Abtei Zürich, S. 38, Anm. 26.
108 Hinweis von Peter Niederhäuser; Staatsarchiv Zürich, A 190/1, Nr. 16, 2. Oktober 1496 und Nr. 8 und 9.

nirgends aktenkundig ist. Sie werde wegen Neid, Hass und Vorurteilen einiger Personen, wegen Unbill der von Helfenstein, deren Verhalten dem Fraumünster schade, oder aus Furcht vor Unziemlichkeit und Einsprachen aufgrund vergangener Händel nicht im Fraumünster aufgenommen, obwohl sie einen Dispens des Königs habe vorweisen können. Sie sei durch die Äbtissin und den Rat «ausgebotet» worden. Er bittet, sie nicht «auszutreiben», sondern aufzunehmen. Ob er da nicht etwas durcheinanderbrachte? Wie gut waren die Brüder unterrichtet über das, was ihre Schwestern erlebten?

In der Geroldseck'schen Familiengeschichte[109] sind tatsächlich zwei Schwestern aufgeführt, die Geistliche gewesen seien. Eine ohne Namen. Von der zweiten, mit Namen Veronica, ist dort zu lesen, dass sie Nonne war im Kloster St. Clara von Strassburg, der Stadt in der Nähe der Burg Hohen Geroldseck, ihrer Heimat. Sie hätte demnach zuerst nach Basel, dann nach Zürich wechseln wollen, um hier Äbtissin zu werden. Das weiss man bereits vom «Wahlwerbebrief» des Churer Bischofs. Man habe sie bewegt, «usser ihres ureigen Gotshus zu kommen». Es fällt auf, dass viele Familien zwei Schwestern ins gleiche Kloster gaben, offenbar da und dort auch mit der Hoffnung, die eine würde Äbtissin werden. Hier sieht es so aus, als hätten die Brüder von Geroldseck die Absicht gehabt, mittels ihrer Schwestern einen Fuss nach Zürich setzen zu können, in die Abtei, die nur noch wenige Chorfrauen aufwies. Von Veronica heisst es in der Familiengeschichte, sie sei «mit Dots abgangen»[110]. Diese unübliche Bemerkung weist auf den aussergewöhnlichen Tod hin.

Der Brief des zweiten Bruders, Gangulf von Hohengeroldseck und Schenkenzell, erreichte Zürich Ende Oktober. Er sei lange nicht unterrichtet worden über den Tod seiner Schwester, sonst hätte er sofort

---

109 Vgl. Reinhard, Pragmatische Geschichte des Hauses Geroldseck, Paragraf LXXXV, S. 52.
110 Ebd.

reagiert. Er erwähnt zusätzlich eine Tochter, die in Zürich weile und krank sei, wovon er aber auch nichts gewusst habe und weshalb es ihm unmöglich gewesen sei, in der Sache zu handeln. Er bittet um notwendige Auskunft und schickt seinen Kaplan, Priester Jörg von Bünden. Er bittet, sich seiner Tochter gegenüber freundlich und hilfsbereit zu zeigen, da er sich sicher sei, dass man sich zweifellos bewusst sei, in welch betrügerischer Form und Gestalt seine verstorbene Schwester mitsamt seiner Tochter aus einer ehrbaren Wohnung, wo man sie lieb und wert hielt, nach Zürich geführt wurden. Ihnen sei so viel zugesagt und nicht gehalten worden, wodurch die Schwester vielleicht desto eher aus dieser Zeit zu scheiden veranlasst wurde. Er versichert Zürich seiner Freundschaft und bittet um Antwort.[111]

Man kann sich vorstellen, unter welchem Druck, heute würde man sagen «Karrieredruck», die Frauen standen. Ein Roman hätte hier die nicht ganz einfache Aufgabe, über die Rolle Katharinas in dieser dramatischen Geschichte nachzudenken. Offenbar hatte sich der Konflikt um die Äbtissinnen-Wahl nicht lösen lassen, sondern hatte das Kapitel geteilt und war auf hässliche Art wieder aufgebrochen. Eine schwierige Situation für eine 18-jährige, in vielem noch unerfahrene junge Frau! Gemäss dem Brief von Gangulf lebte noch seine Tochter, eine Nichte der beiden Schwestern, in Zürich. Es könnte das «fröwly von geroldsegg» sein, das in den Ausgaben für «allerley» 1496 erscheint. Der Ammann schreibt: «23 Pfund han ich verzertt mitt dem fröwly von geroldsegg.» Dass er in Ich-Form schreibt, ist aussergewöhnlich und was «verzertt» bedeutet, ist nicht ersichtlich, auch nicht, um welches fröwly von Geroldseck es sich handelte. Für ein Essen erscheinen 23 Pfund etwas viel. Der Eintrag lässt aber darauf schliessen, dass sich die Abtei mit der Familie nach den dramatischen und traurigen Ereignissen gut stellen wollte.

---

111   Vgl. Staatsarchiv Zürich, A 190/1, Nr. 17, 26. Oktober 1496.

Auch worauf sich die kurz vor Veronicas Tod abgegebene Zusicherung Katharinas an den jungen Ritter Felix Grebel in der Urkunde vom 12. August 1496 bezog, lassen sich nur Vermutungen anstellen. Die neu gewählte Äbtissin bestätigte ihm, dem Bruder des Fraumünster-Pflegers Georg Grebel, in einem von ihr gesiegelten Dokument, dass sie ihm aus Dankbarkeit für die Arbeit und Kosten, die er ihretwegen gehabt habe, das nächste von ihr zu vergebende frei werdende weltliche oder geistliche Amt übergeben werde oder ihn bestimmen lasse, wem sie es übergeben solle.[112] Ein hoher Preis! Hatte er sie im «Wahlkampf» unterstützt? Wie? Hatte er vielleicht an ihrer Weihe eines der beiden Weinfässchen getragen? Der junge Mann war eben zurückgekommen von einer Pilgerfahrt nach Jerusalem, wo er zum Ritter des Heiligen Grabes geschlagen worden war. Von seinem Sohn Heinrich werden wir fünfzig Jahre später hören, als Ehemann der Agatha Studlerin, der er vorwarf, eine Hexe zu sein.[113]

Am 15. März 1497 hatten sich Bürgermeister Heinrich Röist und Rat nochmals mit Veronica von Geroldseck zu befassen: Es ging darum, wer ihre Schulden zu begleichen habe. Der Rat entschied, dass die «Frauen und Herren des Gotteshauses nicht schuldig» seien und nicht dafür aufkommen müssten. Auch über den Hausrat, den ihr die Abtei zur Verfügung gestellt habe, entschied der Rat im Detail.[114] Im Ausgabenbuch 1497 steht dann unter Ausgaben für «allerley»: «5 Schilling von der von Geroldsegg blunder [Hausrat] ze waschen.»[115]

Von einer Schwester Maria, die einer der Brüder erwähnt hatte und die nicht zu identifizieren war, hören wir nichts mehr.

---

112   Vgl. Stadtarchiv Zürich, I.A.406.
113   Vgl. Keller-Escher, Die Familie Grebel, S. 26.
114   Vgl. von Wyss, Geschichte der Abtei Zürich, S. 464, Nr. 493, Staatsarchiv Zürich, B II 28, S. 29.
115   Stadtarchiv Zürich, III.B.230.

Kaplanisse

Anfang 1497 waren die Chorfrauen nur noch zu dritt, die Äbtissin, ihre Schwester Anna und Cäcilie von Helfenstein, die eine schön ausgebaute und gestaltete Stube bewohnte (heute im Landesmuseum eingebaut).[116] Sie war die Schwester der 1487 verstorbenen Äbtissin Sybilla von Helfenstein und hatte offenbar im Konflikt mit Veronica von Geroldseck eine entscheidende Rolle gespielt. Cäcilie wird seit 1480 als Chorfrau aufgeführt, war demnach einiges älter als die Zimmern-Schwestern. Neben den Chorfrauen erhielten auch zwei Frauen aus dem Kloster Selnau eine jährliche Pfründe, es ist anzunehmen, dass sie die Aufgabe hatten, die drei Stiftsdamen beim Chorgesang zu unterstützen. Einige Seiten weiter hinten findet sich dann eine Ausgabe für der «Capplanissen hus» im Kreuzgang. Wir erinnern uns an die Forderung der Berchta von Sulz nach einer Kaplanissin. Offenbar wurde der Forderung entsprochen. Was war ihre Aufgabe? Wer war sie? Oder waren damit die beiden Selnauerinnen gemeint?[117] Oder die namenlosen Frauen in den Rechnungsbüchern?

Die Erwähnung einer Kaplanissin ist wunderlich und erfreulich. Kapläne dürfen die Messe lesen. War die «Capplanisse» eine Assistentin im Gottesdienst? Was bedeutete «singen und lesen» in der Forderung der Berchta von Sulz, die mit ihr eine Vertreterin gefordert hatte? Es gab Kaplanissen auch in anderen Klöstern, so etwa Gräfin Agnes von Diepholz. Das Freiburger Diözesan-Archiv spricht dabei von einem neugeschaffenen Amt, erläutert es jedoch nicht im Detail.[118] Über Gräfin Agnes heisst es, sie habe als Kaplanisse des Stifts Kaufungen am 28. Oktober 1507 auf den Marienaltar in der Stiftskirche dem Fritzlarer Offizial den Priester Hermann Koch präsentiert. Im

---

116 Vgl. Rahn, Das Fraumünster in Zürich, S. 22.
117 Vgl. Stadtarchiv Zürich, III.B.227., 1496.
118 Vgl. Das Freiburger Diözesan-Archiv, 131. Bd. S. 74, Anm. 35.

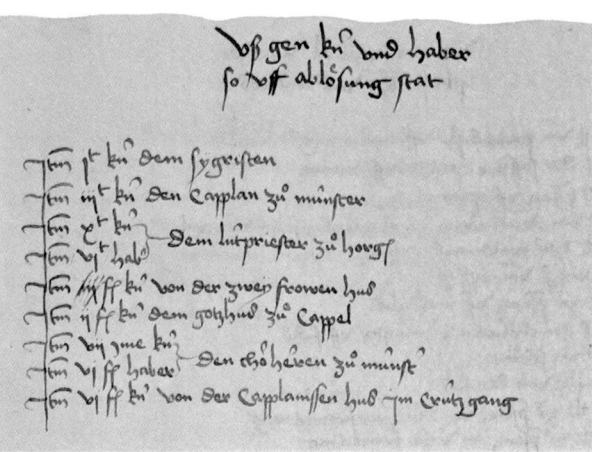

Abb. 9:
Rechnungsbuch
der Abtei, 1496

deutschen Rechtswörterbuch steht dazu mit Verweis auf das Fraumünster: Inhaberin einer Kaplaneipfründe.[119] Zitiert wird ein Artikel aus dem Idiotikon,[120] das wiederum auf das Zürcher Ratsmanual von 1508 verweist: «[Die Frauen am Fraumünster] syen genötiget, den zweien c. dry pfruonden ze geben.» Dort ist jedoch dieser Eintrag nicht zu finden. Dennoch machen die Hinweise neugierig. Aufgrund der Notiz aus dem Freiburger Diözesan-Archiv entstand die Idee, es könnte ein Reformversuch gewesen sein, Frauen aktiver in den Gottesdienst miteinzubeziehen, und Katharina von Zimmern hätte ihn im Fraumünster umgesetzt.

Die kleine Schar hatte nun die Aufgabe, unter der Leitung ihrer jungen Äbtissin Katharina von Zimmern und gemeinsam mit den sieben Chorherren, mit den Kaplänen und dem Leutpriester, das ganze gottesdienstliche Geschehen mit seinen vielfältigen Anforderungen zu gestalten, nach den genauen Vorgaben der ehrwürdigen Tradition. Die Anforderungen waren gross.

Die Stiftsdamen waren verpflichtet, täglich den Gottesdiensten beizuwohnen und am Chorgesang mitzuwirken. Sie betraten die

---

119 Vgl. Deutsches Rechtswörterbuch zu Kaplanissin, www.drw.hadw-bw.de.
120 Vgl. Schweizerisches Idiotikon, Bd. III, 383/4, Stichwort Kaplanisse.

eigens für sie gebaute Empore im südlichen Querschiff über einen eigenen Zugang direkt vom Abteigebäude aus. Neben den sieben Chorherren verrichteten sieben Kapläne den Dienst an den Altären. «Wenn eine dieser Stellen frei wurde, rückte meist ein Kleriker nach, der aus einer einflussreichen Zürcher Bürgerfamilie stammte und seine Kandidatur schon lange angemeldet hatte.»[121] Die Pfründen waren begehrt, was wiederum auf die hohe Anerkennung hinweist, die Katharina von Zimmern Felix Grebel gewährte. Auch der Leutpriester Heinrich Engelhard, den Katharina und das Kapitel am 24. Oktober 1496 «einhellig auf die Leutpriesterstelle und die damit verbundene Chorherrenpfründe beförderten, als Mitbruder annahmen und vereidigten»[122], stammte aus einer begüterten Ratsfamilie. Er hatte in Heidelberg und Bologna studiert und wurde 1496 Doktor für kanonisches Recht. Der Leutpriester war zuständig für die Pfarrgemeinde. Heinrich Engelhard sollte weit über die Reformation hinaus in seinem Amt bleiben. Er wohnte, wie auch die Chorherren, in einem schönen Haus am Münsterhof (heute Restaurant Orsini), das er im damals modischen humanistisch-antikisierenden Stil ausschmücken liess, unter anderem mit einem Fresko von Hans Leu dem Jüngeren.[123] «Er könnte wohl einer der wichtigsten Ratgeber der Äbtissin gewesen sein.»[124]

Neben dem regelmässigen Chorgesang nahm die Verpflichtung für die verschiedenen Jahrzeiten (unter anderem für die verstorbenen Äbtissinnen) viel Zeit in Anspruch. Und eben auch viermal im Jahr für Hans Waldmann. In der Stiftungsurkunde für seine vier Jahrzeiten ist die Mitwirkung der Äbtissin und der Chorfrauen ausdrücklich

---

121 Helbling, Katharina im Fraumünster, in: Gysel/Helbling (Hg.), Zürichs letzte Äbtissin, S. 50.
122 Stadtarchiv Zürich, I.A.407.
123 Stucki, Engelhard, Heinrich, in: HLS.
124 Vgl. Helbling, Katharina im Fraumünster, in: Gysel/Helbling (Hg.), Zürichs letzte Äbtissin, S. 51.

und detailliert beschrieben. Hans Breitweg, Sigrist der Abtei, bezeugte im Jahr 1508, dass Katharina von Zimmern die gottesdienstliche Ordnung immer sehr genau einhalte.[125] Er musste sich bei seiner Anstellung dazu verpflichten, alle Rechte und Pflichten des Amts einzuhalten. Wenn er sich nicht daran halte, oder die Äbtissin es verlange, müsse er sein Amt wieder aufgeben.[126]

Die Diözese Konstanz, zu der Zürich gehörte, kannte neben den 52 Sonntagen noch 44 Festtage, an denen nicht gearbeitet werden durfte.[127] Sie waren Heiligen gewidmet, deren Legenden man kannte, die man verehrte und feierte, einige mit Prozessionen.

Prozessionen

Prozessionen waren die Höhepunkte im Jahresablauf der Stadt. Die Pfingstmittwoch-Prozession war Zürichs bedeutendster jährlich wiederkehrender Festanlass, an dem sich der gesamte Welt- und Ordensklerus der Stadt (die sieben Klöster, die Pfarrkirchen, die Beginenhäuser usw.) beteiligte. Alle Reliquien der Zürcher Kirchen wurden in vier grossen und vier kleinen Särgen auf den Lindenhof getragen, an der Spitze diejenigen mit den Reliquien der Stadtpatrone Felix und Regula. Begleitet wurden sie von den Zünften, die jede vier grosse mit Gold versehene Kerzen trug. An der Spitze des Zugs gingen die Chorherren des Grossmünsters, gefolgt von der Äbtissin,[128] wahrscheinlich im Tragsessel, der in den Ausgabenbüchern erwähnt wird, und ihrem Kapitel. Auf dem Lindenhof standen vier grosse Zelte, in dreien lasen

---

125 Vgl. Steinmann, Die Benediktinerinnenabtei zum Fraumünster, S. 97; Zentralbibliothek Zürich, Ms. E 14, S. 467.
126 Stadtarchiv Zürich, I.A.442.
127 Vgl. Dörner, Kirche, Klerus und kirchliches Leben, S. 163.
128 Vgl. a. a. O., S. 173.

die Geistlichen Messen, in einem vierten, dem Burgerzelt, feierten die Bettelorden ein prachtvolles Hochamt.[129] Bis 1375 hatte die Äbtissin die Prozession angeführt. Als der Propst des Grossmünsters der damaligen Äbtissin Beatrix von Wolhusen die Führung streitig machte, kam es auf der Rathausbrücke zu einem Stau. Das Gedränge hatte zur Folge, dass die Brücke einstürzte und acht Menschen starben.[130]

Im Jahr 1496 fiel Pfingsten auf den 31. Mai, zwei Wochen vor Katharinas offiziellem Amtsantritt. Ob sie schon vor ihrer Weihe als Äbtissin den Fraumünsterklerus anführte? Wer hätte sie ansonsten vertreten können?

Grossmünster und Fraumünster standen in einer andauernden Konkurrenz, die zum Teil seltsame Blüten trieb. So musste der Zürcher Rat entscheiden, dass am Felix-und-Regula-Tag beim Aufgang zum Lindenhof die Reliquiensärge des Grossmünsters den Vorrang hätten, beim Abgang die Särge des Fraumünsters.[131]

Bei der zweiten grossen Prozession Zürichs, der nach alter Gewohnheit bezeichneten Palmprozession, waren die Kanoniker und der weitere Klerus des Grossmünsters verpflichtet, die Gesänge der mittleren Statio gemeinsam mit den Stiftsdamen auf dem Lindenhof zu meistern. Sie begleiteten die Äbtissin und ihren Konvent auf den Lindenhof – eine Ehrbezeugung ihr gegenüber – und wurden dafür mit Wein entschädigt. Unterwegs und auf dem «Hof» fand man sich in liturgischem Wechselgesang. Jede der drei Gottesdienstgemeinden Fraumünster, St. Peter und Grossmünster zog je ihren eigenen Palmesel, eine hölzerne Christusfigur auf einem Esel rei-

---

129 Vgl. Barraud Wiener/Jezler, Liturgie, Stadttopographie und Herrschaft, in: Leuppi, Der Liber Ordinarius des Konrad von Mure, S. 134 f.
130 Vgl. Geschichte des Kantons Zürich, Bd. 1, S. 228.
131 Vgl. Dörner, Kirche, Klerus und kirchliches Leben, S. 177.

Abb. 10: Lindenhof und Scheibe im Oetenbacher Klostergarten. Auf die untere Scheibe wurde vom Limmatquai aus geschossen, die Pfeile sandte man an einem Seil zurück.

tend, auf Rädern, auf den Lindenhof.[132] Auf dem Lindenhof fand dann «got zu lob» der «balmen schoss» statt, gemäss Gerald Dörner ein Schiesswettbewerb,[133] wohl auf die Scheibe, die im Garten des Oetenbachklosters stand.

1414 beschwerte sich die Äbtissin Anastasia von Hohenklingen beim Konstanzer Bischof darüber, dass die Chorherren des Grossmünsters sich weigerten, an den Exequien von Mitgliedern des Fraumünsterstifts, an der Kirchweihe des Fraumünsters und am Fest der Heiligen Fides teilzunehmen.[134]

Am Fidestag am 6. Oktober und am Revelationsfest der Heiligen Felix und Regula am 3. November war eine Statio der Prozession im

---

132 Vgl. Barraud Wiener/Jezler, Liturgie, Stadttopographie und Herrschaft, in: Leuppi, Der liber ordinarius des Konrad von Mure, S. 139; Gysel, Das Chorherrenstift am Grossmünster, S. 108.
133 Vgl. Dörner, Kirche, Klerus und kirchliches Leben, S. 173.
134 Vgl. a. a. O., S. 177.

Kreuzgang des Fraumünsters vorgeschrieben, ein Umgang mit Kreuz, Fahne und Rauchfass, zusammen mit den Chorherren des Grossmünsters. An Fronleichnam und Pfingsten wurde der Kreuzgang für die Prozessionen mit Blumen geschmückt.[135]

Die Tage vor Himmelfahrt waren geprägt durch die sogenannten Bittgänge. Sie führten unter anderem zu den beiden Kapelle St. Stephan und St. Paul (später St. Anna) ausserhalb der Mauern. Am Mittwoch vor Himmelfahrt besuchte der Fraumünsterkonvent in feierlicher Prozession das Grossmünster.[136]

Wallfahrten

Dass die Prozessionen oder Wallfahrten nach Altstetten in der zeitgenössischen Gottesdienstordnung des Grossmünsters fehlen, ist wahrscheinlich darauf zurückzuführen, dass sie ausschliesslich in der Zuständigkeit des Fraumünsters lagen. Gemäss einem Indulgenzbrief von Kardinal Matthäus Schiner vom Februar 1517, in dem er Voraussetzungen für einen Ablass von 100 Tagen Erlass aus dem Fegefeuer formulierte, zog fünfmal im Jahr, an den Freitagen der vier Fronfasten und am Dienstag nach Palmsonntag, vom Fraumünster aus eine feierliche Prozession zur Wallfahrtskirche unserer lieben Frau in Altstetten.[137] Die Höhe des Ablasses weist auf ein wichtiges Heiligtum hin. Ebenso die Tatsache, dass neben der Kirche eine Freistatt, ein sogenanntes Asyl existierte. Die Prozession reicht weit zurück. Aus dem Jahr 1303 wird überliefert, dass der Propst des Grossmünsters, Graf Kraft von Toggenburg, bei dieser Prozession verpflichtet gewesen

---

135 Abegg/Barraud Wiener, Kunstdenkmäler des Kantons Zürich, Stadt Zürich, Bd. II.I, S. 84.
136 Gysel, Das Chorherrenstift am Grossmünster, S. 109.
137 Staatsarchiv Zürich, C II 1, Nr. 808.

wäre, an der Seite der Äbtissin das Plenarium (Liturgiebuch) zu tragen. Er anerkenne diese Pflicht, lasse sich aber aus Zeitgründen vertreten. Die Wallfahrtskirche in Altstetten war Zürichs Marienheiligtum und zog eine grosse Menge von Pilgern an. Um 1410 errichtete der Gerichtsherr Eberhard Stagel dort die Taverne zur Blauen Ente (heute beim Tiefenbrunnen). Viele Pilger, die gekommen seien, unsere liebe Frau in der Kirche zu verehren, bräuchten einen Ort, um auszuruhen und sich zu verpflegen. Der lieben Frau von Altstetten wurden Heilkräfte zugeschrieben. Im Alten Zürichkrieg suchte der Stadtläufer Zwifel in der Kirche Schutz vor Verfolgung. Die Eidgenossen drangen jedoch in die Kirche ein und schlugen der Marienstatue den Arm ab, an den sich der Läufer festklammerte mit den Worten: «dir mag gots mueter noch ir sun nit helfen.»[138] Auch die aufgewühlten Bürger, die nach der Hinrichtung ihres Bürgermeisters Hans Waldmann kein gutes Gewissen hatten, hatten offenbar das Bedürfnis nach einer Fahrt nach Altstetten. Vielleicht findet sich einmal irgendwo eine Muttergottes-Statue, deren Arm fehlt oder wieder angeklebt wurde.

Die Strecke, die vom Fraumünster bis zur Kirche Altstetten zu gehen war, ist nicht zu unterschätzen. Da ist es nur verständlich, dass der Propst sich davor drückte, neben der Äbtissin schreitend das schwere Plenarium zu tragen. Wer trug es für Katharina von Zimmern? Der Weg führte nach der Hälfte des Wegs vorbei am Pilgerbrunnen, vorbei am Kappeli (heute heissen noch die dortige Tramstation und das Schulhaus so) und an ihrer Wiese, der Äbtissinnenwiese. Ob sie dort einen Halt einlegte?

Emil Lipp schreibt in seiner Altstetter Chronik: «‹Der Ebtischin wise› muss im Mittelalter ein besonderes Gut gewesen sein. Damit dies auch jedermann sehe, war es von einem Hag und einem aufgeworfenen Graben umgeben. Das Grundstück dürfte zum allerfrühesten Besitz der St. Peterskirche in Zürich gehört haben. Vermutlich kam im 9. Jahr-

---

138 Vgl. Lipp, Chronik der Kirche Altstetten, S. 18 ff.

hundert die Wiese unter die Herrschaft des im Jahr 853 gegründeten Fraumünsterstifts, wo ursprünglich auch der Kirchensatz von St. Peter verblieb. Das Aussergewöhnliche daran war: wer die Wiese besass, war Kirchenherr von St. Peter.»[139] Warum das so war, ist bis heute ein Geheimnis geblieben. Wegen grosser Verschuldung verkaufte Äbtissin Fides von Klingen die Wiese (und damit den ganzen St. Peter) am 15. Mai 1345 für 211 March Silber an Rudolf Brun. Seine Erben wiederum verkauften sie für 3500 Goldgulden dem Spital und machten damit einen grossen Gewinn. Die Wiese wurde umbenannt in Spitalwiese.

Die Kirche Altstetten sollte später zur beliebten Traukirche der städtischen Herrschaften Zürichs werden. Die meisten Ehen wurden dort geschlossen.[140] Den reformierten Bürgerinnen und Bürgern war wohl bald nicht mehr bewusst, dass sie sich mit ihrer Hochzeitskutsche auf dem Pilgerweg zu einem wichtigen Marienwallfahrtsort und auf den Spuren der Äbtissin des Fraumünsters bewegten. Manchmal wirkt die Ausstrahlung eines Orts oder einer alten Strasse unbemerkt und unbewusst weiter.

An Pfingsten fand die jährliche Wallfahrt nach Einsiedeln statt mit Übernachtung in dort eingerichteten Massenquartieren. Sie wurde von den Stadtbehörden organisiert, aus jedem Haushalt musste mindestens ein Mitglied teilnehmen, für das frühe 16. Jahrhundert sind 1500 bis 1800 Teilnehmende überliefert. Auch die Äbtissin und der Probst des Grossmünsters sind in der Prozessordnung explizit aufgeführt.[141] Für Frauen war die Teilnahme freiwillig. Auf dem Hinweg waren reisten Frauen und Männer getrennt, auf dem Rückweg, der dann auf der zweiten Hälfte per Schiff erfolgte, nicht mehr.[142]

---

139   A. a. O., S. 21.
140   A. a. O., S. 64; Herrliberger, Kurze Beschreibung der gottesdienstlichen Gebräuche, S. 4.
141   Vgl. Staatsarchiv Zürich, B II 31, S. 26.
142   Vgl. Geschichte des Kantons Zürich, Bd. 1, S. 446.

Belästigt

Katharina von Zimmern hatte alle diese Anlässe bereits als Chorfrau miterlebt, sie waren ihr demnach nicht fremd. Aber sie nun anzuleiten, die Verantwortung dafür zu übernehmen, dürfte nochmals ein grosser Schritt gewesen sein, aber zu den schönen Aufgaben gehört haben, neben all dem Schwierigen, das sie zu bewältigen hatte.

Zum Schwierigen gehörten zwei besonders verstörende Ereignisse Ende des ersten Jahrs ihrer Amtszeit. Mitte 1497 wurde Cäcilie von Helfenstein sexuell belästigt. Die Abtei erhob Klage. Im Ratsmanual von 1497 steht die kurze Notiz: «1 March bar Heinrich Krämer von des frävels und unzucht wegen, so er an Frowe von Helffenstein zu frowenmmünster begangen hät.»[143] Eine March Silber ist nicht sehr viel, aber immerhin hat der Rat den Übeltäter Heinrich Krämer verurteilt.

Das zweite Ereignis geschah im Kloster Selnau und war um einiges schlimmer. Bei Nacht und Nebel drangen Heinrich Rahn und Ulrich Lochmann ins Kloster Selnau ein und richteten die Äbtissin Elisabeth Walder so übel zu, dass sie den erlittenen Verletzungen erlag. «Umb den misshandel und unfug so durch Heinrichen Ran und Ulrichen Lochmann im Gotshus Seldnow by nacht und nebel begangen und in sölichem die Erwürdig Geistlich Frau Walderin, Äbtissin desselben Gotshus dermassen verletzt worden, also dass sy des tötlich abgegangen und von Zit gescheiden.»[144] Die beiden Herren aus bester Familie wurden mit je 20 March Silber gebüsst und als Totschläger für zwei Jahre der Stadt verwiesen. Am Schluss des Urteils heisst es: «Dazu söllen sy beid und yeder sunders sich vor der umbbrächte frowen fründ hüten.» Elisabeth Walder und ihre Schwester Adelheid, mit ihr zusammen Nonne im Kloster Selnau, waren Cousinen von Heinrich

---

143   Staatsarchiv Zürich, B II 28, S. 64.
144   Staatsarchiv Zürich, B II 28, S. 89.

Walder,[145] dem Katharina 1524, viele Jahre später, als neu gewähltem Bürgermeister (im halbjährlichen Wechsel mit dem ebenfalls neu gewählten Diethelm Röist) die Abtei Fraumünster übergeben sollte und unter dessen Führung der Rat in derselben Woche die Männerklöster der Stadt aufhob, zwei Monate später auch Selnau und Oetenbach. Ob er dabei an seine unglückliche Cousine dachte?

Die Frauenklöster mussten damals auch für nicht geistliche junge Männer ein Ort der Anziehung gewesen sein. Sybille Knecht schreibt dazu: «Wie bei den anderen Zürcher Frauenklöstern kam es auch in Selnau Anfang des 16. Jahrhunderts zu Übergriffen: Zur Fasnachtszeit drang eine Gruppe junger Männer ins Kloster ein. Sie tanzten mit den Nonnen, malten anstössige Zeichnungen in ein Klosterbuch und steckten mit ihren Fackeln Strohballen in Brand.»[146]

Annemarie Halter schreibt in ihrer Geschichte des Dominikanerinnenklosters Oetenbach: «Die späteren Chronisten der Reformation schildern die Stadt Zürich der vorreformatorischen Zeit als ein wahres Sodom und Gomorrha. Wenn auch diese Stimmen in ihrem Bestreben, die Reformation in ein umso helleres Licht zu stellen, gerne etwas übertreiben, so lässt es sich doch nicht übersehen, dass im Tagsatzungsort Zürich damals ein recht buntes und üppiges Leben herrschte. Die Quellenberichte aus jenen Jahren spiegeln das allenthalben zutreffende typische Bild der spätmittelalterlichen Zeit: einen erschreckenden Sittenzerfall, Hang zum Luxus, eine zwar sehr laut demonstrierte, ihres echten Gehaltes aber vielfach beraubte Frömmigkeit sowie einen üppig wuchernden Aberglauben. Besonders die häufig in Kriegsdiensten verrohte und dem Müssiggang ergebene männliche Jugend konnte in ihrer überschäumenden Tatenlust und derben Sinnenfreude kaum an sich halten. Um die Zeit der Jahrhun-

---

145 Dörner, Kirche, Klerus und kirchliches Leben, S. 74.
146 Knecht, Ausharren oder austreten?, S. 75; Staatsarchiv Zürich, A 27.2, 300r.

dertwende kam die bereits einmal in Mode gewesene Unsitte, die Frauenklöster der Stadt zum Schauplatz für allerlei Unfug zu machen, wieder in Schwung. Besonders seit 1495 verging kein Jahr, in dem sich der Rat nicht mit irgendeinem an der Fasnacht, am Neujahrstag oder an einer Kirchweihe verübten Unfug zu befassen gehabt hätte. Wieder sind es die wohlklingenden Namen der einflussreichsten und angesehensten Zürcher Familien, die wir in den Verzeichnissen der Ruhestörer finden.»[147] Allerdings gibt es da auch die Aussage Hans Meyers, des späteren Ehemanns von Anna Reinhart, sie seien guter Dinge mit den Frauen gewesen und desgleichen die Frauen mit ihnen.[148] Offensichtlich waren sie auch immer wieder gern gesehene Gäste. Das Schicksal der Selnauer Äbtissin muss jedoch nicht nur für die Selnauer Nonnen, die eine enge Verbindung zum Fraumünster hatten, sondern auch für Katharina ein Schock gewesen sein.

Fordernd

Die Hartnäckigkeit, mit der die junge Äbtissin die Rechte der Abtei einforderte und für die Abtei nachteilige Entscheide rückgängig machte oder es mindestens versuchte, ist erstaunlich. Sie hat es offenbar verstanden, die Chorfrauen und -herren hinter sich zu scharen und bildete zusammen mit Hartman Wolff und Heinrich Engelhard ein starkes Team. Die beiden Herren werden bald festgestellt haben, dass Katharina von Zimmern sich von niemandem erweichen oder über den Tisch ziehen liess und unnachgiebig auf den Rechten der Abtei beharrte. Peter Vogelsanger zählt ihre Bemühungen der ersten Jahre auf: «Sie erklärt jeglichen Handel mit Abteigütern für ungültig. Sie kann neue Einkommen erschliessen, die Einnahmen mehren sich von Jahr zu Jahr. Im

---

147 Halter, Geschichte des Dominikanerinnen-Klosters Oetenbach, S. 121.
148 Vgl. ebd.

Jahr 1502 versucht sie auch, freilich mit wenig Erfolg, das alte Münzrecht der Abtei vom Rat vollumfänglich zurückzugewinnen; es wird ihr aber nur der Münzschlag von Pfennigstücken zugebilligt.»[149] Immerhin! Von Papst Julius II. erwirkte sie eine Bulle gegen das Grossmünsterstift, die den Propst verpflichtete, alles, was unrechtmässig aus der Mensa Capitularis der Fraumünsterabtei abhandengekommen sei, ihr wieder zu verschaffen.[150] Es muss sich um recht bedeutsame, in der Urkunde leider nicht näher beschriebene Besitztümer gehandelt haben.

Wie hartnäckig und konsequent Katharina von Zimmern sein konnte, zeigte sich auch bei der Auseinandersetzung mit einem ihrer Pfleger, dem von Hans Waldmann abgesetzten Bürgermeister Ritter Heinrich Göldli und seinem Enkel, dem Kleriker Jakob Göldli. Im Oktober 1504 klagten die beiden beim Bischof von Konstanz gegen die Fraumünsteräbtissin und das Kapitel wegen Nichterfüllung eines Versprechens. Katharinas Vorgängerin Elisabeth von Wyssenburg hatte Göldli und seinen Erben schriftlich eine erbliche Anwartschaft (Expektanz) auf freiwerdende Abteipfründen zugesagt. (Katharinas Zusage an Felix Grebel war immerhin nicht eine vererbbare gewesen.) Der Prozess wurde nach allen prozessualen Formen durchgeführt. Das Offizialat lehnte die Klage ab. Göldli gab sich jedoch nicht zufrieden. Ein Jahr später beschwerten sich Katharina und das Kapitel beim Rat, dass Göldli, selber Mitglied des Rats, nun Schadenersatz fordere wegen Nichteinhaltung eines Versprechens. Die Sache zog sich bis in den August 1508 hin, Göldli war nach Rom gelangt, wo er seine Appellation jedoch wegen Ablauf der Frist verwirkte. Der Rat bestätigte, dass, wenn die Frist abgelaufen sei, Göldli das Urteil anerkennen müsse. Der Rat sei beiden Teilen geneigt und es sei ihm ein Anliegen, dass sie untereinander nicht Umtriebe und Kosten verursachten.[151] Um Pfründen wurde erbittert gekämpft.

---

149 Vogelsanger, Zürich und sein Fraumünster, S. 256.
150 Vgl. Stadtarchiv Zürich, I.A.429.
151 Vgl. Stadtarchiv Zürich, I.A.430., I.A.433., I.A.441., I.A.443.

Gestaltend

Katharina von Zimmern muss eine leidenschaftliche Bauherrin gewesen sein mit grossem Gestaltungswillen. Judith Steinmann schreibt: «Trotz ihrer Jugend verwaltete sie die Abtei mit ausserordentlichem Geschick und verhalf ihr auch durch ihre ausgedehnte Bautätigkeit zu neuem Glanz und Ansehen. Wohl ihrem starken Persönlichkeitsausdruck ist es zu verdanken, dass sie in mehreren Dokumenten wiederum mit dem beinahe vergessenen Fürstinnentitel benannt wurde.»[152] Die Renovation der Niklauskapelle (freistehend im Hof neben der Kirche) im Jahr 1496 war wahrscheinlich schon vor ihrem Amtsantritt geplant worden, wurde aber unter ihrer Verantwortung durchgeführt. Bereits 1497 begann sie ihre umfangreiche Bautätigkeit mit dem Bau des sogenannten «neuen Hauses» im Bereich des Abteigebäudes. Es ist unklar, ob das Gebäude die einzelnen Häuser der Chorfrauen, die sich um den Kreuzgang gruppierten, ersetzen sollte oder ob ein Gebäude im Westtrakt geplant war, um die Einzelwohnungen unter einem Dach zu vereinen und die Forderung nach mehr gemeinschaftlichem Leben zu erfüllen. «Die Abteirechnungen legen jedoch nahe, dass die Häuser im Westflügel des Kreuzganges weiterhin von den Stiftsdamen bewohnt und ausgebaut wurden.»[153] Jedenfalls nahm die Bautätigkeit vier Jahre in Anspruch.

Die Liste von Katharinas Bautätigkeit ist lang. 1500/1501 liess sie einen Ölberg errichten, wo ist nicht mehr zu ermitteln. Eine Ölberggruppe stellt die Szene vor der Ergreifung Jesu durch die römischen Soldaten dar. Der betende Jesus kniet vor einem Engel, der ihm Mut zuspricht. Die Jünger liegen neben ihm und schlafen. Im Hintergrund

---

152 Steinmann, Die Benediktinerinnenabtei zum Fraumünster, S. 96; ZBZ Ms. E 14, S. 448. 467.
153 Abegg/Barraud Wiener, Kunstdenkmäler des Kantons Zürich, Stadt Zürich II.I, 2002, S. 98.

stehen Soldaten. Solche Gruppen standen Ende des 15. Jahrhunderts in vielen Kathedralen und Kirchen, so auch im Grossmünster. Im Fraumünster handelte es sich gemäss Rechnungen um mehrere grosse Figuren, von einem Zaun umgeben, bemalt von Hans Leu dem Älteren.[154] In der Kirche liess Katharina neue Fenster und geschnitzte Türen einsetzen und den Frauenchor neu herrichten.[155]

Ihr grösstes Werk war jedoch der neue Hof der Äbtissin, die *curia abbatie*, der dreigeschossige prächtig ausgestattete Bau, mit Badestube und Weinkeller,[156] den sie 1506 bis 1508 anstelle eines Vorgängerbaus errichten liess. Er wurde 1898 abgebrochen, heute steht an seiner Stelle das Stadthaus.

Die Ausmalung der Marien- und Dreikönigskapelle im Jahr 1515 ist eines der frühestens erhaltenen Zeugnisse im Stil der oberitalienischen Frührenaissance auf zürcherischem Gebiet und «widerspiegelt das hohe geistige und künstlerische Niveau, das unter der letzten Äbtissin in der Abtei gepflegt wurde»[157].

In die letzten Jahre ihrer Amtszeit fiel mit grossem Kostenaufwand der vollständige Umbau der Abteischule.[158] Dazu kamen Aufträge an den Maler Hans Leu und an den Glasmaler Lux Zeiner.

---

154 Vgl. Abegg/Barraud Wiener, Ausbau und Ausstattung der Fraumünsterabtei, in: Gysel/Helbling (Hg.), Zürichs letzte Äbtissin S. 102.
155 Vgl. Steinmann, Die Benediktinerinnenabtei zum Fraumünster, S. 97, Stadtarchiv Zürich, III.B.234., III.B.237., III.B.240.
156 Vgl. Vogelsanger, Zürich und sein Fraumünster, S. 258.
157 Abegg/Barraud Wiener, Ausbau und Ausstattung der Fraumünsterabtei, in: Gysel/Helbling (Hg.), Zürichs letzte Äbtissin, S. 104.
158 Vgl. Steinmann, Die Benediktinerinnenabtei zum Fraumünster, S. 98; Stadtarchiv Zürich, III.B.276.

Zwischen den Fronten

Während Katharina von Zimmern als junge Äbtissin in Ruhe ihre ersten Baupläne umsetzen konnte, spitzte sich die politische Lage im Süden und im Norden der Eidgenossenschaft bedrohlich zu und entwickelte sich 1499 zu einem blutigen Schlagabtausch. Der Schwabenkrieg, den die Schwaben «Schweizerkrieg» nennen, war nicht nur das Resultat verschiedener Konflikte zwischen den Eidgenossen und dem Schwäbischen Bund, sondern entzündete sich zusätzlich an den Rivalitäten und Gehässigkeiten zwischen den Menschen diesseits und jenseits des Rheins, zwischen Schweizer Reisläufern und deutschen Landsknechten. Man nannte sich «Kuhschweizer» und «Sauschwaben» und beleidigte sich nicht zuletzt mit schmutzigen Obszönitäten. Die kriegerischen Gewalttätigkeiten begannen im churrätischen Raum. Auslöser war der Überfall auf den königlichen Rat Georg Gossembrot durch den Grafen Georg von Werdenberg-Sargans, eben jenes Grafen, bei dem der jüngste Bruder Katharinas seine Kinderzeit verbracht hatte, nachdem man ihn auf einem Maultier in einer Krätze in die Burg Ortenstein transportiert hatte. Da er aber 1496 zu seiner Mutter nach Rottweil ziehen durfte, hat er den Schwabenkrieg nicht im Bündnerland erlebt.

Auf welcher Seite sich wohl die beiden Zimmern-Schwestern zugehörig gefühlt haben? Den Eidgenossen gegenüber, die sie als Flüchtlinge aufgenommen hatten, waren sie zu Dank verpflichtet und auf Seiten des Schwäbischen Bundes stand als einer seiner Mitbegründer Graf Hugo von Werdenberg, der sie persönlich aus Messkirche vertrieben hatte und für ihr ganzes Unglück verantwortlich war. Gleichzeitig kämpften zwei ihrer Brüder gegen die Eidgenossen.[159] Sie waren wohl hin- und hergerissen.

---

159   Vgl. Helbling, Katharina im Fraumünster, in: Gysel/Helbling (Hg.), Zürichs letzte Äbtissin, S. 57.

Der Krieg, zu dessen Beginn das ganze Engadin verwüstet wurde, war ungewöhnlich brutal. Die österreichischen Kräfte rühmten sich, 17 Dörfer niedergebrannt, viele Feinde erstochen, erhängt und verbrannt, 450 Gefangene gemacht und 6000 Stück Vieh ausser Landes gebracht zu haben. Die Schweizer standen ihnen an Grausamkeit in nichts nach, übertrafen sie sogar, indem sie anordneten, keine Gefangene zu machen, sondern alle Gegner umzubringen. Viele Dörfer im Hegau, am Bodensee und bei Basel wurden geplündert und angezündet, die Menschen geschändet oder umgebracht. Die Bündner überzogen den ganzen Vintschgau mit Mord, Schändung, Raub und Brand. Alles Hab und Gut führten die Söldner ab. Die Eidgenossen gewannen zwar den Krieg auf dem Schlachtfeld, aber schliesslich waren beide Seiten erschöpft. Zahlreiche Dörfer waren zerstört, ganze Landstriche verheert. Der Sieg auf dem Schlachtfeld war für die Eidgenossen vor allem ein Schritt in Richtung Loslösung vom Reich und vergrösserte die Selbständigkeit gegenüber dem König und seiner Gerichtsbarkeit. Man wehrte sich schon damals gegen «fremde Richter». «Der Basler Friede von 1499 befreite die Eidgenossen zwar nicht ausdrücklich vom Reichskammergericht, von der Teilnahme an den Reichstagen und der Entrichtung des Reichspfennigs, er deutete aber an, dass sich der König damit abfinden würde.»[160] Dass auch die Äbtissin von dieser grösseren Handlungsfreiheit dem König gegenüber profitieren würde, konnte sie zu diesem Zeitpunkt noch nicht ahnen.

Einer, der sich im Kampf auf Seiten der Eidgenossen ganz besonders auszeichnete, war Eberhard von Reischach, der ein Zürcher Fähnlein anführte. Seine Leistungen als Söldnerführer mussten die Zürcher Räte überzeugt haben, denn sie schenkten ihm «gratis» bereits im folgenden Jahr, am 27. Januar 1500, das Zürcher Bürgerrecht. «Gratis, als er mit der stat paner [Banner] in das hegow

---

[160] Niederstätter, Der Schwaben- oder Schweizerkrieg, in: Vom Freiheitskrieg zum Geschichtsmythos, S. 56 ff.

gezogen ist, als Honburg und andre Schlösser erobert sind.»[161] Die Homburg in Stahringen bei Radolfzell am Bodensee wurde vollständig zerstört. Sicher haben seine zum Teil recht einflussreichen Kampfgenossen aus dem Schwabenkrieg Eberhard bei der Einbürgerung unterstützt. Einige von ihnen sollten lebenslange Gefährten und Freunde bleiben: Georg von Hewen, Hans Escher, Felix Schmid, Heinrich Göldli mit seinen drei Söhnen Kaspar, Renward und Georg.[162] Seine Bestrebungen, sich in Zürich niederzulassen, gingen aber noch weiter und dazu verhalf ihm die Familie Göldli: Eberhard heiratete die einzige Tochter von Lazarus Göldli, der beim Sturz von Hans Waldmann die entscheidende Rolle gespielt hatte. Ob es für Verena die erste Ehe war, ist nicht bekannt. Aber darüber, wie Eberhard zu dieser Verbindung kam, gibt uns eine Urkunde von 1503 eine Ahnung. Anlässlich einer Auseinandersetzung mit Albrecht von Landenberg über eine Jagd bei Winterthur beklagt sich Eberhard, Albrecht werfe ihm vor, wenn er fromm und ehrbar wäre, wäre er nicht nach Zürich gekommen. Vor dem Rat bleibt Albrecht bei seiner Aussage: Wäre die «Handlung in Neapel» nicht gewesen, hätte Eberhard von Reischach die Tochter des Lazarus Göldli nicht zur Ehe genommen, sondern wäre draussen (im Hegau) geblieben, er sei ja ein guter Landsknecht gewesen.[163] Was für eine Handlung oder für ein Handel dies gewesen sein könnte, wird nicht ersichtlich.

Jedenfalls hat sich Eberhard in Zürich gut eingelebt, bereits 1501 steht sein Name auf dem Rodel der Gesellschaft zur Constaffel als Mitglied des Stüblis.[164] Mitgeholfen haben dürften zusätzlich auch verwandtschaftliche Verbindungen: Von Eberhards Mutter, Anna von Hornstein, wird berichtet, dass sie während des Schwabenkriegs in

---

161 Stadtarchiv Zürich, Bürgerbuch.
162 Vgl. Christ von Wedel, Die Äbtissin, S. 69.78.86.185.
163 Vgl. Staatsarchiv Zürich, B V 2, Nr. 112, fol. 119–120.
164 Staatsarchiv Zürich, Fronfastenrödel, W I 15 115.1.

Abb. 11:
Steinberg
(gelbes Haus links)
und Haus zum Rech

Zürich festsass, wohl bei ihren Verwandten, den Schwends, und nicht fortkommen konnte.[165]

Eberhard war nun Bürger der Stadt, in der seine spätere Ehefrau formell Stadtherrin war. Sein Zuhause lag in direkter Nachbarschaft zum für Zürichs Massstäbe prunkvollen «Palais» (heute Haus zum Rech) der Bürgermeister-Dynastie Röist. Marx Röists Vater war bereits Bürgermeister gewesen, sein Sohn wird ihm nach seinem Ableben nachfolgen und während der Reformation eine wichtige Rolle spielen. Das Haus von Eberhards Schwiegervater Lazarus Göldli war der Rechberg (heute Steinberg) am Neumarkt 6.

Familie Göldli

Wer waren die Göldlis, die so markant auftraten, die die Geschichte Zürichs entscheidend mitprägten und zu denen der spätere Ehemann Katharinas nun gehörte? Der erste in Zürich sesshafte Göldli, Wernher von Tieffenau, ursprünglich aus Teufen bei St. Gallen stammend, kam aus Pforzheim. Er wanderte 1405 nach einem Konflikt mit dem Markgrafen Bernhard I. von Baden in Zürich ein. Die Stadt nahm ihn gerne

---

165   Vgl. Eidgenössische Abschiede 1500–1520, S. 107, 23.3.1501; Christ-von Wedel, Die Äbtissin, Anm. 257.

Abb. 12: Göldliturm/Wellenberg heute

Abb. 13: Göldliturm damals

auf, denn er war reich. Heute würde man ihn als Financier bezeichnen. Für 11 000 Gulden, eine für damalige Verhältnisse ungeheure Summe, hatte ihm 1397 Graf Eberhard III. von Württemberg die Herrschaft Beilstein und andere Güter als Pfand überlassen.[166] In Zürich angekommen musste er zuerst seine vom Markgrafen gefangen gehaltene Frau und Kinder auslösen, er bezahlte dafür 5000 Gulden. 1410 erwarb er den prestigeträchtigen Wohnturm am Hirschenplatz (heute Hotel Wellenberg) und stiftete eine Kapelle in der Mitte des Grossmünster-Kreuzgangs als Begräbnisplatz für seine Familie.[167] Weitere Wohnhäuser kamen im Lauf des Jahrhunderts dazu. Schliesslich besass die Familie eine ganze Häuserzeile an der Brunngasse, ein Haus an der Steinbockgasse und das «Gelbe Haus» an der Oberdorfstrasse 10. Sein Enkel Heinrich wurde 1476 Bürgermeister. Die Göldlis waren eine reiche Familie, die in Zürich schnell aufstieg und zu Ämtern kam.

---

166   Vgl. Frey, Fromme feste Junker, S. 64.
167   Vgl. Göldli, Göldi-Göldli-Göldlin, S. 14, 39.

Auch Lazarus, von dem man nicht mehr eruieren kann, ob er ein Sohn oder ein Enkel des ersten Göldli war, legte eine steile Karriere hin. 1478 war er Vogt zu Greifensee, 1481 Reichsvogt, 1490 Landvogt im Thurgau,[168] Schultheiss in Zürich, Pfleger im Fraumünster. 1489 war «Hauptmann Göldli» der Hauptgegner Hans Waldmanns und massgeblich an dessen Sturz beteiligt. Während einiger Monate führte er nach dem Staatsstreich den Rat. Vom Domkapitel Konstanz erwarb er das Haus am Neumarkt 6, wo nun auch Eberhard von Reischach zu Hause war. Reischach und Verena Göldli bekamen vier Kinder: Barbara, Katharina, Anstett und Anna.

Chorfrauen

Nach den ersten Jahren als Äbtissin, die vermutlich nicht ganz einfach waren, sollte nun eine Zeit des Aufblühens, der Umsetzung von Plänen folgen.

Neben den verschiedenen baulichen Aufgaben und der Verwaltung der Güter lag Katharina von Zimmern der Aufbau der klösterlichen Gemeinschaft besonders am Herzen. Anfang des neuen Jahrhunderts gelang es ihr, neue Chorfrauen zu gewinnen.

Im Jahr 1502 sind im Rechnungsbuch, wie immer auf der ersten Seite, sieben Frauen aufgeführt. Eine genaue Identifikation bleibt jedoch schwierig. Warum vermied es der rechnungsführende Ammann konsequent, die Chorfrauen mit Vornamen zu nennen, wogegen er die Chorherren, die Amtsmänner und zum Teil auch die anderen involvierten Männer mit Vor- und Nachnamen aufführte?

Die sieben Frauen waren: Die Äbtissin, wie immer unter «Miner frowen gnad», auch hier kein Name. Dann die Frau von Zimmern (Katharinas Schwester) und Frau von Helfenstein. Von den beiden sind die

---

168   Vgl. a. a. O., S. 15.

Vornamen bekannt: Anna von Zimmern und Cäcilie von Helfenstein. Dazu kamen nun neu: Fröwlin von Hewen, zwei Fröwlin von Geroldseck und Frau Kapffmanin. Die «Fröwlin» erhielten nur die Hälfte der für Chorfrauen üblichen Pfründe, waren demnach noch nicht geweiht. Ein Rätsel stellt Frau Kapffmanin dar. Sie scheint eine Nichtadelige gewesen zu sein, erhielt aber einen ungewöhnlich hohen Geldbetrag ausbezahlt. Wenn man nur die Geldbeträge ohne Naturalgaben vergleicht, so bekam die Äbtissin 111 Pfund, die Chorfrauen je 20 Pfund, die «Fröwlin» je 10 Pfund. Frau Kapffmanin erhielt 82 Pfund. Wer war sie? Was war ihre Aufgabe?

Die drei «Fröwlin» waren alle miteinander verwandt. Das Fröwlin von Hewen, eine Verwandte der ehemaligen Äbtissin Anna von Hewen, war die Cousine des Bischofs von Chur, der damals die Wahl der Veronica von Geroldseck unterstützt hatte, und sie war die Schwester von Georg von Hewen, des Kampfgefährten und Freundes Eberhards von Reischach. Im Oberbadischen Geschlechterbuch findet sich ihr Vornamen Küngolt.[169] Der Stammbaum der von Hewen führt zwei Schwestern auf, die um 1500 ins Fraumünster eingetreten seien, in den Rechnungsbüchern taucht jedoch nur eine auf.

Erstaunlich ist sodann, dass, nach der traurigen Geschichte mit der Kampfwahl um das Amt der Äbtissin, nun wiederum zwei Frauen aus der Familie von Geroldseck in die Abtei eintraten, was ohne die Zustimmung Katharinas nicht möglich gewesen wäre. Hatte eine Versöhnung stattgefunden? Mit ein Grund dafür könnte gewesen sein, dass sich die Geroldsecker in finanziell schwieriger Lage befanden und ihre heimatliche Burg verloren hatten.[170] Genau wie Katharinas Familie zehn Jahre zuvor. Gangulf, der Bruder der verstorbenen Veronica, hatte damals von einer kranken Tochter geschrieben, vielleicht

---

169 Kindler von Knobloch (Hg.), Oberbadisches Geschlechterbuch, Bd. 2, S. 61.
170 Vgl. https://de.wikipedia.org/wiki/Geroldseck_(Adelsgeschlecht).

war sie eine der neu Eingetretenen. Gangulf war verheiratet mit einer Gräfin von Monfort. Das Ehepaar hatte drei Söhne und vier Töchter. Zwei Söhne durften heiraten. Diebold, der dritte Sohn, trat 1499 ins Kloster Einsiedeln ein. Er wurde später ein enger Freund Zwinglis und fiel mit ihm zusammen bei Kappel. Zwei der Schwestern gab man ins Kloster Buchau, Elisabeth wurde dort Äbtissin, bei Margaretha steht der Vermerk «Chorsängerin». Und die beiden anderen Schwestern kamen ins Fraumünster. Wiederum zwei Schwestern! Von einer weiss man aus einem späteren Brief, dass sie Kunigunde hiess. Die andere ist nur für kurze Zeit aufgeführt. Ob sie starb oder die Abtei aus freien Stücken verliess, bleibt offen.

Festzuhalten ist also, dass es nach Cäcilie von Helfensteins Tod um 1504 vier Frauen waren, die in den nächsten fünfzehn Jahren ein konstantes «Chorfrauen-Team» bildeten: Katharina und Anna von Zimmern, Küngolt von Hewen und Kunigunde von Geroldseck, die bis 1519 an Katharinas Seite blieb. Frau Kapffmanin wird ab 1505 nicht mehr aufgeführt, wer das junge «Fröwli» war, das im Ausgabenbuch erscheint, ob es immer dieselbe Person war oder ob abwechselnd junge Frauen in der Abtei lebten, die hier erzogen und unterrichtet werden sollten, ist nicht ersichtlich.

Leider wird aus dem neuen Jahrhundert wieder ein Beispiel der «wilden Rohheit und Lockerheit der Sitten» berichtet, denen die Stiftsdamen und Nonnen ausgesetzt waren. An einem Neujahrstag sollen die jungen Gesellen Felix Grebel, Jakob Meiss, Kaspar und Diethelm Röist, Hans Meyer, Renwart Göldli, Jakob, Hans und Heinrich Escher, Jakob Schwend und Ludwig Hösch, alles Junker aus besten Häusern, in den Hof des Fraumünsters gezogen sein. Als sie die Tür verschlossen fanden, wollte Jakob Schwend diese einschlagen. Jakob Meiss jedoch hob den jungen Heinrich Escher auf eine Holzbeige, damit er den Laden öffne. Unterdessen kam Adelheid, die Jungfrau (Dienerin) der Äbtissin ans Fenster und öffnete freiwillig. Die jungen Männer stürmten hinauf und drangen in die Konventstube ein: Da warfen sie sich die Bankkissen an die Köpfe. Dann wollten sie die Stiftsdamen aufsuchen. Es gelang ihnen, mit einigen zu tanzen. Als sie zur Äbtissin vordringen wollten, deren Türe sie jedoch verschlossen fanden, drangen sie in die Kirche ein und trieben dort allerlei Unfug. Von da aus ging es weiter zum Kloster Oetenbach und zum Verenaklösterchen an der Brunngasse. Auch hier drangen sie ein und bewarfen sich mit den Kissen. Am kecksten scheint sich Hans Meyer benommen zu haben. Mit einem Glas in der Hand stand er in der Stube. Als die Nonne Regula Schwend ihm sagte: «Dass dich das Fieber schüttle, Erzbube, warum verdirbst du mir das Meine?», fasste er sie an den Haaren und schüttete ihr Wein ins Gesicht. Diese Tat wurde eingeklagt. Es scheint, dass die jungen Männer straflos davonkamen. Nur der wildeste unter den Gesellen, eben Hans Meyer von Knonau, Gatte der Anna Reinhart (spätere Ehefrau von Zwingli), fiel in den kirchlichen Bann.[171] Was hatte wohl Ritter Felix Grebel, dem Katharina von Zimmern ihre Dankbarkeit bezeugt hatte, dazu gebracht, bei diesem Streich mitzutun? Was hatte er sich versprochen? Katharina hatte wohlweislich dafür gesorgt, dass ihre Räume verschlossen blieben.

Heimlichkeiten

In die ersten zehn Jahre nach der Jahrhundertwende muss auch das Ereignis gefallen sein, auf das ein Hinweis in der Amerbach'schen Korrespondenz[172] aufmerksam macht: Katharina von Zimmern soll während ihrer Amtszeit Mutter einer Tochter geworden sein. Im Chor der Heidelberger Peterskirche steht bis heute die Grabplatte eines Sebas-

---

171 Vgl. Mörikofer, Ulrich Zwingli nach den urkundlichen Quellen, S. 43 ff.; Halter, Geschichte des Dominikanerinnen-Klosters Oetenbach S. 121 f.
172 Vgl. Jenny, Berichtigungen und Nachträge zu Band VIII, in: Die Amerbachkorrespondenz, VIII, S. XL.

tian Uriel von Appenzell, Rat und Haushofmeister der Pfalzgrafen Ludwig und Johann Casimir in Heidelberg (1533–1589). Auf der linken und rechten Seite sind im Sinne eines Ahnennachweises oder einer Adelsprobe die Namen seiner Grosseltern in den Stein gemeisselt. Und da stehen auf der eine Seite die Namen «von Reüschach» und «Grafen von Zimmern». Sebastian Uriel machte hiermit öffentlich bekannt, dass er der Enkel des Ehepaars von Reischach-von Zimmern sei, und die Jahrzahlen verraten, dass die Geburt seiner Mutter in der frühen Amtszeit der Äbtissin stattgefunden haben musste. Etwas verwirrlich ist die Zahl 1533, Uriels Geburt ist in den St. Galler Taufbüchern im Jahr 1531 aufgeführt. Christine Christ-von Wedel schreibt: «Zur wirklich angesehenen Adelsschicht gehörte nur, wer auf eine längere adlige Herkunft verweisen konnte, mindestens die vier Grosseltern mussten adlig sein. Es war also durchaus begehrt, vier adlige Wappen auf dem Grabstein zeigen zu können. Andererseits galt eine illegitime Herkunft in reformierten Landen als höchst anstössig. Immerhin hatte Sebastian Uriel zwei wohl noch unverheiratete Töchter. Eine Herkunft von einer mit einer Äbtissin ehebrecherisch gezeugten Grossmutter hat ihre Heiratschancen kaum erhöht. Die Familie Appenzeller konnte nicht damit rechnen, dass in Heidelberg nichts über die letzte Fürstäbtissin und ihren Mann bekannt war.»[173] Was konnte einen angesehenen und wohlhabenden Mann dazu bringen, eine solche Herkunft, die ihn und seine Familie kompromittieren könnte, öffentlich zu machen? Wohl nur die Wahrheit.

Die Lebensgeschichte dieses Sebastian Uriels ist gut dokumentiert. Er war der Sohn des Sebastian Appenzellers und der Regula Schwarz aus St. Gallen. Regula Schwarz, das wäre demnach die gesuchte Frau, die Tochter Katharinas. Der Name Regula weist nicht nur auf Zürich hin, es ist ein ausgesprochen zürcherischer Name, sondern sogar direkt auf die Abtei, auf das «Gotteshaus Felix und Regula»,

---

173 Christ-von Wedel, Die Äbtissin, S. 120.

auf die Kirchenpatronin des Fraumünsters. Er kommt sonst in den Zimmer'schen und Reischach'schen Familien nicht vor. Aber warum Schwarz? Und wie schaffte es die Äbtissin, Schwangerschaft und Geburt zu verbergen?

Vermutlich konnte sie sich dabei auf die Unterstützung ihrer Schwester verlassen. Ihre Dienerin Adelheid, die bereits seit mindestens 1476 in der Abtei lebte, hatte ebenfalls einen unehelichen Sohn.[174] Auch Küngolt von Hewen hatte mit Sicherheit Verständnis für die Situation der Äbtissin. Ihre Verwandte Anna von Hewen, Fraumünsteräbtissin von 1429 bis 1484, hatte während ihrer Amtszeit ein Kind geboren, dessen Vater niemand Geringerer als der damalige Bürgermeister Rudolf Meiss gewesen war. Ein Rudolf Schulthess hatte vor dem Rat ausgesagt, das Kind sei jetzt in Frauenfeld, er habe eine Amme besorgt, die Äbtissin habe ihm einen kostbaren Becher mitgegeben, den er dem Kind übergeben solle, falls sie sterbe.[175]

In wessen Obhut hat Katharina ihr Mädchen gegeben? Schwarz war schon damals ein häufiger Familienname, was die Suche schwierig macht. Die Geburt müsste in die Zeit gefallen sein, als Zürcherinnen und Zürcher mit den Vorbereitungen und der Durchführung eines grossen Fests beschäftigt waren und wohl an nichts anderes mehr denken konnten.

Das grosse Fest

Im Herbst 1504 befand sich Zürich im Festfieber. Bereits ein Jahr zuvor war die Durchführung eines grossen Schützenfests beschlossen worden, ab dann liefen die Vorbereitungen. Es sollte das grossartigste Schützenfest werden, das die alte Schweiz je gesehen hatte.

---

174   Vgl. Glückshafenrodel, S. 311.
175   Vgl. Staatsarchiv Zürich, C 1 Nr. 1695.

Neben dem Bestreben, den langgehegten Wünschen der Schützen entgegenzukommen, wollte der Rat die seit dem Schwabenkrieg gestörten freundschaftlichen Beziehungen zwischen der Schweiz und Süddeutschland wiederherstellen. Die Einladung ging an alle Schwäbischen Städte, den Rhein hinunter bis in die Niederlande, ins Tirol und sogar bis nach Wien. Sie ging an Herzöge, Pfalzgrafen, Ritter und Gesellen. Man liess die Einladungen nicht wie bisher von Hand schreiben, sondern bei Drucker Rüeger in der Druckerei im Weingarten des Predigerklosters drucken, in einer Auflage von 614 Exemplaren. Der allererste Druck, den die Stadt Zürich je in Auftrag gab, war die Einladung zu diesem grossen Versöhnungsfest.[176]

Der ganze Anlass, der von Mitte August bis Mitte September dauerte, ist sehr gut dokumentiert. Die Vorbereitungskommission hatte an alles gedacht: An die Gratisverpflegung der gegen 700 Armbrust- und Büchsenschützen aus allen eingeladenen Städten, an die Ausschmückung der Stadt, die Schiffe wurden neu bemalt, Stoff für neue Fahnen wurde bestellt. Auch die Gefahren einer solch grossen Menschenansammlung mit so vielen Menschen aus fremden Gegenden berechnete man mit ein: Der Rat erliess explizit für diese Tage, unter dem Titel «Vorschriften über das Verhalten der Bevölkerung und der Festteilnehmer», eine sorgfältige Polizeiverordnung. Auf jedem Estrich musste eine Stande Wasser bereitstehen, für den Fall eines Feuers. Man sorgte sich um genügend Unterkünfte für die Gäste.[177]

Salomon Vögelin berichtet: «Seinen Höhepunkt erreichte das Fest offenbar an Unser Herren Tag, d. h. der Kirchweih (11. September) als die Landsleute zu Schiff nach der Stadt kamen und hier von der Regierung empfangen wurden. Die Rechnung von 1504 verzeichnet für diesen Anlass ausserordentliche Ausgaben, und [der Chronist] Stumpf

---

176 Vgl. Vischer, Bibliographie der Zürcher Druckschriften des 15. u. 16. Jh; sowie Auskunft von Urs B. Leu.
177 Vgl. Vögelin, Das alte Zürich, Bd. 1, S. 152.

erwähnt ausdrücklich, die fremden Schützen hätten ein grosses Verwundern darüber gehabt, dass die Leute ab der Landschaft so zahlreich, so wohl geputzt und gerüstet aufzogen.»[178] Für «mannigfache Lustbarkeiten» war gesorgt: Tanzen, Springen, Steinstossen, Saitenspiel, grosse in Zelten aufgebaute Küchen.

Ein weiterer Höhepunkt des Fests, auf den man hinfieberte, war die Ziehung der Lose aus dem Glückshafen. Die Einlagen begannen mit dem 1. März. Die Gesamtzahl der verkauften Lose stieg gemäss Salomon Vögelin auf rund 42 000 an. Jeder Loskauf wurde mit Vornamen, Namen, Herkunft und oft sogar mit Beruf verzeichnet. Diese Listen sind als Glückshafenrodel erhalten geblieben und geben einen grossartigen Überblick über die damalige Bevölkerung der Stadt, über Familienangehörige, über Verwandte aus anderen Städten, über auswärtige Gäste. Ganze Familien sind aufgeführt, inklusive Ungeborene. Man kaufte Lose für Haustiere, für Gegenstände wie zum Beispiel für den grossen Hammer in der Münz und immer auch für Heilige. Unsere Liebe Frau von Altstetten wird bedacht, aber nur einmal. Erstaunlich häufig erscheint Unsere Liebe Frau vom Pflasterbach, für die um 1500 in Sünikon eine Kapelle gebaut worden war.[179]

Einer, der in den Listen besonders oft auftaucht, ist Eberhard von Reischach mit seiner Familie. Verena Göldli und er hatten bereits die zwei Kinder Anstett und Barbara, für die Lose gekauft wurden. Eberhard spielte ausserdem für seinen Hund «Fragen» und für sein Pferd «Blass». Wir erfahren, dass er drei Mägde hatte, von denen eine aus Katharinas Heimatstadt Messkirch stammte, dass seine Mutter Anna von Hornstein zu Besuch war, seine Verwandten aus dem Kloster Katharinenthal in Diessenhofen und seine Schwester Margreth von Friedingen geborene Reischach mit ihrem Sohn Benedikt Ernst von Friedingen, wohnhaft auf der Burg Höhenkrähen im Hegau. Wir

---

178 A. a. O., S. 154 ff.
179 Vgl. Geschichte des Kantons Zürich, Bd. 1, S. 447.

werden noch hören von ihm. Eberhards Einträge zeigen Humor und Festfreude. Es werden den Söldnerführer aber auch die angereisten Scharfschützen interessiert haben. Die besten Schützen aus der nahen und etwas ferneren Nachbarschaft wollten sich an diesem Fest präsentieren und einen Preis abholen. Für Zürcher sollte sich der Wettbewerb schliesslich als etwas ernüchternd erweisen: Die meisten Preise gingen an Auswärtige. Offenbar hatten sich aus den Städten im weiten Umfeld sämtliche Meisterschützen angemeldet, was einige Städte um ihre Sicherheit bangen liess.

Katharina von Zimmern ist im Verzeichnis nicht zu finden. Ob sie sich in der Stadt aufhielt? Es hätte sie sicher hier gebraucht, denn auf dem Münsterhof wurde das «Spiel von unseren Heiligen» aufgeführt, das Passionsspiel von Felix, Regula und Exuperantius. Auch Küngold von Hewen und ihre Familie fehlen. Jedoch kann der Eintrag «Eva (wohl ein Lesefehler von Fra, als Abkürzung für Frau) Ana von Zimer aus Weesen» nur von ihrer Schwester stammen. Lose gekauft haben aus der Abtei «der von Zimmern Jungfrauen Sohn», die Jungfrau Dorathe Clingerin, der Chorherr Rudolf Röschly mit seiner Jungfrau Margett Cranis und seinem Schüler Rudolf Röschly (vermutlich sein Sohn), und mit seinem Hund Wela. Hartmann Wolff, der Ammann des Fraumünsters, beteiligte sich als Armbrustschütze, auch er blieb ohne Preis.

Glücklicherweise kaufte die Familie von Geroldseck zweimal Lose, einmal im Juli und einmal im August, und hier sind nun auch die Frauen alle mit Vornamen genannt, was bei der Identifizierung und Einordnung der Töchter weiterhilft. Im Juli sind es Gangulf, der Bruder der unglücklichen verstorbenen Veronica, seine Frau Gräfin Küngolt von Monfort und ihre beiden Töchter Küngold und Brida. Küngold (oder Kunigund, der Name wird abwechselnd gebraucht) war auch gemäss Oberbadischem Geschlechterbuch eine der beiden Geroldseck'schen Chorfrauen im Fraumünster, Brida könnte die andere, bisher «namenlose» sein. Interessant ist der Eintrag auch deshalb, weil die Familie Lose kaufte für Sant Anbett, Sant Worbett und Sant Merbett. Der spätere Herausgeber des Glückshafenrodels kann mit diesen drei für ihn merkwürdigen Namen nichts anfangen. In einer Anmerkung vermutet er, es könnten «Komposita mit beten sein». Es sind aber die Namen der drei ursprünglich nichtchristlichen weisen und gütigen Frauen, die Erd-, Mond- und Sonnenmutter verkörpern: die drei Bethen.

Im August dann sind sie alle da: Gangulf und die Gräfin, ihre Söhne Diebold und Gangulf, die Töchter Elsbeth, Äbtissin in Buchau, Margreth, Klosterfrau in Buchau, Küngold, Chorfrau im Fraumünster, und ihre «Jungfrau» Margreth. Drei weitere Verwandte können nicht zugeordnet werden. Erstaunlich viele Nonnen aus allen erdenklichen Klöstern tauchen im Glückshafenrodel auf, auch die Verwandten Eberhards von Reischach aus dem Frauenkloster Katharinental in Diessenhofen. Offenbar war es kein Problem für sie, an dem ausgelassenen Fest teilzunehmen. Um dies besser einordnen zu können, muss einem bewusst sein, dass Zürich eine eigentliche «Klosterstadt» war. Ein kleiner Einschub soll dies deutlich machen.

Die Klosterstadt

In der Stadt Zürich wohnten im Spätmittelalter etwa 5000 Einwohnerinnen und Einwohner. So gross sind heute etwa Eglisau, Erlenbach oder Rüschlikon, wobei im damaligen Zürich auf 100 Männer etwa 127 Frauen kamen, auf dem Land waren es gerade mal 82. Ein Frauenüberschuss ist in vielen Städten jener Zeit nachgewiesen.[180] Ein grosser Anteil waren Geistliche. In den sieben Klöstern, die Zürich wie ein Kranz umfangen hielten, lebten Ordensleute, Chorfrauen und Chorherren, Weltpriester, Beginen. Dazu kamen die Höfe, die auswärtigen

---

180 Vgl. Geschichte des Kantons Zürich, Bd. 1, S. 337.

Klöstern gehörten: Der Kappelerhof, der Einsiedlerhof, das Schäniserhaus, das Wettingerhaus, das Konstanzerhaus und andere mehr, die ebenfalls von Geistlichen bewohnt wurden. Man stelle sich Eglisau mit sieben Klöstern vor! Wenn wir die Zölibatären auf 1 000 Personen schätzen und pro Familie drei bis fünf Kinder rechnen, kommen wir insgesamt auf nur etwa 800 Familien. Eine überschaubare Grösse, man kannte sich.

Ein kleiner Rundgang durch die «Klosterstadt» soll ein Bild geben. Wir beginnen bei den beiden alten Stiften aus dem 9. Jahrhundert, der Abtei Fraumünster auf der linken Limmatseite und der Propstei Grossmünster rechts der Limmat, beide mit den Kirchenpatronen Felix und Regula, verbunden durch die damalige Münsterbrücke mit der Wasserkirche. Wenn man nicht von einem anfänglichen Doppelkloster sprechen kann, so doch von einem Doppelkonvent, der sich 853 getrennt hatte.[181] Der Legende nach trugen die beiden auf der Wasserkirchen-Insel enthaupteten Märtyrer Felix und Regula ihre abgeschlagenen Köpfe bis zum Grossmünster hinauf. Die Reliquien wurden zuerst im Grossmünster aufbewahrt. 874 erhielt das Fraumünsterstift bei der Weihe seiner ersten Kirche die Körper der beiden Märtyrer, während die Köpfe im Grossmünster blieben. Eine Trennungsgeschichte zwischen den beiden Stiften? Die Reliquientranslation ist im Fraumünster in einem grossen Gemälde über den Grabnischen von Hildegard und Bertha dargestellt, direkt unter dem Chor der Stiftsdamen. Sie sangen wohl über dem heiligsten Ort ihres Münsters.

Der Konvent der Propstei zum Grossen Münster bestand aus vierundzwanzig Chorherren und zweiunddreissig Kaplanen. Wenn man die Kirchgasse hinauf spaziert, zweigt rechterhand die Neustadtgasse ab, dort und in den Seitengassen wohnten in den etwas kleineren Häusern die Kaplane. Die stattlicheren Häuser der Chorherren standen an der Kirchgasse, dasjenige des Propstes trägt heute die Nummer 17,

---

181   Vgl. Gysel, Das Chorherrenstift am Grossmünster, S. 20.

der Custos bewohnte das heutige Antistitium am Zwingliplatz 4 (das ich sehr gut kenne, da ich selber 21 Jahre lang dort wohnte).

Oben an der Kirchgasse geht es links in die Oberen und Unteren Zäune. Viele dieser Häuser beherbergten Beginen, einige der Häuser gehörten ihnen, andere waren im Besitz der Barfüsser, gleich nebenan. Im heutigen Obergericht kann man nur noch ganz wenig erkennen von der ehemals grosszügigen Anlage des Barfüsserklosters, Teile des Kreuzgangs sind noch erhalten. Der Wolfbach durchquerte das Klosterareal und floss unter dem Neumarkt hindurch, heute ist er überdeckt vom Rehgässlein. Geht man weiter durch die Froschauergasse, gelangt man zum Verena-Kloster, heute Kino Frosch, und steht dann vor dem Predigerkloster der Dominikanermönche. Die Chorgasse liegt etwas weiter östlich, dort wohnten die Beginen, die zum Seelsorgebereich der Prediger gehörten. Die Prediger waren vor allem verpflichtet, bei den Dominikanerinnen im Oetenbachkloster auf der anderen Seite der Limmat Seelsorge zu leisten. Von der besonderen, vor allem auch kulinarisch geprägten Beziehung der Prediger zu den etwa vierzig Nonnen im Oetenbach war bereits die Rede. Von der Oetenbachgasse ist es nicht weit bis zum Augustinerkloster und etwas ausserhalb der Mauern, in der Nähe des heutigen Bahnhofs Selnau, stand das Kloster der Zisterzienserinnen. Die beiden Kapellen an der alten Ausfallstrasse Richtung Baden gehören hier ebenfalls erwähnt. Die Stephanskapelle (ursprünglich an der St. Annagasse 9) war gemäss Martin Illi eine Begräbniskirche aus dem frühen Mittelalter.[182] Das grosse Gemälde mit der Inschrift, dass hier die drei Stadtheiligen gerädert worden seien, und der Jahrzahl 1523 wurde wohl von Hans Leu dem Jüngeren gemalt[183] und da die Kapelle zum Fraumünster gehörte, von Katharina von Zimmern in Auftrag gegeben. Zurück zum Fraumünster kommt man über den Münsterhof, an dem die Chorher-

---

182 Vgl. Illi, Wohin die Toten gingen, S. 24.
183 Vgl. Rahn, Die Stephanskapelle in Zürich, S. 67.

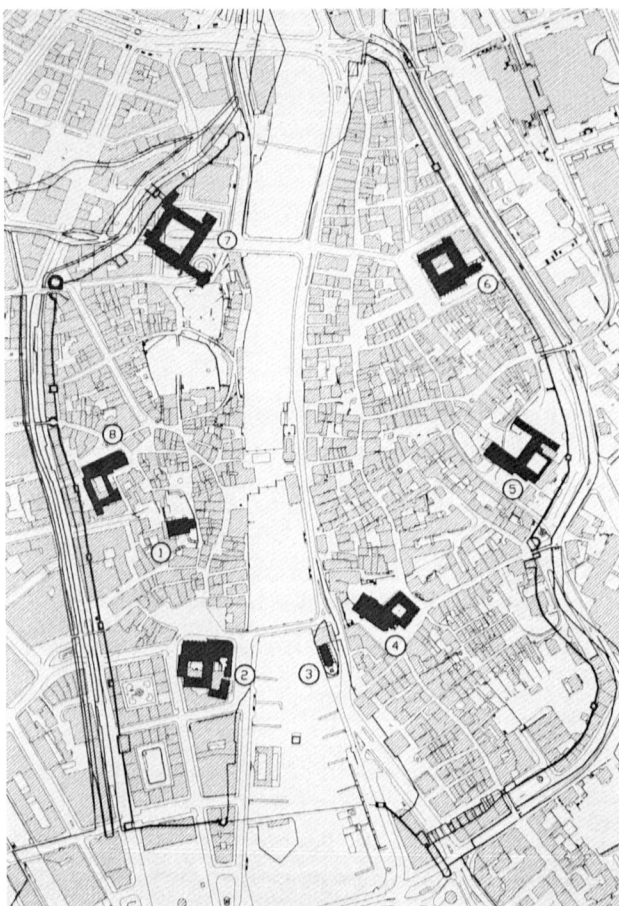

Abb. 14:
Klöster und
Kirche St. Peter
in der Stadt Zürich
(ohne die Frauenklöster Selnau
und St. Verena)
auf dem heutigen
Stadtplan

1 Kirche St. Peter
2 Framünster
3 Wasserkirche
4 Grossmünster
5 Barfüsser
6 Prediger
7 Oetenbach
8 Augustiner

ren der Abtei ihre Häuser hatten. Die dem geistlichen Stand angehörigen und zölibatär lebenden Einwohnerinnen und Einwohner der Stadt machten vielleicht einen Fünftel oder Sechstel der Bevölkerung aus.

Zurück zum Glückshafenrodel: Auch die Nonnen und Mönche kauften emsig Lose beim grossen Fest. Weitaus am meisten Lose kauften jedoch die «Jungfrauen [Hausangestellte] und Knechte». Das Los kostete einen Schilling, man durfte pro Person so viele kaufen, wie man wollte. Das hohe Preisgeld verlockte zu vermehrtem Einsatz: Der erste Preis war mit 100 Gulden dotiert, der zweite mit 50, die weiteren dann absteigend. Für uns besonders interessant ist eine Familie Schwarz. Vater Heini, ein Pfister (Bäcker) am Neumarkt und Mutter Barballa kauften Lose für sich und ihre beiden Kinder Konrad und Regeli (Regula), und eines für die Heilige Regula, «ir battron». Ein kleines Mädchen mit Namen Regula Schwarz, mitten in Zürich![184] Ein weiterer Ansatzpunkt für einen Roman.

Die Bauherrin (1506–1508)

Der grosse Bau

Grosse Ledischiffe, beladen mit Holz und Steinen, beherrschen in den folgenden Jahren die Anlegestelle vor dem Fraumünster, sie brachten das Baumaterial für Katharinas grosses Projekt. Die finanzielle Lage erlaubte es der Abtei, sich an einen imposanten Bau zu wagen: Einen neuen, prächtigen Hof für die Äbtissin, der das alte Gebäude von Grund auf ersetzte, eine neue *curia abbatie*. Ob Katharina dabei ihr heimatliches Schloss vor Augen hatte, das ihre Brüder nun wieder bewohnten? Es war ihnen gerade eben gelungen, es zurückzuerobern. Auch eine mittelalterliche Baustelle wird Immissionen gebracht haben. Lärm, nicht ganz wie heute, Staub, vielleicht mehr als heute. Irgendwo in der Höhe wird man ein grosses Tretrad aufgebaut haben, um die Lasten zu heben, wie man es heute noch in grossen alten Kirchen finden kann, zum Beispiel auf dem Dachboden des Berner Münsters. Katharinas Hof stand bis im Jahr 1896 und wurde vor dem Abriss ausgiebig fotografiert, dokumentiert und vom Kunsthis-

---

184 Vgl. Glückshafenrodel; Salomon Vögelin, Das alte Zürich, S. 149ff.; Vögelin, Das Freischiessen von 1504.

Abb. 15:
Curia abbatie, der von Katharina 1506–1508 erbaute Abteihof nach einer Fotografie von 1891

toriker Johann Rudolf Rahn ausführlich beschrieben. Heute steht an seiner Stelle das von Gustav Gull erbaute Stadthaus.

Die Kunstdenkmäler-Autorin Regine Abegg schreibt, dass von allen Bauprojekten dieses Katharina von Zimmern am meisten am Herzen gelegen haben dürfte. Wenn man dem von Regine Abegg anhand der vorliegenden Bilder und Dokumente entworfenen Rundgang durch die curia, den «Hof» der Äbtissin Katharina von Zimmern, folgt, hat man zwei Möglichkeiten:

Das dreigeschossige Gebäude verfügte nämlich über zwei Eingänge. Ein grosses Tor befand sich an der nördlichen Seite des Osttrakts, wo eine Passage vom Limmatufer in den äusseren Hof führte. Durch diese Türe gelangte man direkt in einen der beiden Säle im Erdgeschoss. Teile seiner Holzdecke mit Flachschnitzereien sind erhalten geblieben. Durch die andere, kleinere Türe im Innenhof betrat man die geräumige Halle, die zwischen den beiden Sälen lag. Von hier aus führte eine steinerne Treppe entlang der Eingangswand ins erste Obergeschoss. Die Treppe mündete in einen ungefähr 2–2,5 m breiten Gang, der winkelförmig der Hofseite entlangführte und die Kammern und Stuben gegen die Limmat hin und auf der Südseite des Gebäudes erschloss. Er war mit dem Korridor im Ostflügel des Kreuzgangs verbunden, so dass die Äbtissin über diesen Weg direkt zur Nonnenempore im Südquerhaus der Kirche gelangen konnte. Den Korridor überspannte eine Holzdecke mit Flachschnitzfriesen. Über der Tür, die gleich am

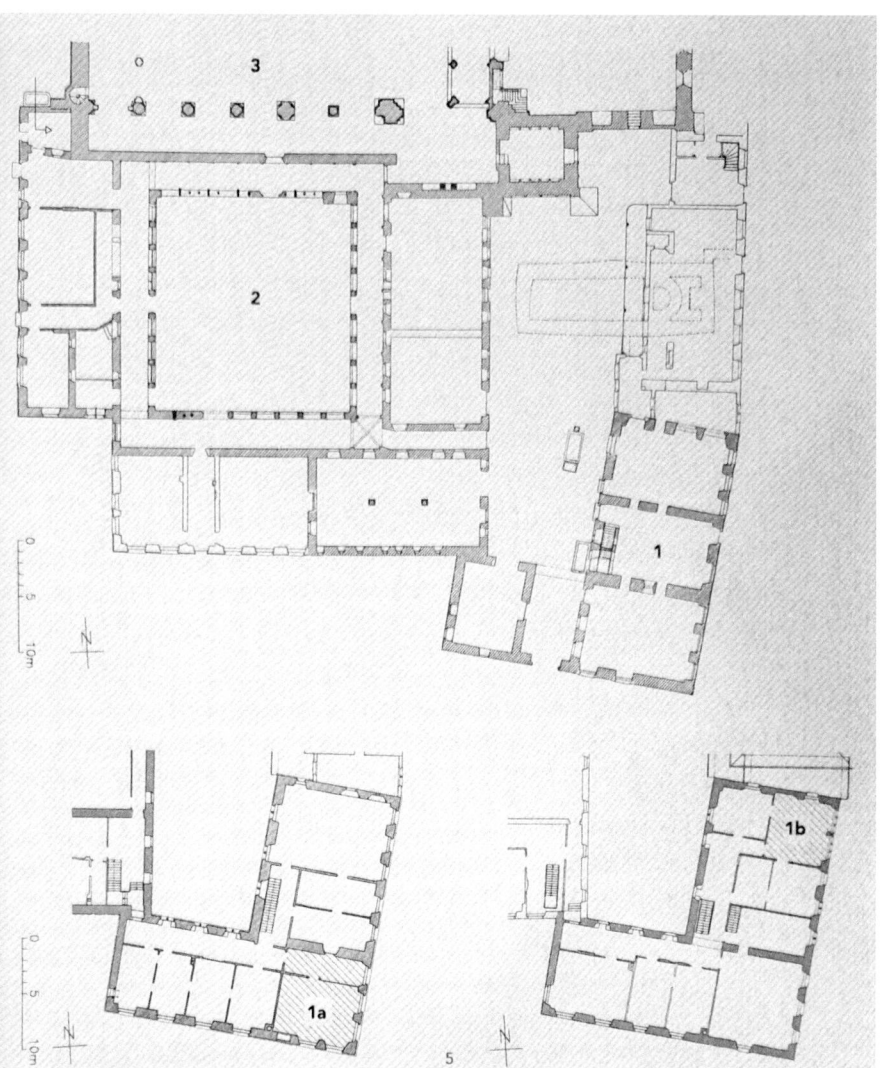

Abb. 16: Katharinas Hof

1 Eingangshalle vom Hof her und Treppenhaus im EG
1a Untere Prunkstube im 1.OG
1b Obere Prunkstube im 2.OG
2 Kreuzgang
3 Kirche

Die Bauherrin (1506–1508)

oberen Ende der Treppe in eine der beiden Prunkstuben der Äbtissin führte (erhalten und eingebaut im Landesmuseum), prangten farbig das Familienwappen der Äbtissin, das Allianzwappen ihrer Eltern, des Freiherrn von Zimmern und der Margarete von Oettingen.

Die Schriftquellen geben keine Aufschlüsse über die Funktion der verschiedenen Räume im Äbtissinnenhof. Zu Raumfunktionen in Residenzen geistlicher und weltlicher Würdenträger ist allgemein noch wenig bekannt. Aufgrund von Vergleichen mit anderen Klöstern und Abteien darf jedoch vermutet werden, dass diese Stube als Empfangs- und Amtsraum genutzt wurde.

Das zweite Obergeschoss, in das die Treppe (hier aus Holz) an gleicher Stelle weiterführte, entsprach in der Anordnung von Korridor und Wohnräumen der unteren Etage. Dass die «Wohnung der Äbtissin» im Obergeschoss lag und Stube, Schlafkammer und einen Saal umfasste, kann angenommen werden. Auch Gästezimmer müssen mitbedacht werden. In der Südostecke dieses Geschosses lag ein grosser Raum mit denselben Massen wie die Stube darunter, im Grundriss von 1798 als Saal bezeichnet. Der schmuckreichste Raum des ganzen Hofs, zweifelsohne das einstige Prunkgemach in Katharinas Residenz, lag jedoch im nordöstlichen Teil, erreichbar durch den ebenfalls kunstreich gestalteten Korridor. Die gangseitige Stubentür besass eine schöne geschnitzte Rahmung aus spätgotischem Stabwerk, über der Türe prangten wiederum zwei Wappen. Die Reihenfenster zur Limmat hin waren von konkav geschweiften Giebelblenden gekrönt, als einzige im ganzen Bau, von aussen erkennbar. Auch diese Stube ist heute im Landesmuseum eingebaut. Der Mittelpfosten zwischen den Fensternischen bildet, einem Juwel gleich, eine reich gegliederte Fensterstütze von hoher bildhauerischer Qualität, wie sie damals in Zürich sonst nicht zu finden war. Zwischen Flachschnitzfries und Decke ist ein Kranzgesims in Form einer fast vollplastisch aus Eichenholz geschnitzten, wellenförmig gedrehten, vergoldeten Blattranke eingefügt. Beim Verlassen der Stube mahnt über der Türe zum Korridor ein kunstvoll gerolltes Spruchband mit dem Baujahr über zwei verschlungenen Händen: «driw ist ein gascht/ wem si wirt der heb si fast 1507» («Treue ist ein Gast. Wem sie zuteil wird, der halte sie fest.1507»). Man kann daraus schliessen, dass dieser Raum zum Empfang von Gästen diente, er wird daher auch als Gastzimmer bezeichnet.[185]

Die Sprüche

Wenn man über die Persönlichkeit Katharina von Zimmerns etwas erfahren will, bieten sich die farbigen Flachschnitzfriese und die Spruchbänder an, welche die Decken der Korridore und die Räume zierten. Beide zeugen von Einfallsreichtum und Gestaltungwillen, von Witz und Humor. Und gleichzeitig begegnet man einer tiefen Frömmigkeit.

In kunstvoll verschlungenen Spruchbändern finden sich über der Haupttüre zum Gastzimmer und an der Holzdecke des Korridors im Äbtissinnenhof die vier Sprüche:

«driw ist ein gascht
wem si wirt der heb si fast 1507»

«Gewalt und gunst du kanst die kunst
das ietz das edell recht muos sin din knecht
WWVWW 1507»

«reden ist guot, wer im recht duot
schwigen ist eine kunst
ze vil reden machat ungunst
wer nit wol reden kann, dem stat schwigen wol an.»

---

185   Zusammenfassung der ausführlichen Beschreibung in Abegg, Spätgotische Stuben, S. 8 ff.

Die Bauherrin (1506–1508)

> «in der red und bin der oren bekent man den esel und den toren
> item welen frowen uibell rett, der weist nit was sin muoter tet
> man sol frowen loben / es si war oder arlogen 1508 ihs»

Der Spruch im Gastzimmer stammt aus dem Jahr 1507, die anderen von 1508. Die Germanistin Rachel Kyncl hat sie ausführlich analysiert und mit ähnlichen Sprüchen an anderen Orten verglichen.[186]

«Die Analyse der sprachlichen Merkmale hat ergeben, dass etliche Hinweise auf das Niederalemannische vorhanden sind, in dessen Sprachraum Messkirch liegt. Die relativ stark an der Schriftsprache orientierte Form weist darauf hin, dass die Sprüche wahrscheinlich aus einer gedruckten Quelle stammen, Sprichwörtersammlungen existierten schon im Mittelalter. Im 15. und 16. Jahrhundert erlebten solche Sammlungen ihre Blütezeit. Humanisten erstellten viele neue Sammlungen, die seit der Erfindung des Buchdrucks schnelle Verbreitung fanden. Es ist wahrscheinlich, dass Katharina von Zimmern als gebildete Frau hoher Abstammung in Humanistenkreisen verkehrte und so auch mit Sprichwörtersammlungen und humanistischen Bildungssprüchen in Kontakt kam. Der Spruch vom Esel und den Toren kommt jedoch in dieser Form in keiner Vorlage vor. Man könnte folglich von persönlichen Formulierungsvarianten sprechen. Die Thematik der Frau auf einem der Friese und die eigenwillige Zusammenstellung deuten zusätzlich darauf hin, dass Katharina die Sprüche selber ausgewählt und in der vorliegenden Form festgelegt hat.»[187]

---

186 Vgl. Kyncl, Analyse der Sprüche, S. 4 ff.
187 A. a. O., S. 21 f.

Die Flachschnitzfriese

Ähnliches lässt sich auch von den bunten Flachschnitzbordüren in den beiden Stuben sagen. Ein «Musterbuch» war auch hier vorhanden. Dazu Regine Abegg: «Im Kanton Zürich sind gegen vierzig Raumausstattungen mit Flachschnitzereien an Decken oder Wänden belegt, gut die Hälfte in Kirchen und Kapellen; die übrigen verteilen sich etwa hälftig auf Profan- und Konventsgebäude.»[188] Zu den frühesten gehört das Zimmer der Cäcilie von Helfenstein aus der Fraumünsterabtei, das neben Katharinas Stuben heute ebenfalls im Landesmuseum zu sehen ist. «In erstaunlich vielen Fällen kennen wir die Künstler, die sich als Tischmacher bezeichneten und ihre Werke stolz signierten. Zu den frühesten bekannten gehört der aus Landshut stammende Hans Ininger, mit einiger Sicherheit der Schnitzer zumindest der unteren Stube im Äbtissinnenhof und auch sonst für Katharina von Zimmern tätig. Er hatte 1484 das Zürcher Bürgerrecht erhalten.»[189]

In der unteren Stube «an der Decke weist uns eine geschnitzte Hand Gottes in Richtung Fensterfront und auf die Segensworte ‹PAX VOBISCUM› hin. Friede sei mit dir, sprach Christus den Jüngern zu, als er ihnen nach der Auferstehung erschien.»[190] Das Bildprogramm der Schnitzbordüren blieb beim Einbau im Landesmuseum unverändert. «Die scheinbar zufällig in die Blatt- und Blütenranken eingestreuten figürlichen Motive, meist Tiere, fügen sich zu einem theologisch durchdachten, auch an den Himmelsrichtungen orientierten Bildprogramm zusammen.» Das Käuzchen, das von anderen Vögeln geplagt wird, ist in der mittelalterlichen Kunst weit verbreitet. Es liebt die Nacht mehr als den Tag und wird mit Christus gleichgesetzt, «der uns liebgewonnen hat, die wir in Finsternis und Schatten des Todes

188   Abegg, Spätgotische Stuben, S. 17.
189   Ebd.
190   A. a. O., S. 19 ff.

sitzen». Jedes Tier wird gedeutet, dabei waren im Mittelalter die Interpretationen unterschiedlich. «Der Theologe Hugo von St. Victor zum Beispiel deutet die Eule positiv als Christus, den Uhu hingegen negativ als ertappten Sünder.» Auch die Hirschjagd, die als Sinnbild des Kampfs zwischen guten und bösen Mächten gedeutet wird, steht in einer langen, auf die biblische Jagdmetaphorik zurückgehenden Tradition. Verkörpert der Jäger das Gute, kann die Jagd mit der Ergreifung und Bekehrung der Sünder gleichgesetzt werden. Vorherrschend ist aber im Mittelalter die Gleichsetzung des Jägers mit dem Teufel und der gejagten Tiere mit den bedrängten, von teuflischen Mächten verfolgten Seelen.

Es folgen der Phönix, der sich selbst verbrennt und am dritten Tag aus seiner Asche aufersteht, der Pelikan, der seine totgeborenen Jungen mit dem eigenen Blut wiederbelebt und der Löwenvater, der mit seinem Gebrüll die totgeborenen Jungen auferweckt. «Innerhalb des Bildprogramms der Äbtissinnenstube stehen sie für den Kampf zwischen Gut und Böse, für das Licht und Heil und für den bei der Eingangstür verheissenen Gottesfrieden.» Der Pfau symbolisiert den Paradiesvogel schlechthin, der Drache die «dauernde Belauerung» des Heils durch das Böse. Hinter dem Ofen versteckt, ertappen wir in der fensterlosen Ecke an der Rückwand der Stube eine fette Katze. Vor Blicken scheinbar sicher, pirscht sie sich an Würste und Fische heran, die an einer Stange zum Trocknen hängen. Die Katze galt als heuchlerisch und gefrässig – eine der sieben Todsünden – und die Gefrässigkeit verführt sie zum Stehlen. «Das Sündhafte, etwas Anrüchige, das dem Motiv – gerade in der Stube einer Dame! – anhaftet, wird durch eine geistreiche Anspielung in ein harmloses, witziges Leseangebot überführt. Denn hinter dem Ofen hingen ja vielleicht tatsächlich Würste und Fische zum Trocknen», schreibt Regine Abegg.[191] Das dürfte jedoch noch in grösserem Mass auf die Motive in der oberen Stube zutreffen.

191   A. a. O., S. 23 ff.

*Abb. 17:
Die diebische Katze*

Für die untere Stube gilt: «Die Motive fügen sich zu einem theologisch durchdachten Programm mit persönlicher Prägung zusammen, das sich im Sinne eines Läuterungsprozesses von Westen nach Osten entwickelt – von der Verfolgung der gläubigen Seele durch die teuflischen Mächte hin zur Erfüllung der Heilsgeschichte in der Auferstehung. Das Bildprogramm wurde in den folgenden Jahren in den Schnitzfriesen einiger Zürcher Landkirchen in fantasiereichen Varianten aufgenommen.» Regine Abegg zitiert dazu Peter Jezler: «Worin das theologisch gebildete Milieu der Fraumünsterabtei ein Gleichnis für den sich zur Bekehrung wendenden Menschen erkannte, sahen die gemeinen Landbewohner von Weisslingen nicht mehr als eine Hirschjagd, und möglicherweise machte es ihnen mehr Spass, wenn der Jäger traf, als wenn sich das Wild allegorisch davon machte.»[192]

Die Devise

In der Äbtissinnenstube ist über der Türe ins Nebenzimmer, im Bildprogramm an der Nahtstelle zwischen der Verfolgung durch das Böse und den Paradies- und Auferstehungsmotiven ein auffälliges

---

192   A. a. O., S. 20 ff.

Abb. 18: Devise Katharinas in der Abtei

Friesstück eingefügt. Es zeigt die Familienwappen der Äbtissin und in grossen Buchstaben ihre Devise WW V WW, darüber ein etwas kleineres, unauffälligeres N. Lange Zeit blieb die Bedeutung ein Rätsel, das zu wildem Spekulieren verleitete, sich aber nicht lösen liess. Eine mögliche Antwort fanden erst vor wenigen Jahren die Autorinnen bei der Vorarbeit für das Buch «Die Äbtissin, der Söldnerführer und ihre Töchter». Marlis Stähli stiess in einer Abschrift des Passionstraktats von Heinrich von St. Gallen (Anfang 16. Jahrhundert) auf die identische Buchstabenfolge, gross geschrieben, mit roter Tinte. Um das V in der Mitte ein Herz. «Die Textstelle behandelt den Todesstoss Christi am Kreuz. Heinrich von St. Gallen beschrieb detailreich und geradezu in den Folterqualen schwelgend das Leiden Christi am Kreuz, so auch kurz vor dem Lanzenstoss die vier Nagelwunden Jesu. Der Stoss in das Herz und die Nagelwunden waren ein überaus beliebtes Andachtsthema. Sie wurden als die Fünf Wunden Christi zusammengefasst und waren allgegenwärtig, sogar in Flüchen sind sie überliefert.»[193]

Die vier W stehen hier für die Nagelwunden an Händen und Füssen Jesu und das V für den Lanzenstoss, wohl vom lateinischen *ventilabis*, der jedoch gemäss Johannesevangelium nicht ins Herz geführt wurde, sondern in die rechte Seite. Das N steht für Jesus, den Nazarener.

193 Christ-von Wedel, Die Äbtissin, S. 132.

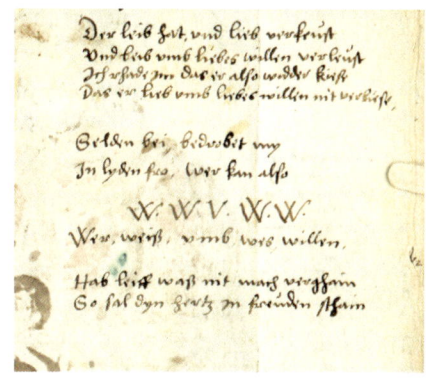

Abb. 20:
Die Devise bei Heinrich
von Weinsberg

Abb. 19:
Die Devise bei Heinrich
von St. Gallen

Christine Christ-von Wedel schreibt dazu: «Dieses Versenken in Christi Not am Kreuz richtete sich an Menschen einer Zeit ohne Narkotika (abgesehen vom Alkohol), in der Folter und Hinrichtungen allgegenwärtig waren. Auch wurden Delinquenten und Aussenseiter oder persönliche Gegner der Herrschenden öffentlich verhöhnt und gebrandmarkt. Möglich, dass sich perverse Naturen an in derbem Realismus geschilderten Leiden Jesu voyeuristisch ergötzten. Die Frommen aber suchten darin Trost. Was auch immer sie an unerträglichen Schmerzen erleiden mussten, wie sie auch geschmäht und gefoltert werden mochten, Christus war an ihrer Seite. Er hatte noch mehr gelitten und schenkte nach allem Leiden Erlösung.»[194]

Nun fand jedoch der Historiker Martin Illi nach intensiver Suche überraschend die fünf Buchstaben in der Spruchsammlung des Hermann von Weinsberg, der von 1518 bis 1597 in Köln lebte, mit

---

194   A. a. O., S. 133.

deutscher Deutung und hat damit das Rätsel vermutlich endgültig gelöst.[195]

Martin Illi: «Katharina hat über die Wappen der Eltern und im Gang geschrieben: ‹Wer weiss um wes(sen) Willen›. Gemeint ist hier der Wille des Vaters und der Eltern. Das sagt sie auch beim Verzicht der Abtei, nämlich dass der Wille des Vaters gewährt sei.» Das V ist als U zu lesen. Das trifft sich mit der Beobachtung von Marlis Stähli, dass Katharina die Devise einmal zusammen mit dem Familienwappen und einmal hinter dem Spruch platzierte, der von Recht und Gewalt spricht, vom Recht, das ihrem Vater verwehrt wurde, von der Gewalt, die er erlitt. Die Devise müsse auch etwas mit Vater und Mutter zu tun haben.

«Gewalt und gunst du kanst die kunst
das ietz das edell recht muos sin din knecht
WWVWW 1507»

Durch diese Deutung gewinnt die Devise eine neue Dimension. Wer weiss, in wessen Willen hier auf dieser Welt etwas geschieht? Wer kennt den Sinn hinter den Geschehnissen und Schicksalen? Fragen, die sich überall stellen, wo Unrecht geschieht und Leid erduldet werden muss, und die sich auch bei der Kreuzigung Jesu aufdrängen. Wer weiss um wessen Willen? Wer kennt den Willen Gottes? Haben wir einen freien Willen? Der Streit darüber bewegte die Menschen damals intensiv und wird später zum Streit und zur Trennung führen zwischen Luther und Erasmus. Darin sind sich die Historikerinnen und Historiker einig: «Die ganze Ikonografie der historischen Zimmer ist doppeldeutig, sakral und profan gleichzeitig zu verstehen.»[196] Hier vielleicht sogar philosophisch.

195 Vgl. Buch des Hermann von Weinsberg, S. 87.
196 Gemäss Mitteilung von Martin Illi (Ausstellungstext «Die Äbtissin und der Bürgermeister», in Vorbereitung).

Die Wahl dieser Devise, die in Katharinas Hof insgesamt dreimal abgebildet ist, zweimal in den privaten Räumen und einmal in Verbindung mit dem Familienwappen,[197] sagt viel aus über die Äbtissin des Fraumünsters. Aber auch die Tatsache, dass sie überhaupt eine Devise führte, zeichnet sie aus. «Zu den wenigen weiblichen Zeitgenossen Katharinas, die sich ein persönliches Motto zugelegt haben, gehören beispielsweise Isabella d'Este, Markgräfin von Mantua (1474–1539), Margarete von Österreich, Regentin der Niederlande (1480–1530), und Louise von Savoyen (1476–1531), Herzogin von Angoulême. Alle drei Frauen vereinigten politisches Geschick als Regentinnen mit ausgeprägter humanistischer Bildung und Kunstsinn.»[198]

Das rote Barett

Erzählen die Friese in der oberen Stube, der persönlichen Gaststube Katharinas, Episoden aus ihrem Leben? Die Kunsthistorikerin Regine Abegg sieht beide Möglichkeiten: Die Bilder sind eine zufällige Aneinanderreihung von beliebten Motiven aus der Zeit, oder die Darstellungen erzählen eine wahre Geschichte. Auch sie gesteht ein, dass die vor dem Blütenkind kniende Frau und der Mann, der sie an der Schulter fasst, «keinem Bildrepertoir zuzuordnen ist»,[199] demnach hier einzigartig vorkommt, was eher auf eine Darstellung aus dem Leben der Auftraggeberin schliessen lässt. Mit ihrer Deutung des Blütenkinds im Zentrum als segnender Jesus, als göttliche Liebe, konnte Christine Christ-von Wedel überzeugen.[200] Dass es sich bei der Frau, die vor dem Blütenkind kniet, und dem Mann hinter ihr um die Szene

---

197 Vgl. Abegg, Spätgotische Stuben, S. 22.
198 Ebd.
199 A. a. O., S. 35.
200 Vgl. Christ-von Wedel, Die Äbtissin, S. 138.

*Abb. 21:
Liebespaar*

der Einkleidung Katharinas handelt, bleibt jedoch umstritten. Katharina hätte damit deutlich aufgezeigt, dass es ihr Vater war, der sie in die Abtei gegeben habe – wie sie es später bei der Übergabe der Abtei ausdrücklich betonen wird. Zwei prächtig gekleidete Damen rahmen das Geschehen ein. Ganz rechts zieht ein Kriegsmann ab, ein Fahnenträger, er kehrt der Szene den Rücken zu, als ob er sich verabschieden müsste.

Einig ist man sich, dass das sich umarmende Paar ein Liebespaar darstellt. Der Mann umfasst die Frau an der Schulter, während sie eine Hand vertraulich unter sein Wams schiebt. An seinem tiefsitzenden Waffengurt hängt ein Schwert, das ihn als Söldner kennzeichnet. Seinen Kopf bedeckt ein rotes Federbarett. Die Frau trägt ein langes, in der Taille geschnürtes Schleppkleid mit Puffärmeln und eine einfache Kopfhaube. Wen stellen sie dar?

In der Nordwestecke des sogenannten Gastzimmers, etwas verborgen, ist das vielleicht überraschendste Motiv in der Stube einer Klostervorsteherin zu sehen: ein nacktes Paar. Auf Hockern sitzen sich Mann und Frau gegenüber und wärmen Hände und Füsse an einem Feuer, über dem an einem grossen Haken und einer Kesselkette ein grosser Topf hängt. Die beiden tragen lediglich Kopfbedeckungen: die Frau eine tur-

Abb. 22:
Badeszene

banartige Haube, der Mann auch hier ein rotes Barett mit einer seitlich herunterhängenden Schärpe. Die im Topf eingezeichnete Buchstabenfolge ist nicht verständlich, man nimmt an, spätere Bewohner hätten sie eingeritzt. Christ-von Wedel schreibt: «Die Pikanterie des gemeinsamen Badevergnügens von Frau und Mann ist nicht zu übersehen. Wie gut kann man sich die Äbtissin vorstellen, wie sie ihren Gast (wohl nicht jeden!) verschmitzt, vielleicht verschämt, vielleicht kichernd, am Arm nimmt, um ihm die verborgene Anzüglichkeit zu zeigen.»[201]

Die Fischsirene

Die zwei Kriegsknechte, die Richtung Fensterfront schreiten, begegnen einer doppelschwänzigen Fischsirene, die sich mit aufreizend nacktem Oberkörper präsentiert. Ihr Unterkörper besteht aus zwei Fischen, deren Schwanzenden sie hochhält. Ein sehr direkt erotisches Bild. Weiss man um die allegorische Bedeutung dieses in der mittelalterlichen Kunst häufig dargestellten Fabelwesens, ahnt man die

---

201   A. a. O., S. 28.

Gefahr, die den beiden Kriegsburschen bevorsteht: Der süsse Gesang der Sirene führt in den Tod. «Katharina kannte sicher die Geschichte der schönen Melusine, die weitverbreitet war und die der Familienchronist Christoph Froben von Zimmern mehrfach zitierte.»[202] Wenn die Äbtissin in diesem Raum Gäste empfing, dann wohl solche, zu denen sie eine vertrauliche Beziehung pflegte. Für offizielle Empfänge, etwa von Gesandten, Amtsträgern oder Bittstellern, dürfte die untere Stube gedient haben.

Christine Christ-von Wedel zeigt auf, wie jedes Motiv sowohl irdisch sinnlich als auch geistlich verstanden werden kann und dass diese Doppeldeutigkeit so gewollt ist. Das Liebespaar erinnert an die Verse des Epheserbriefs, wo die Liebe des Manns zur Frau mit der Liebe von Christus zu seiner Gemeinde verglichen wird. «Die Landsknechte können auf die [...] häufig benutzte Metapher von der geistlichen Waffenrüstung des Christen mit dem Schwert und Schild des Glaubens hinweisen.» Menschen des 15. und des frühen 16. Jahrhunderts werden die Bilder und Symbole gekannt und weltlich und geistlich verstanden haben, ohne darin einen Widerspruch zu sehen.[203]

Familie, Freunde, Chorfrauen (1509–1515)

Der späte Erbverzicht

Aus späteren Briefen Katharina von Zimmerns an den Rat und aus der Zimmerischen Chronik wird ersichtlich, dass die Äbtissin im Jahr 1509 nun doch noch ihren Erbverzicht leistete. Ihre Schwester Anna hat-

---

202 A. a. O., S. 142.
203 Vgl. A. a. O., S. 140.

te dies, wie von jeder in einen Orden eintretenden Person erwartet, gemäss Zimmerischer Chronik bereits vor ihrem Eintritt in die Abtei getan. Katharina hatte sich damals offenbar geweigert, so auch 1496, als ihr Vater sie dazu aufforderte. Nun aber überredeten sie ihre Brüder mit «allerlei Versprechungen», wie sie später schrieb. Ihre finanzielle Situation war ja geregelt, sie konnte sorglos in die Zukunft blicken. Die Brüder stellten ihrer Schwester ein Leibgeding von jährlich 20 Gulden (40 Pfund) in Aussicht. Die Familie war unterdessen rehabilitiert, die Brüder hatten eben das Erbe ihres verstorbenen Onkels Gottfried unter sich geteilt und sollten in der Lage sein, im Gegenzug für den Verzicht die Zahlung zu leisten. Katharina wird später dem Rat mitteilen, dass sie nie etwas erhalten habe. Sie habe die Rente eben nie eingefordert, berichtete der Chronist. Katharinas Schwester Anna verschrieben die Brüder ebenfalls eine Rente, aber erst um 1515. Ob wenigstens sie etwas erhalten hat? Katharinas Erbverzicht fand vor dem Hofgericht in Rottweil statt.[204] Es ist anzunehmen, dass sie dort hinreisen musste. Sie war eine gute Reiterin, zweimal wird in den Rechnungen ein neuer Sattel für die Äbtissin vermerkt. Allerdings ritten Frauen damals im Damensattel mit beiden Beinen auf einer Seite, was für eine so lange Reise zu anstrengend gewesen sein dürfte. Da war die Kutsche wohl angenehmer. Sicher hat Katharina bei dieser Gelegenheit in Rottweil auch ihre Mutter besucht. Für einen neuen Sattel gibt die Abtei immerhin vier Pfund «miner gnädigen Frowen als sy mit irem bruder von sant martis tag hinweg geritten ist»[205]. Dabei erfahren wir, dass einer der Brüder sie 1516 besucht hat. Die Zimmerische Chronik berichtet denn auch von verschiedenen Besuchen Johann Werners bei seiner Schwester, der Äbtissin. Er sei von seinen Zürcher Freunden in das Zunfthaus zum Rüden eingeladen worden,

---

204 Vgl. Niederhäuser, Das Fraumünster in Zürich, S. 134; Christ-von Wedel, Die Äbtissin, S. 205.
205 Stadtarchiv Zürich, III.B.262.

wogegen Gottfried einen Bogen um Zürich machte «von wegen das er mit seiner schwester der abtissin von Zürich zum Frawenminster in etwas wiederwillen stande»[206].

Dass sie weite Reisen unternahm, bestätigt schon der Bericht, wonach Katharina von Zimmern 1511 an der Hochzeitsfeier eben dieses jüngeren Bruders Gottfried Werner mit der Gräfin Apollonia von Henneberg in Messkirch teilnahm und der Mutter half, die Gäste zu empfangen. Sie wird sich an die Eskapaden des Buben erinnert haben und an seine Zeit im Fraumünster. Unter den Gästen dürfte sich auch Eberhard von Reischach befunden haben. Er hatte zusammen mit Gottfried am Hof von Stuttgart Kavaliersdienste geleistet, als Sabina von Bayern 1498 feierlich vor der Stadt empfangen wurde.[207] Die damals 6-Jährige wurde mit dem 11-jährigen Ulrich von Württemberg verlobt. Auch diese Hochzeit fand 1511 statt. Reischach war Hauptmann der Ehrenwache.

Der Söldnerführer

Eberhard von Reischach muss vor dem Frühjahr 1511 in den Dienst des Herzogs Ulrich von Württemberg getreten sein. Als «Diener vom Haus» war er gegen ein jährliches Gehalt verpflichtet, im Kriegsfall seinem Dienstherrn Soldaten zuzuführen. Er benötigte dazu ein intaktes Beziehungsnetz. Er war aber nicht nur Anwerber und Anführer von Tausenden von Söldnern, es gehörte die Beschaffung von Geld dazu, um diese zu bezahlen. Eberhard von Reischach diente dem Herzog «auch als Diplomat und Beamter, ab 1511 als dessen Vogt in Reichenweier (Riquewihr) im Oberelsass, und seit 1512 Gesandter

---

206 Barack, Zimmerische Chronik, Bd. II, S. 293.518.
207 Vgl. Günter, Ein Leben als Bürgerin, in: Gysel/Helbling (Hg.), Zürichs letzte Äbtissin, S. 78; Barack, Zimmerische Chronik, Bd. 2, S. 406.

und Unterhändler in der Eidgenossenschaft und beim französischen König»[208], wo er dann und wann vor der Tagsatzung zu erscheinen hatte. Bereits 1508 war er in Zürich als Soldunternehmer in Schwierigkeiten geraten, als er dem französischen König Kriegsknechte zuführte und ihn die Tagsatzung zur Gefangennahme ausschrieb.[209] Einige Jahre später setzte sich Zürich jedoch erfolgreich und energisch wieder für ihren Bürger ein, als die Burg Hohenkrähen nach einem Landfriedensbruch in einer Strafaktion angezündet wurde.

Die Episode «Hohenkrähen» soll aufzeigen, wie wagemutig der Söldnerführer und spätere Ehemann Katharinas sich verhalten konnte und zu welchem familiären Umfeld er gehörte.

Die Burg Hohenkrähen sitzt auf einem schwer einnehmbaren Felszahn. Dort sassen Eberhards Verwandte, die Friedinger, die sich zu regelrechten Raubrittern entwickelt hatten. Wir sind ihnen in Zürich schon einmal als Käufer von Losen im Glückshafenrodel des Freischiessens von 1504 begegnet. Eitelhans von Friedingen war mit der Schwester Eberhards von Reischach verheiratet. Deren Sohn Hans Benedikt Ernst besass ein aussergewöhnlich gewalttätiges Temperament. «Mehrere Verstösse gegen den Landfrieden gipfelten in einem Überfall auf fünf Kaufbeurener Bürger im Jahre 1512, der nicht einmal dem Anschein nach irgendwie gerechtfertigt war. Daraufhin machte Kaiser Maximilian dem Treiben des Friedingers mit einer scharfen Strafexpedition ein Ende. Truppen des Schwäbischen Bundes zogen gegen den Hohenkrähen. Dort hatte sich ein kleiner Haufen um Benedikt und seine räubernden Kumpane verschanzt [unter ihnen Eberhard von Reischach]. Das angreifende Heer, etwa 8 000 Mann mit 12 Geschützen, machte kurzen Prozess. In nur drei Tagen im November 1512 war der Hohenkrähen erobert und besetzt. Benedikt von

---

208   Christ-von Wedel, Die Äbtissin, S. 80.
209   Vgl. Eidgenössische Abschiede, III–2, S. 423.

Friedingen (Eberhards Neffe) wurde bei dem Angriff verletzt.»[210] Es war ihm bewusst, dass er und seine Soldaten gegen eine solche Übermacht selbst auf der als uneinnehmbar geltenden Burg nicht lange standhalten konnten. Also gab er den Befehl an seine Männer, sich nachts mit Mauereisen über die schroffen Felsen abzuseilen und zu flüchten. Es blieb ihnen noch, von Ferne zuzusehen, wie ihre schöne Burg brannte. Sie entkamen nach Schaffhausen. Eberhard von Reischach hatte in der Burg Güter eingelagert. Obwohl er sich während der «Raubritterfehde» auf der Burg befand und selbst in höchstem Masse verdächtig war, konnte Zürich eine Entschädigung für ihn erwirken.

Zwischen Eberhard von Reischach und seinem Dienstherrn Herzog Ulrich von Württemberg herrschte grosse Vertrautheit, was in ihren Briefen erstaunlich direkt zum Ausdruck kommt: Sie sind formlos und herzlich. «Unsernn grus zuvor, Lieber getruwer, wir haben din schrybenn [...]», schreibt der Herzog beispielsweise. 1513 warb Eberhard Truppen an für Ulrichs Zug nach Hochburgund. Er blieb dem ungestümen Herzog durch alle Schwierigkeiten hindurch treu ergeben, auch nachdem dieser 1515 aus Eifersucht seinen Stallmeister Hans Hutten eigenhändig erstochen hatte und sich anschliessend auf das sogenannte Femerecht berief. Es hätten sich denn auch nach der Tat, wie die Gegner erklärten, achtzehn adlige Diener vom Herzog losgesagt. Eberhard von Reischach war nicht unter ihnen. Für Ulrich von Württemberg sollten diese Tat und sein Verhalten danach ungeahnte Folgen haben, prägend auch für Eberhard von Reischachs Leben und damit auch für das von Katharina von Zimmern.[211]

Die Jahre waren geprägt von den Schlachten bei Novara und bei Marignano. Die Abtei bezahlte 1513 dem Bernhard Reinhart, Bruder

---

210 Hofmann, Schloss Schlatt unter Krähen, S. 58.
211 Vgl. Christ-von Wedel, Die Äbtissin, S. 82 ff.

der späteren Gattin Zwinglis, 10 Pfund «umb ein ross in krieg»[212], 1515 waren es sogar zwei Pferde, eines für einen Ueli Wedischwiler. Insbesondere nach Marignano mehrte sich jedoch die Kritik am Soldwesen.

In die Schlacht bei Marignano war auch der wohl bedeutendste Künstler Zürichs, der Maler Hans Leu der Jüngere, als Söldner mitgezogen.[213] Er hat vor und nachher regelmässig für Katharina von Zimmern Aufträge ausgeführt. So wird ihm auch die Ausmalung der Marienkapelle zugeschrieben, in der vom 23. bis zum 26. Juli 1164 bei ihrer Überführung von Mailand nach Köln drei Tage lang die Reliquien der Heiligen drei Könige geruht haben sollen. Regine Abegg schreibt: «Ohne Zweifel ist die qualitätvolle Ausmalung eines der frühesten erhaltenen Zeugnisse im Stil der oberitalienischen Frührenaissance auf zürcherischem Gebiet. Als solches widerspiegelt sie das hohe geistige und künstlerische Niveau, das die letzte Äbtissin Katharina von Zimmern in der Abtei pflegte.»[214] In den Abteirechnungen sind jedoch nur die Vorarbeiten aufgeführt, nicht aber die Malarbeit selber. Sie sind entweder innerhalb der Abtei separat bezahlt worden oder sie wurden von aussen gestiftet.[215] Von Katharina persönlich?

Eine neue Chorfrau

Katharina von Zimmern arbeitete kontinuierlich weiter an der Ausgestaltung sowohl der kirchlichen als auch der profanen Bauten der Ab-

---

212 Stadtarchiv Zürich, III.B.253.
213 Vgl. Christ-von Wedel, Die Äbtissin, S. 41.
214 Abegg/Barraud Wiener, Kunstdenkmäler des Kantons Zürich, Stadt Zürich II.I, S. 81.
215 Abegg/Barraud Wiener, Ausbau und Ausstattung der Fraumünsterabtei, in: Gysel/Helbling (Hg.), Zürichs letzte Äbtissin, S. 104.

tei. Sie erneuerte den Weinkeller und errichtete 1514 eine neue Badstube.[216] Sie hatte zwei «Jungfrauen» (Dienerinnen), eine Verena und die bereits erwähnte Adelheid. Es sieht so aus, als hätte sich Katharina eine, wie man heute sagen würde, «eingeschworene Crew» aufgebaut.

Ihre ganze Amtszeit hindurch arbeitete sie zusammen mit dem Leutpriester Heinrich Engelhard und mit dem Ammann Hartmann Wolff. Zu ihrer «Jungfrau Adelheitt» muss sie eine besondere Beziehung gehabt haben. Adelheid lebte schon vor den Zimmern-Schwestern in der Abtei. Es ist anzunehmen, dass sie die beiden Mädchen mütterlich in Obhut nahm und sich weiterhin für sie verantwortlich fühlte. Aber das wäre wohl Thema für den Roman. Jedenfalls richtete ihr Katharina von Zimmern 1514 ein Leibgeding von 15 Pfund ein[217] und einen kleineren Betrag an ihre Schwester, den diese auch noch nach dem Tod der Adelheid erhielt. Zur «Crew» gehörten wohl auch Heini und Bartlime Köchli, die über lange Jahre hinweg in jedem Ausgabenbuch erscheinen und regelmässig Aufträge von einem oder mehreren «Tagwerken» ausführten. Von Zeit zu Zeit erhielten sie ein neues «Hofkleid».

Zwischen ihnen allen muss sich ein stabiles Vertrauensverhältnis gebildet haben, das auch Grundlage gewesen sein könnte, die Geburt eines Mädchens geheim zu halten.

Die Zahl der Chorherren blieb konstant bei sieben, jedes Jahr wurden ein Rauchfasser (verantwortlich für den Weihrauch), ein Custor (verantwortlich für den Kirchenschatz) und ein Sigrist entlöhnt sowie drei oder vier Pfleger. Unter ihnen all die Jahre hindurch Jörg Grebel und Jörg Göldli, Sohn des von Hans Waldmann gestürzten Bürgermeisters Heinrich Göldli und bewährter Kampfgefährte und Freund Eberhards von Reischach. Aber die Zahl der Chorfrauen war wieder gesunken. Um 1514 waren es neben der Äbtissin die drei seit 1500

---

216 Vgl. Vogelsanger, Zürich und sein Fraumünster, S. 258; Günter, Im Strom der Zeit, S. 34; Stadtarchiv Zürich, III.B.256.
217 Stadtarchiv Zürich, III.B.256.

getreuen Frauen Anna von Zimmern, Küngolt von Hewen und Kunigunde von Geroldseck, die gemeinsam die Chorgebete sangen und die Aufgaben einer Chorfrau und Stiftsdame erfüllten. Man kann sich vorstellen, wie die vier beraten haben, an wen man gelangen könnte, welche hochadeligen Frauen eventuell bereit wären, in die Abtei Fraumünster, das «Gotshus Sankt Felix und Regula» einzutreten. Es wird in den Ausgabenbüchern immer einmal wieder ein junges «Fröwli» erwähnt, das Hoffnungen geweckt haben dürfte, Chorfrau zu werden. Wer das namenlose Mädchen oder die junge Frau war und ob es sich immer um dieselbe Person handelte, ist nicht ersichtlich.

In diesem Jahr wurde Katharina von Zimmern gebeten zu bestätigen, dass Ottilie von Bitsch damals ihre Pfründe rechtmässig aufgegeben habe.[218] (Dies nach zwanzig Jahren!) Der Entwurf von Katharinas Antwort liegt vor, und zwar mit Streichungen, Einfügungen, Randnotizen und mit ihrer Unterschrift. Es sieht so aus, als hätte sie ihn persönlich geschrieben, was ihre Sorgfalt im Verfassen von Antworten belegen würde.[219]

Katharina achtete während ihrer Bemühungen, neue Chorfrauen zu gewinnen, auf die Förderung des Gottesdiensts. Sie stammte aus einer Familie, in der die Musik hochgeschätzt war und aktiv gepflegt wurde, ihr Vater hatte das Spiel auf mehreren Instrumenten beherrscht. Sie wird es besonders geschätzt haben, dass das Fraumünster seit 1480 eine neue Orgel besass, die gemäss Vertrag mit dem Orgelbauer «grösser und vollkommener» werden müsse als die Orgel des Grossmünsters.[220]

Die Äbtissin mass jedoch vor allem dem Chorgesang eine grosse Bedeutung zu. Ihre Suche führte sie ins Benediktinerinnenkloster

---

218 Vgl. Niederhäuser, Das Fraumünster in Zürich, S. 152, Anm. 12.
219 Vgl. Stadtarchiv Zürich, B IV 2, S. 175.
220 Magdalen Bless, Veränderungen im kirchlichen Bereich, in: Geschichte des Kantons Zürich, Bd. 1, S. 443.

Berau nördlich von Waldshut. Sie muss vernommen haben, dass dort eine besonders begabte Sängerin mit einer starken Stimme lebte. Es könnte sein, dass die Information von der ältesten Tochter Eberhards stammte. Eberhard von Reischach und Verena Göldli gaben drei ihrer vier Kinder früh ins Kloster. Katharina (wäre das ein Roman, wäre klar, warum er einer seiner Töchter den Namen der Äbtissin gab) trat ins Kloster Katharinenthal in Diessenhofen ein, Anstett in die Benediktinerabtei St. Blasien und Barbara in das nahe bei St. Blasien gelegene Berau. Eberhard machte dem Kloster Berau 1515 eine Vergabung von 5 Gulden. Er schrieb dazu: 3 Gulden «fur Barbara von Rischach Closterfrow zu Berow miner elichen lieben thochter pfrund» und 2 Gulden für die Frauen von Berau, «sie haben sich [...] mit mir vertragen»[221]. Die begabte Sängerin mit der schönen Stimme hiess Barbara von Sargans, die Äbtissin des Fraumünsters hätte sie gerne als Chorfrau in ihrer Abtei gehabt.

Wie in den späteren Briefen der beiden Strassburger Reformatoren Martin Bucer und Wolfgang Capito nachzulesen ist,[222] hat Katharina die Nonne Barbara mit allen Mitteln nach Zürich gelockt und nicht nachgelassen, bis der für das Nonnenkloster Berau zuständige Abt von St. Blasien sie gehen liess. Er weigerte sich zuerst und konnte dann aushandeln, das von Barbaras Familie einbezahlte Gut nicht herausgeben zu müssen. Katharina verzichtete ihrerseits auf einen Einkauf im Fraumünster und versprach Barbara trotzdem eine gute, lebenslange Pfründe. In den Ausgabebüchern ist dann allerdings zu sehen, dass sie immer etwas weniger erhielt als die anderen Chorfrauen. Noch etwas fällt auf: Sie wird nie mit Familiennamen aufgeführt. Während bei den anderen Chorfrauen der Vorname fehlt, erscheint sie ausschliesslich als Barbara oder Barbel. Ihre Herkunft ist lediglich aus den Briefen Bucers und Capitos zu erfahren. Das könnte

---

221   Generallandesarchiv Karlsruhe, St. Blasien GLA 11/498.
222   Huldrych Zwingli Briefe, Nr. 445, 446, 457, 458, 481, 482.

darauf hindeuten, dass ihre Herkunft nicht ganz makellos war. Sybille Knecht schliesst daraus, dass sie ein uneheliches Kind gewesen sein müsse.[223] Gemäss Capito war sie jedoch von edler Abstammung. Bucer schreibt, sie sei die Tochter eines Marquart von Sargans, Neffe jenes Georg von Werdenberg-Sargans, dem die Zimmern ihren Willhelm Werner in einer Krätze nach Ortenstein geschickt hatten. Barbara wurde mit acht Jahren ins Kloster gegeben. Es ist durchaus möglich, dass sie und Katharina einander schon als Kinder in Weesen begegnet sind.

Wichtige Weichen (1516–1518)

Erasmus

Und dann begann ganz still und leise das wichtige Jahr 1516, in dem für die Zürcher Reformation entscheidende Weichen gestellt wurden. Die Erste stellte der Humanist Erasmus von Rotterdam mit seinem von Übersetzungsfehlern «gereinigten Neuen Testament», dem «Novum Instrumentum». Christine Christ-von Wedel erzählt in ihrem Porträt des grossen Humanisten packend, wie Erasmus diese Herkulesaufgabe in Angriff nahm, wie er in England auf Fragmente griechischer Handschriften stiess und entdeckte, dass die lateinische Fassung der Bibel, die damals zur Verfügung stand, voller Fehler war. So strich er beispielsweise einen Satz im ersten Johannesbrief, der auf die Trinität hinwies, da dieser erst ab dem 9. Jahrhundert in den Schriften nachzuweisen sei, in den alten Manuskripten jedoch nicht vorkomme.[224] Erasmus versuchte als Erster, aus den verschiedenen und zum

---

223 Vgl. Knecht, Ausharren oder austreten?, S. 66.
224 Vgl. Christ-von Wedel, Erasmus von Rotterdam, S. 49 ff.

Teil unterschiedlichen noch vorhandenen Fragmenten aus den ersten Jahrhunderten eine möglichst getreue griechische Fassung des Neuen Testaments herzustellen und sie neben dem neu übersetzten lateinischen Text herauszugeben. Zurück auf dem Kontinent fand er weitere Handschriften und konsultierte die Schriften der alten Kirchenväter. So entstand eine ganz neue Grundlage für die Auslegung der Bibel und gleichzeitig das Bewusstsein, dass ihre Entstehung ein komplexes Geschehen war, das nicht ausser Acht gelassen werden durfte. Dieser Prozess dauert bis heute an und schärft das Bewusstsein dafür, dass die christlichen Dogmen ein Werk der Nachfolger Jesu sind und nur bedingt auf ihn selber zurückgehen. Die Befreiung, die diese Erkenntnis damals auslöste, war letztlich der Motor der Reformation. Es war die Befreiung des Evangeliums von Dogmen, welche die Theologen des Mittelalters entwickelt und in ein in sich stimmiges Glaubenssystem gebracht hatten. Heute ist auch vielen Nichttheologen und -theologinnen bewusst, dass Bekenntnisse wie das Nicänum und das Apostolikum nicht von Jesus selber, sondern von seinen Nachfolgern und von den Bischöfen der ersten Jahrhunderte formuliert worden sind. Die Reformatoren stellten sie neu zur Diskussion.

Das «Novum Instrumentum» des Erasmus wurde zur Grundlage für alle Reformatoren und damit für die Reformation überhaupt. Für alle Übersetzer des Neuen Testaments erwies es sich als unverzichtbares Arbeitsinstrument. Der Verleger Johann Froben in Basel brachte es heraus.

Zwingli

An der zweiten Weichenstellung war der Bruder der Fraumünster-Chorfrau Kunigunde von Geroldseck massgeblich beteiligt. Diebold von Geroldseck lebte seit 1499 im Benediktinerkloster Einsiedeln, bis 1504 noch unter dem berühmten Humanisten erster Stunde: Albrecht von Bonstetten. Dessen weiter Horizont mit seinem im damaligen Europa weit gespannten Netz von Verbindungen werden Diebold geprägt haben. Wegen gesundheitlicher Überforderung des Abts wurde er 1513 als noch einziger Konventuale des Klosters[225] Pfleger und damit Stellvertreter des Abts. Zwinglis Freund Myconius schrieb in seiner Zwingli-Biografie, Diebold habe Zwingli nach Einsiedeln berufen. Gemäss Zwinglis eigenen Aussagen hat er «um die Stelle als Leutpriester selbst angehalten». Wie auch immer: Diebold von Geroldseck hat Zwingli angestellt. Sie wurden Freunde bis zu beider Tod auf dem Schlachtfeld bei Kappel. Die Anstellung fand am 14. April 1516 im Schloss Pfäffikon (SZ) statt in Anwesenheit folgender Zeugen: Zwinglis Onkel Abt Johannes Meile von Fischingen, Gregor Bünzli, Pfarrer in Weesen, und auf Seiten Einsiedelns der Priester Franz Zingg und Melchior Stocker, Pfarrer in Freienbach.[226] Der 32-jährige Zwingli kam aus Glarus, wo er 10 Jahre Pfarrer gewesen war und in dieser Zeit als Feldprediger die Schlachten von Novara und Marignano miterlebt hatte.

Im selben Frühjahr, wohl in den Tagen seiner Anstellung, durfte Zwingli den von ihm so sehr bewunderten Erasmus von Rotterdam in Basel besuchen. Sein Freund Glarean hatte ihm Zutritt zu dessen Humanistenkreis verschafft. Wie beglückend die Begegnung war, wie sehr er Erasmus liebte und sich seinem Einfluss hingab, kommt in seinem überschwänglichen Dankesbrief zum Ausdruck. «Erasmus gehörte demnach zu seiner täglichen Lektüre.»[227]

Zwingli traf in Einsiedeln nicht nur auf einen seelenverwandten Pfleger, der anstelle des Abts handeln konnte, sondern auch auf eine riesige Bibliothek in einem sozusagen unbewohnten Kloster. Ein Kreis von Humanisten sammelte sich um ihn, man brachte Zwingli in schweren Paketen die in Basel herausgegebenen griechischen Klas-

---

225   Vgl. Bless-Grabher, Diebold von Geroldseck, in: HLS.
226   Vgl. Müller/Ringholz, Diebold von Geroldseck, S. 31
227   Christ-von Wedel, Erasmus und die Zürcher Reformatoren, S. 78.

siker und Kirchenväter nach Einsiedeln.[228] Er vervollständigte sein im Selbststudium erarbeitetes Griechisch. In Einsiedeln wurde Zwingli zum Reformator. Es passt zur intensiven Verbindung zwischen Zürich (vor allem dem Fraumünster!) und dem Kloster im Finstern Wald, dass die Zürcher Reformation dort ihren Anfang nahm.

Fast drei Jahre lang wirkte Zwingli in Einsiedeln. Katharina von Zimmern erlebte in dieser Zeit wohl einen Höhepunkt ihrer Amtszeit als Äbtissin, sie erhob den 25. November, den «Katharinentag» zu einem besonderen Festtag für die Abtei, der jedes Jahr bis zur Reformation ausgiebig gefeiert wurde.[229] Das war im Jahr 1517, als Luther in Wittenberg seine 95 Thesen formulierte und damit die Reformation in Deutschland auslöste. Seine Schriften wurden bald auch in Zürich gelesen, auch in den Klöstern.

Zum von uns postulierten «Höhepunkt» gehört die neue Messglocke, die Katharina von Zimmern 1518 bei Füssli giessen liess.[230] Die Betglocke liess sie 1519 restaurieren und mit einer Stifterinschrift versehen: «Restituit fractam de Zimmern me Katharina, Digna dei gratia clarissima anachorita». Christine Christ-von Wedel übersetzt: «Mich, die Zerbrochene, stellte wieder her Katharina von Zimmern, eine der Gnade Gottes würdige und hochberühmte Einsiedlerin.» Solche Stifterinschriften sind aus dieser Gegend erst viel später bekannt. «Sie zeigt, wie gut man sich am Fraumünster in humanistischer Manier auszudrücken verstand und wie stolz man bereit war, eine Glockeninschrift zur Selbstdarstellung zu nutzen.» Auch der Glockenspruch verweist auf die hohe humanistische Bildung am Fraumünster: «Verberor in festis sacris sacreque diei Semper ero fidei testis nunciaque fidelis.» Übersetzung: «Ich werde an heiligen Festen geläutet und

---

228 Vgl. Köhler, Huldrych Zwingli, S. 37.
229 Vgl. Niederhäuser, Das Fraumünster in Zürich, S. 131.
230 Vgl. Steinmann, Die Benediktinerinnenabtei zum Fraumünster, S. 97, Stadtarchiv Zürich, III.B.268.

werde für den heiligen Tag immer eine Glaubenszeugin und treue Botin sein. Dass die Inschrift auf eine Gebetsanrufung Gottes, Christi, Mariens, der Evangelisten oder eines Patrons verzichtet, ist für diese Zeit zwar nicht einmalig, aber wohl selten. Einmalig indessen die klassische Versform.»[231]

Der Freund

Eberhard von Reischachs beste Zeit in Zürich war vermutlich ebenfalls um 1518. In diesem Jahr veranstaltete er eine grosse Badenfahrt, wie sie damals für einflussreiche Bürger üblich war. Der Söldnerführer und Diplomat war zu dieser Zeit Vogt in Tübingen für seinen Dienstherrn, den Herzog von Württemberg, der sich wie beschrieben seines Lebenswandels wegen in grossen Schwierigkeiten befand. Für Eberhard dürfte es wichtig gewesen sein, seine Zürcher Beziehungen zu pflegen. Es ist anzunehmen, dass seine Ehefrau Verena Göldli schon nicht mehr gelebt hat.

Eine sogenannte Badenfahrt, wie Eberhard sie selber handschriftlich dokumentiert hat, war mehr als eine gewöhnliche Fahrt ins Bad, wie sie viele vermögende Menschen damals regelmässig unternahmen, auch Geistliche und Ordensleute. In den Rechnungsbüchern der Abtei findet sich immerhin ein Hinweis, dass auch Katharina von Zimmern Badenfahrten unternahm und dabei Geschenke erhielt. Die Abtei verrechnet 1515 «item 1 gl Gold minem herren von Costenz [Konstanz] geschenckt gan Baden» und «1 gl Gold geschenckt miner gnedigen Frowen in das bad». Die Zeile «item 17 B 2hl verzerrt gan Baden und rosslon» dürfte den Lohn des Boten beinhalten.[232]

---

231 Vgl. Christ-von Wedel, «Digna Dei gratia clarissima anachorita», in: Gysel/Helbling (Hg.), Zürichs letzte Äbtissin, S. 137 f.
232 Stadtarchiv Zürich, III.B.259.

Ob mit dem Herrn von Konstanz der Bischof gemeint war und ob Katharina und er gleichzeitig dort waren, lässt sich nur vermuten. Die Badenfahrt von Eberhard von Reischach dürfte aber eine besondere gewesen sein, ein Ereignis, zu dem Freunde, die etwas auf sich hielten, grosse Geschenke beisteuerten. «Baden Schengken» hiess man die Geschenke, die Magistraten oder andere Honoratioren bei ihren Aufenthalten in Baden gleichsam als Ehrenbezeugungen erhielten. Solche Badenfahrten gestalteten sich schnell einmal zu mehrtägigen Volksfesten. Die Schenkenden auf Eberhards Listen sind Ratsherren, Zunftherren, Ritter, Junker, Vögte, ein Chorherr vom Grossmünster und Chorherr Laurenz Claussen vom Fraumünster, zwei Bürgermeister und selbstverständlich Söldnerhauptleute. Auch einige Jerusalempilger sind dabei, darunter Hans Stockar aus Schaffhausen. Marlis Stähli hat die Listen sorgfältig analysiert und die insgesamt 85 Schenkenden beschrieben.[233]

Reischach erhielt am 14. August 1518 einen ganzen Ochsen, Rehböcke, Läufe von einem Reh, Sauglämmer und Wildbretbraten, einen Karpfen, Lachse, Braunfisch und Plattfisch, einen Auerhahn, vier Enten, zwei Gänse und zwei Haselhühner, Käse, Schabziger, Kuchen, einen Semmelring und Zuckerwerk. Zucker war damals ein luxuriöses, aus Nordafrika eingeführtes Handelsgut. Auch Frauen brachten Geschenke, so seine Verwandte (Schwester?) Barbara von Reischach aus dem Katharinenkloster bei Diessenhofen. Eine Dom(in)a Boner brachte einen Pomeranzenkuchen (Orangen) und die Magd Adelheid aus dem Schlüssel einen Fisch. Auch Wein fehlte nicht, Lienhard Bruner/Brun lieferte zwei Sterzlinge. Wurden die Geschenke persönlich überbracht, ist dies ausdrücklich vermerkt, die meisten gelangten jedoch durch Boten nach Baden. Deren Botenlohn ist bis ins Detail ausgewiesen. Ein Eintrag Eberhards ist besonders auffällig: «Item

---

233 Vgl. Stähli, Ein Sammelband und handschriftliche Quellen, in: Christ-von Wedel, Die Äbtissin, S. 274 ff.

min der liebst und best fründ der nitt names hautt mier erlich geschengkt so mengerleig gutts dings unnott ze beschriben.»[234] Dieser Eintrag Eberhards zeugt von einem herzlichen, zu tiefer Freundschaft fähigen Mann. «Es dürfte diese Seite seines Charakters gewesen sein, die Reischach zu einer erfolgreichen Diplomatie befähigte und ihm weitherum Vertrauen erwarb» und langlebige, verlässliche Freundschaften ermöglichte.[235] Der Bote, der die Gaben dieses «liebsten und besten Fründes» überbrachte, dessen oder deren Namen Reischach nicht nennen wollte, erhielt einen Lohn von 6 Batzen und sollte etwas zurückbringen: ein rotes Barett.[236]

Ein dramatisches Jahr (1518–1519)

Die Chorfrau auf der Münsterbrücke

Darf eine Chorfrau des Fraumünsters nachts um 10 Uhr noch allein über die Münsterbrücke gehen? Hensli Bader meinte Nein, und als er der Fraumünster-Chorfrau Barbara von Sargans zu so später Stunde begegnete, fühlte er sich berechtigt, sie zu bedrängen. Sie habe den Rock vor das Antlitz geschlagen und ein schwarzes Pfaffenberet aufgehabt. Da habe er sie gefragt, wohin sie wolle, sie müsse mit ihm heim.[237] Er nahm sie mit und sperrte sie in sein Stübchen über seiner Badstube direkt an der Limmat (die Wühre gab es noch nicht), heute

---

234 Ebd.
235 Vgl. Christ-von Wedel, Die Äbtissin, S. 96.
236 Staatsarchiv Zürich, A 195.1, Nr. 77b.
237 Vgl. Staatsarchiv Zürich, C II 2, Nr. 475 und B VI 245 fol. 199v.

*Abb. 23:
Wühre, Stadtansicht
von Hans Leu d. Ä.
mit Badehaus,
um ca. 1500*

das Haus Stegengasse 4.[238] Dann ging er nach unten, trank ein paar Gläser Wein und besprach sich mit den letzten Badegästen. Die zwei Männer ermutigten ihn, sein Vorhaben auszuführen. Im Gerichtsprotokoll beschrieb er nachträglich im Detail, wie er die Frau blutig geschlagen und vergewaltigt habe. (Für die Vergewaltigung gebrauchte er das derbe Wort «gehygen», heute noch im Gebrauch in der Form «umegheie», wenn jemand schnelle Beziehungen eingeht. Das erklärt, warum ich selber als Kind das Wort «gheie» nicht gebrauchen sollte. In meinem Verständnis stand es ja nur für «umfallen».[239]) Der Bader bat den Rat um Gnade, da er ja Wein getrunken habe, da seine Kumpel ihm die Idee zur Tat eingegeben hätten und überhaupt, der liebe Gott hätte dafür sorgen können, dass seine Klosterfrauen nachts nicht auf der Strasse herumliefen, dann wäre ihm (dem Bader) das alles nicht zugestossen. Der Bader wurde vom Rat aus der Stadt verbannt und musste schwören, sich ihr nicht zu nähern. Es galt ein

---

238   Vgl. Salomon Vögelin, Das alte Zürich, S. 485.
239   Vgl. Idiotikon unter gehije, S. 1106.

Umkreis von vier Meilen und als die Nachbarn baten, man möge das Baderli zurückkommen lassen, blieb der Rat hart.[240] Es ist anzunehmen, dass Katharina von Zimmern geklagt hat und der Rat ihr zur Seite stand. Er bestätigte sein Urteil vom August 1518 in dieser schlimmen Geschichte im Juli 1519, mitten in einem dramatischen Jahr, das so positiv und hoffnungsvoll begonnen hatte.

Der Reformator

Am 1. Januar 1519 trat Ulrich Zwingli sein Amt als Leutpriester im Zürcher Grossmünster an. Zu gern würde ich seine erste Predigt lesen können. Er erzählte keine Geschichten von Heiligen mehr, sondern begann das Evangelium auszulegen. Und er begann mit dem ersten Kapitel des ersten Evangeliums des Neuen Testaments. Matthäus 1 beginnt mit dem Stammbaum Jesu, dem unehelich geborenen Sohn der Maria. Wie sprach er von den vier Frauen, die in diesem Stammbaum aufgezählt werden neben den unzähligen Vätern und Söhnen, beginnend bei Abraham? Es sind nicht die Frauen Sara, Rebekka, Lea und Rahel der Stammväter, wie man erwarten würde, sondern Tamar, die ihren Schwiegervater als verkleidete Prostituierte verführte, um auf diese Weise der Kinderlosigkeit zu entgehen, die Prostituierte Rahab, die «Ausländerin» Ruth und Batseba, die sich von König David verführen liess, während ihr Mann für diesen in den Krieg ziehen musste.

Für Zwingli dürfte dies nicht ganz unheikel gewesen sein. Er selber hatte noch einen Monat zuvor in einem ausführlichen Brief dem massgeblich an seiner Wahl beteiligten Grossmünster Chorherrn Heinrich Utinger gestanden, dass er mit der Barbierstochter von Einsiedeln eine Affäre gehabt habe. Sie sei von ihm schwanger, insofern die Frau das sicher wissen könne, und warte in Zürich auf die Geburt.

---

240   Vgl. Staatsarchiv Zürich, C II 2, Nr. 475 und B VI 245 fol. 199v.

Sie habe Umgang mit vielen Männern gehabt. Das Geständnis schlug keine Wellen, es hätte Zwingli seine Wahl kosten können. Der Brief endet mit einem Gruss an Herrn Engelhart, der damals nicht nur Leutpriester am Fraumünster, sondern gleichzeitig auch Chorherr am Grossmünster war und den er offenbar bereits gut kannte.[241]

Zwinglis Predigten beeindruckten und begeisterten die Menschen. Er kannte ihre Nöte und Sorgen und ihre Verstrickungen in die Unbillen, in Leid und Schuld des Lebens aus der Seelsorge in Glarus und Einsiedeln, von den Kriegszügen und aus eigener Erfahrung. Peter Kamber schreibt: «Selbstverständlich war das Evangelium auch schon vor der Reformation verkündet worden [...] In der Reformation erhielt jedoch das Wort Gottes einen neuen Sinngehalte und wurde der Wunsch nach evangelischer Predigt in der bäuerlichen Bevölkerung zum Hauptanliegen: Gemeinden, die noch keinen Pfarrer hatten, sich aber einen wünschten, präzisierten fortan, dass es einer sein müsse, der ihnen das Evangelium predige; Gemeinden, die zwar über einen Priester verfügten, hingegen fanden, dieser übernehme die neue, evangelische Predigt nur ungenügend oder überhaupt nicht, wünschten sich lautstark einen anderen; und wo immer einer dieses für umwälzend empfundene Gotteswort verkündete, da liefen die Menschen in Scharen herbei.»[242] Dazu trugen Katharina von Zimmern und die Abtei massgeblich bei: Sie liessen Zwingli jeweils am Markttag, wenn viele Bauern ihre Güter auf dem Münsterhof verkauften, im Fraumünster predigen.

---

241 Vgl. Zwingli Briefe, Nr. 48.
242 Kamber, Reformation als bäuerliche Revolution, S. 223 f.

Eberhard verurteilt

Doch vorerst dürfte Katharina von Zimmern etwas anderes umgetrieben haben: Eberhard von Reischach, von dem Johannes von Müller in seiner Schweizer Geschichte erzählt, dass er in Zürich die Freundschaft der Äbtissin des Fraumünsters gewonnen habe,[243] wurde von der Stadt Zürich zum Tod verurteilt. Sein Dienstherr Herzog Ulrich von Württemberg, dem Eberhards unbedingte Treue galt, zog nach einem Überfall auf die Stadt Reutlingen bei Blaubeuren ein Heer zusammen, um eine Entscheidung gegen den Kaiser und den Schwäbischen Bund zu erzwingen. Er brauchte Söldner. Die Eidgenossen bemühten sich, den Zuzug von eidgenössischen Kriegsknechten zu unterbinden. Den Werbern wurde mit scharfen Massnahmen gedroht, die Stadt Baden erhielt am 26. Februar die Aufforderung, Eberhard von Reischach, Albrecht von Landenberg und Wilhelm von Payer gefangen zu nehmen, falls sie die Stadt betreten sollten. Es nützte alles nichts. Die noch vorhandene eigenhändig von Eberhard verfasste Liste der Söldnerführer aus der Eidgenossenschaft, aus Mülhausen und dem Hegau, die er rekrutieren konnte, enthält viele bekannte Namen, darunter die beiden Kanonen- und Glockengiesser Füssli und zwei Brüder aus der Familie Göldli: Renward und Georg, einer seiner besten Freunde, mit dem er 1531 auch in die Schlacht bei Kappel ziehen sollte, und der ein Pflegeamt der Abtei Fraumünster innehatte. Insgesamt kamen 13 900 Reisläufer zusammen, Reischach selber führte ein Fähnlein von 1000 Söldnern. Das Verzeichnis liest sich wie ein Who is who der Reisläuferszene des frühen 16. Jahrhunderts und zeigt, dass sich Reischachs Basis über die ganze Eidgenossenschaft erstreck-

---

243 Vgl. von Müller/Glutz Blotzheim, Geschichten Schweizerischer Eidgenossenschaft, S. 209; Günter, Im Strom der Zeit, S. 49.

Abb. 24: Haus zum Tiergarten

te.²⁴⁴ Die Regierungen der Eidgenossen riefen die Söldner zurück bei Androhung des Verlusts von Leib und Gut. Reischach versuchte, die Verkündigung dieser Botschaft zu verhindern, bis dass das Schwert entschieden habe. Das misslang und die Söldner, denen bei Gehorsam Verzeihung versprochen war, kehrten zurück. Damit war die Sache Ulrichs von Württemberg verloren, er musste fliehen.

Unterdessen war in Zürich Reischachs Haus am Neumarkt 6 beschlagnahmt und seine Habe konfisziert worden. Am 1. April überbrachte man während der in Zürich stattfindenden Tagsatzung dem Zürcher Rat ein Kästchen mit seinen Schriften. Reischach wird sich später darauf berufen, dass in dem Kästchen auch sein Ehebrief gelegen habe, den er wieder benötige. Darin befand sich aber vor allem die Liste mit den Namen der Söldnerführer, die damit bekannt und kompromittiert wurden. Reischach hatte die Fäden in der Hand gehalten und wurde nach dem Misserfolg des Unternehmens härter bestraft als alle anderen. Noch am

---

244 Stähli, Ein Sammelband und handschriftliche Quellen, in: Christ-von Wedel, Die Äbtissin, S. 283 ff.

4. April bat Herzog Ulrich mit einem Brief um Gnade für Reischach, am 9. April verhängte der Rat von Zürich eine Schweigepflicht über die Sache «Reischach» mit Androhung massiver Strafen bei Nichteinhaltung,[245] am 12. April erging das Urteil auf Tod durch das Schwert. «Die Stadt hat sich aber nicht bemüht, seiner habhaft zu werden, was an der Tagsatzung zu reden gab.»[246] Andere ebenfalls verurteilte Söldnerführer wurden kurze Zeit später begnadigt, Reischach nicht. Er war nach Schaffhausen geflohen und konnte Zürich für lange Zeit nicht mehr betreten. In Schaffhausen mietete er vorerst eine Wohnung im Haus zum Tiergarten, gleich gegenüber dem Kloster Allerheiligen.

Die Pest

Im Sommer und Herbst erreichte jedoch eine Katastrophe noch ganz anderer Dimension die Stadt: Die Pest brach aus. Sie traf die Bevölkerung in einem Ausmass, das heute nur schwer vorstellbar ist. Wer konnte, floh aus der Stadt.

Aus dem Fraumünster sind keine Todesfälle bekannt, in den Ausgabenbüchern der Abtei findet sich seltsamerweise kein Hinweis auf den Ausbruch der Seuche. Es findet sich einzig ein Eintrag, der zeigt, dass sich Katharina von Zimmern im Spätsommer oder Herbst 1519 nach Schaffhausen begab und sich dort wohl längere Zeit aufhielt. Bartlime Köchli, der langjährige Diener der Abtei, erhielt einen Botenlohn für einen Ritt zu ihr: «1 Pfund dem barttlime gan Schaffhusen

---

245   Vgl. Staatsarchiv Zürich, B VI 247, S. 25.
246   Christ-von Wedel, Die Äbtissin, S. 99; Vgl. Stähli, Ein Sammelband und handschriftliche Quellen, in: Christ-von Wedel, Die Äbtissin, S. 283; Günter, Ein Leben als Bürgerin, in: Gysel/Helbling (Hg.), Zürichs letzte Äbtissin, S. 71f.

zu miner gnädigen frowen.»[247] Etwas kühn kann man vermuten, dass sie in Schaffhausen Eberhard von Reischach aufsuchte. Sie könnte ihn beim Kauf des Hauses zum Tiergarten unterstützt haben, das ab 1520 in seinem Besitz war,[248] oder sie könnte vor der Pest geflohen sein. Vielleicht wohnte sie im Ochsenhof, dem damaligen Gästehaus des Klosters Allerheiligen, in direkter Nachbarschaft zum Tiergarten.

Zwingli blieb in Zürich und erkrankte schwer. Seine erstaunliche Erholung gab ihm die Gewissheit, dass Gott für ihn noch eine Aufgabe bereithalte, der er sich zu stellen versprach.

Streit

Etwa zur selben Zeit entwickelte sich ein massiver Streit zwischen der Äbtissin und ihrer langjährigen Chorfrau Kunigunde von Geroldseck. Wie Kunigunde später in einem Brief an den Rat schildert, sei es von ihr unverschuldet zu einem «Widerwillen» der Äbtissin gegen sie gekommen, sodass ihr Bruder (es war wohl Gangulf, der sie auch später im Stift Säckingen unterstützen sollte) sie für eine Weile aus dem Kloster genommen habe. Sie verlasse die Abtei im Einvernehmen mit der Äbtissin «in meynung mittler zyt wurde sich der widerwill und ungnad abnemen und miltern, damit ich nochmals bi Ir gnaden dest fridsamer und frölicher und ruwiger möchte wonen»[249]. Sie habe nie auf ihre Pfründe verzichtet und rechnete damit, zurückkehren zu können. Es ist anzunehmen, dass der Grund für diese Auseinandersetzung und den Austritt nach langen zwanzig Jahren gemeinsamer Zeit kein banaler gewesen sein kann. Einer grundsätzlich persönlichen

---

247 Stadtarchiv Zürich, III.B.271.
248 Vgl. Stadtarchiv Schaffhausen, A II 06.01_075.
249 Stadtarchiv Zürich, II.B.961.11; von Wyss, Geschichte der Abtei Zürich, S. 470, Nr. 500.

Feindschaft widerspricht die Hoffnung auf eine mögliche kommende fröhliche Zeit. Dass die «neue Lehre» eine Rolle gespielt haben könnte, ist durchaus denkbar. Kunigunde trat später ins Kloster Säckingen ein und wurde dort 1534 nach einer vor allem von ihr inszenierten langwierigen Kampfwahl und mit aktiver Unterstützung ihres Bruders Gangulf Äbtissin.[250] Sie blieb demnach dem alten Glauben treu, anders als ihr Bruder Diebold, der die Reformation von Einsiedeln aus weiterhin aktiv unterstützte und 1527 nach Zürich in den Einsiedlerhof am Münsterhof zog. Kunigunde und auch ihre Schwester Brida werden in den Fraumünster-Rechnungen ab 1519 nicht mehr aufgeführt.

Anfänge (1520–1522)

Aufbruch

Allem Anfang wohnt ein Zauber inne. So muss es sich auch in den ersten Jahren Zwinglis in Zürich angefühlt haben. Die neuen Ideen begeisterten viele Menschen. Zwingli und seine Freunde lasen gemeinsam die Schriften des Humanisten Erasmus von Rotterdam, der so viele Gelehrte prägte, man diskutierte die Thesen und die Texte des Reformators Martin Luther und liess sich von ihnen mitreissen. Bibellesekreise entstanden, man lernte die alten Sprachen und las griechische Tragödien, führte sie sogar auf. Um Zwingli sammelte sich ein humanistisch gelehrter Kreis, die Sodalitas, zu dem auch die späteren Täuferführer Konrad Grebel und Felix Manz gehörten. Da waren sie alle noch beisammen, beseelt vom Grundgedanken, durch das Studium der biblischen Texte in der Sprache, in der sie entstan-

---

250 Vgl. Jehle/Jehle, Die Geschichte des Stiftes Säckingen, S. 229 f.

den waren, und ihrer möglichst genauen Übersetzung ins Deutsche der Botschaft Jesu näher zu kommen. Mit dem Mut, sich mindestens gedanklich von vielem zu lösen, das später dazugekommen war und sich nun als Ballast erwies. Was hätte werden können, wenn sie sich später nicht getrennt, zerstritten und bekämpft hätten?

Es war auch die Zeit der grossen Entdeckungen. Am 6. September 1522 landete eines der fünf Schiffe, die drei Jahre zuvor unter Ferdinand Magellan ausgefahren waren, wieder in Spanien. Es hatte die ganze Welt umrundet. Ob die Kunde, dass die Erde keine Scheibe sei, damals schon bis nach Zürich durchdrang, den Horizont auch auf diese Weise erweiterte und den Erkenntnissen über die Welt weiteren Schwung gab?

Die Schule

In diese Zeit des Aufbruchs fiel Katharina von Zimmerns letztes grosses Bauvorhaben: Seit 1519 geplant, liess sie 1521 die Abteischule mit grossem Kostenaufwand vollständig umbauen. Die altehrwürdige Schule hatte auch während des finanziell für die Abtei schwierigen 15. Jahrhunderts nichts an Bedeutung eingebüsst; selbst in wirtschaftlich schwachen Jahren wurde stets für ihren Unterhalt und für Renovationen gesorgt. Nun investierte die Abtei 775 Pfund (Vögelin nennt 815 Pfund, 17 Schilling 7 Heller)[251] in den Umbau, das entsprach etwa 25 % der gesamten Bargeldeinnahmen. Das Haus stand bis zum Bau der Poststrasse, der es weichen musste, am Münsterhof, ein kleiner Durchgang trennte es von der Kirche. Über die Anzahl Schüler gibt es keine sicheren Angaben, aber es waren oft zwei Schulmeister nötig, um die Knaben zu unterrichten. Thomas Platter, der zu jener Zeit dort Schüler war, beschreibt den einen als grossen redlichen Mann,

---

251   Vgl. Vögelin, Das alte Zürich, Bd. 1, S. 499.

der aber auf die Schule nicht sehr achtgegeben, sondern mehr nach den hübschen Mädchen geschaut habe, denen er sich nicht habe erwehren können,[252] was die Frage aufwirft, ob es dort vielleicht doch auch Mädchen gab. Sicher ist: Der Humanistin Katharina von Zimmern lag Bildung am Herzen.

Noch hoffnungsvoll

Ein grosses Fest, eine «Hochzeit», nimmt im Ausgabenbuch von 1521 viel Platz ein und lässt erahnen, wie freudig sie gefeiert wurde. «Die Rechnung listet neben Ausgaben für ein Bett mit Laubsack oder Tuch für eine Tischdecke detailliert die Lebensmittel auf – ähnlich wie bei den Rechenmählern kamen nur mehr ausgewählte Produkte auf den Tisch.»[253] Ein «Fröwli» von Leiningen wurde als neue Chorfrau eingekleidet. Ihr Vater Emich von Leiningen, ein verschwenderischer, mit allen zerstrittener und in Acht gefallener pfälzischer Graf, hatte seinen Söhnen einige seiner Güter überlassen müssen. Dabei verpflichtete er diese, ihre vier jüngeren Schwestern in Klöstern unterzubringen oder ehelich zu versorgen. Alle vier wurden Nonnen, Barbara, die jüngste, in Boppard, eventuell zusammen mit Margarethe, Apollonia als Kanonisse in Elten. Gemäss unseren Recherchen im Leiningenschen Familienarchiv muss es Anna gewesen sein, die, noch minderjährig, ins Fraumünster gegeben wurde. Sie leistete am 4. März 1521 als erstes der vier Mädchen in Speier ihren Erbverzicht.[254] Die Vermutung liegt nahe, dass die Familie in Zürich einen möglichen Zufluchts-

---

252 Vgl. Platter, Lebensbeschreibung, S. 58.
253 Niederhäuser, Das Fraumünster in Zürich, S. 130; Stadtarchiv Zürich, III.B.276.
254 Vgl. Fürstlich Leiningensches Archiv in Amorbach, Urkunden linksrheinisch, 4. März 1521.

ort sah und eine der Töchter hier unterbrachte.[255] Katharina wird das Schicksal der Familie an ihr eigenes erinnert haben.

So waren sie Ende 1521 wieder zu viert: Die Zimmern-Schwestern, Barbara von Sargans und Anna von Leiningen. Zum Singen zogen sie wie bisher zwei Zisterzienserinnen aus dem Kloster Selnau bei. Katharina von Zimmern wird zu dieser Zeit noch davon überzeugt gewesen sein, dass die Abtei nicht gefährdet sei, dass Zwinglis massive Klosterpolemik, die wohl die Missstände klar benannte, aber gleichwohl geradezu als Hetze bezeichnet werden muss, keine konkreten Folgen haben werde, sondern dass ihre Institution reformierbar sei, ganz im humanistischen Sinn. Dazu war sie, darauf weist alles hin, mit Überzeugung bereit. Katharina kaufte noch 1522 für 40 Pfund ein überaus kostspieliges gewirktes Tuch, vermutlich ein Antependium mit der Darstellung des Lebens Christi und stiftete eine von Leu geschaffene Vespertafel.[256]

Einschnitte

Allerdings gab es schon 1522 mit dem Wurstessen vom 9. März, dem ersten Sonntag der Fastenzeit, ein erstes Zeichen dafür, dass hier Menschen lebten, die bereit waren, die neue Lehre ganz konkret in die Tat umzusetzen und es nicht beim Denken und Reden zu belassen. Menschen, die es wagten, sich von althergebrachten Denkmustern und von jahrhundertealten Traditionen zu verabschieden. Etwas Neues kann nur entstehen, wenn Altes losgelassen wird. Ganz konkret. Und konkreter als beim Essen kann es kaum werden. Das Wurstessen fand in der alten Druckerei Christoph Froschauers im Weinberg des Predigerklosters statt, man findet sie auf dem Murerplan von 1576 (heute Zähringerstrasse 32).

255 Vgl. Brinckmeier, Genealogische Geschichte, S. 239 f.
256 Vgl. Niederhäuser, Das Fraumünster in Zürich, S. 131.

Der grösste Einschnitt für Katharina von Zimmern muss jedoch gewesen sein, dass in diesem Jahr ihre Schwester Anna starb. Anna war für Katharina seit ihrer Kindheit die nächste und vertrauteste Begleiterin gewesen. Gut vorstellbar ist, dass sie mit Anna alles besprochen hatte, dass diese ihre zuverlässigste Zuhörerin war, immer im Hintergrund, aber immer präsent. Der Verlust muss einschneidend gewesen sein. Ob Anna noch dabei war, als in diesem Jahr Georg von Hewen die Gräfin Elisabeth von Hohenlohe heiratete und die aufsehenerregende Hochzeit in der Nähe von Frauenfeld der Bauernunruhen wegen politischen Turbulenzen auslöste?[257] Georg von Hewen war der Bruder der Küngolt von Hewen, die bis 1515 Chorfrau gewesen war. Mit Sicherheit war Katharina dabei und hat an dem mehrtägigen Fest Georgs Freund und Kampfgefährten Eberhard von Reischach getroffen.

Nach dem Verlust der Schwester verlor sie auch die eben erst freudig aufgenommene Chorfrau von Leiningen. Diese verliess die Abtei 1522 bereits wieder. Ihr Vater, bekannt als entschieden altgläubig,[258] wird seine Tochter zurückgeholt und in einem anderen Kloster untergebracht haben. Auch Barbara von Sargans trat aus. Sie heiratete Ende 1522 oder Anfang 1523 einen Martin Hag, der in Zürich gewirkt hatte. Die beiden zogen nach Strassburg, wo Barbara im Herbst einen Sohn gebar. Der Strassburger Reformator Wolfgang Capito schrieb an Zwingli, Martin Hag sei ein guter Mensch, der am Evangelium hange und er habe nun eine fromme Frau. Zwingli solle ihm zu einer Stelle verhelfen.[259] Später sollte er sein Urteil über Hag revidieren. Barbara hat ihren Austritt und ihre frühe Heirat damit gerechtfertigt, dass sie ihre Beziehung legalisiert habe, während sich ihre Kameradinnen schon längst illegitimen Lüsten hingegeben hätten «quam imitatem

---

257 Vgl. Christ-von Wedel, Die Äbtissin, S. 107 und Stähli, Ein Sammelband und handschriftliche Quellen, in: Christ-von Wedel, Die Äbtissin, S. 290.
258 Vgl. Brinckmeier, Genealogische Geschichte, S. 233.
259 Vgl. Huldrych Zwingli Briefe, Nr. 445.

suas sodales diutius illegitimae libidini indulsisse»[260]. Damit dürfte sie wohl kaum die noch minderjährige Frau von Leiningen gemeint haben.

Allein

Katharina von Zimmern lebte spätestens ab 1523 als letzte adelige Chorfrau in der Abtei. Sie blieb allerdings nicht ganz allein in den grossen Gemäuern: Im Frühjahr 1522 hatten die beiden Selnauer Schwestern Margaretha und Elsbeth Koller, eine von ihnen war als 6-jähriges Mädchen eingetreten, unerlaubt ihr Kloster verlassen und flehten bei der Selnauer Äbtissin und dem Konvent um Wiederaufnahme. Sie baten, «das si inen um Gottes und unserer Frauen willen verzyhen, und, was si getan, vergeben wöllen», und zwar noch ehe die Äbtissin gen Baden fahre. Diese jedoch blieb hart, auch gegenüber dem Rat, der sie aufforderte, den beiden mindestens ihr Gut herauszugeben. In der Folge gelangte der Rat an Katharina von Zimmern, die beiden Selnauer Nonnen in der Abtei unterzubringen. Katharina entsprach der Bitte des Rats, nahm die beiden Frauen auf und wies ihnen die übliche Pfrund zu.[261] Damit vollzog sie den Schritt, auch nichtadelige Frauen als Chorfrauen zu akzeptieren, wie es die Stadt schon mehrmals, zuletzt vor dreissig Jahren, gefordert hatte.

Dieser Schritt würde ihr noch in einer anderen Sache entgegenkommen. Es ist wahrscheinlich, dass Katharina den Plan hatte, auch ihre Regula Schwarz, von der Zwingli später schreiben wird, dass Katharina sie zärtlich liebe, als Chorfrau aufzunehmen. Im alten Fraumünsterarchiv wurde die Urkunde eines Landkaufs aufbewahrt. Käuferin ist «Regglen Schwartzin zu Zürich, unserer gnaedigen Frowen der

---

260   A. a. O., Nr. 482.
261   Vgl. Egli, Actensammlung, Nr. 239, 240, 250, 303.

Äpptissin Zurich zum Frowenmünster rechte verwante bass». Sie sei unverheiratet. Regula Schwarz muss also entweder im Stift gewohnt haben, oder die Äbtissin nahm die Urkunde, mit der ihre Besitzerin die Zinsen beanspruchen konnte, an sich. Das Dokument wurde dann offenbar vergessen. Datum des Kaufs: 21. November 1522.[262] In den Rechnungsbüchern ist ein «Fröwli» erwähnt, das in der Abtei wohnte. Es ist unsicher, ob damit Frau von Leiningen gemeint war oder ob es auch Regula Schwarz hätte sein können. Ihre Aufnahme als Chorfrau wäre nach dem Eintritt der beiden nichtadeligen Selnauerinnen möglich geworden. Mit den Zinsen aus dem Landkauf hätte sie sich in die Abtei einkaufen können.

Unruhen (1523–1524)

Die Auseinandersetzungen werden militanter

Nach dem Wurstessen von 1522, dem Bruch der Fastengebote und dem damit ausgelösten Aufruhr, wurden die Auseinandersetzungen konkreter und militanter. Zwingli bat den Rat, ob er seine Glaubensgrundsätze, die er in 67 Thesen formuliert hatte, öffentlich im Rathaus vortragen und zur Diskussion stellen dürfe. Der Rat sagte zu und lud ein. «Mit der Einberufung einer solchen ‹Disputation› um Glaubensinhalte nahm sich der Zürcher Rat als weltliche Behörde einiges heraus. Solche Themen gehörten in ein vom Papst einberufenes Konzil. [...] Am 29. Januar 1523 fanden sich etwa 600 Teilnehmer zu einem solchen neuartigen Gespräch in Zürich ein, das unter der

---

262 Stadtarchiv Zürich, I. A.497., vgl. auch Christ-von Wedel, Die Äbtissin, S. 115.

Leitung des dem Leutpriester Zwingli wohlgesinnten Bürgermeisters Markus Röist stand.»[263] Katharina von Zimmern war wohl nicht dabei, wird aber von Heinrich Engelhard, dem Leutpriester, aufs Genaueste informiert worden sein. Es ist anzunehmen, dass Katharina den Ergebnissen dieser ersten Disputation zustimmen konnte.

Es waren die führenden Männer der Reformation, die zweifellos mit Zustimmung der Äbtissin auch die Fraumünsterkanzel als Podium für die Verkündigung der neuen Lehre benützten. Zum Schauplatz eines öffentlichen Streitgesprächs war das Fraumünster bereits 1522 geworden, als der Franziskaner Franz Lambert von Avignon sich – auf lateinisch – mit Zwingli über die Frage der Heiligenverehrung auseinandersetzte, wobei sich Lambert am Ende geschlagen geben musste.[264]

Streit im Kloster Oetenbach

In der Folge spitzten sich die Auseinandersetzungen zwischen den Anhängerinnen und Anhängern der Neuen Lehre und den Altgläubigen zu, die Stadtbevölkerung teilte sich in zwei Parteien, die begannen, sich bitter zu bekämpfen. Einer der Austragungsorte des Konflikts war das Kloster Oetenbach. Wie intensiv der Kontakt Katharinas zu den Dominikanerinnen am Oetenbach war, ist nicht ersichtlich. Sie wird jedoch die Vorkommnisse aktiv mitverfolgt haben. Die 40 Nonnen, alle aus gutbürgerlichen Familien, waren durch ihre regen Kontakte zur Aussenwelt gut informiert über den die ganze Stadt in Atem haltenden theologischen Konflikt. Nun erlaubte der Rat nach heftigen Auseinandersetzungen mit den Ordensleuten den evangelisch gesinnten Weltpriestern auch in den Klöstern zu predigen, was bisher den Ordensleu-

263   Opitz, Ulrich Zwingli, S. 35.
264   Vgl. Günter, Im Strom der Zeit, S. 37.

*Abb. 25:
Kirche Oetenbach*

ten vorbehalten war. Wahrscheinlich auf Betreiben einiger Nonnen bat der Rat im August 1522 Zwingli, in der Oetenbacher Kirche zu predigen. Der Grossteil blieb jedoch der Predigt fern, die Nonnen waren vor Zwinglis schädlichem Einfluss gewarnt worden. Dieser liess daraufhin seine Predigt drucken und gab sie den Nonnen schriftlich ab. Eine Anzahl der neugläubigen Schwestern, von den anderen «die Lutherischen» genannt, begehrten auszutreten und verlangten, dass ihnen ihr Vermögen ausgezahlt werde, was ihnen der Rat jedoch nicht erlaubte.

Am 2. Februar 1523 übernahm Leo Jud, ein Studienfreund Zwinglis, das Leutpriesteramt am St. Peter. Auch er kam von Einsiedeln, wo er 1519 Zwinglis Nachfolge angetreten hatte und, ebenfalls in der Einsiedler Bibliothek, Werke von Erasmus von Rotterdam übersetzte. Fortan traten die drei Leutpriester Zwingli, Jud und Engelhard bei wichtigen Treffen mit dem Rat gemeinsam auf. Katharina von Zimmern hatte demnach alle Informationen aus erster Hand.

«Schon bald wurde Meister Leu, wie man ihn nannte, von den neugläubigen Ötenbacherinnen aufgefordert, in ihrer Kirche zu predigen.» Anfang März 1523 entschloss er sich, den Bitten nachzugeben. Am Sonntagmorgen kündigte er im St.Peter-Gottesdienst an, er werde am Nachmittag im Oetenbachkloster die Vesperpredigt halten. Das sprach sich schnell herum und lockte eine grosse Menschenmenge in die geräumige Laienkirche. Man wollte sich die Sache nicht entgehen lassen. Auch Zwingli war anwesend. Die altgläubigen Nonnen hatten jedoch gleichzeitig den Predigerbruder Hans Walder eingeladen. Als nun Leo Jud die Kanzel betreten wollte, entspann sich ein Streit zwischen den beiden, der eine dramatische Wendung nahm: Der Vater des Predigermönchs drang nach vorne und rief: «Warum wollt der Fleischesser da predigen? Min son ist ouch ein bidermann, der soll da predigen!»[265] Er zog seine Waffe und bedrohte Leo Jud. Die dicht gedrängte Gemeinde geriet in grosse Aufregung. Eingeschüchterte verliessen die Kirche aus Angst vor einer Schlägerei. Schliesslich gelang es jedoch einigen Anwesenden, den Mönch zum Verlassen der Kirche zu bewegen, mit ihm zog ein Teil der Nonnen ab.[266] Ein Zeuge berichtete nachher vor dem Rat, eine von ihnen hätte gesagt: «Der tüfel hat uns den schelmenprediger [Leo Jud] inher berüeft», eine andere «si schisse im in sin Evangelium, das er prediget».[267] Annemarie Halter schreibt: «Diese kleine Episode vermag einen Begriff zu geben von der Zersplitterung des Konventes in zwei sich fanatisch bekämpfende und gegeneinander intrigierende Parteien.»[268] Am 17. Juni erlaubte der Rat den Schwestern auszutreten, am 21. Juni verliessen neun Konventschwestern und eine Laienschwester das Kloster. Ein Zusammenleben war wohl kaum mehr möglich.

---

265 Egli, Actensammlung, Nr. 345.
266 Vgl. Halter, Geschichte des Dominikanerinnen-Klosters Oetenbach, S. 145 ff.
267 Egli, Actensammlung, Nr. 345.
268 Halter, Geschichte des Dominikanerinnen-Klosters Oetenbach, S. 148 ff.

Die Tragweite dieses Beschlusses ist erst richtig einzuschätzen, wenn man weiss, dass ein Verlassen des Klosters bisher nicht so einfach vom Rat erlaubt werden konnte. «Klosterflucht zog nach kanonischem Recht seit 1298 *ipso facto* Exkommunikation nach sich.»[269]

Da hatte es Katharina von Zimmern als einzige noch verbliebene adelige Chorfrau mit ihren beiden neu aufgenommenen Selnauerinnen, die aufzunehmen der Rat sie gedrängt hatte, einfacher. Es wird ihr aber bewusst geworden sein, dass die Situation für die Klöster schwieriger wurde. Der Rat hatte den Predigermönchen bereits verboten, bei den Nonnen Messe zu halten, zu predigen und Beichte zu hören, oder sich nachts im Kloster aufzuhalten. Es scheint, als hätten sich einige von ihnen jedoch nicht daran gehalten. Aus Felix Felkens hinterer Schmiede wurde über verschiedene Mönchen berichtet, dass sie Steighaken und Steigleitern ausbessern oder neu anfertigen liessen. Nur einer von ihnen verriet wozu: «so er uss Ötenbach komme; daselbs wöll er mess haben.»[270]

Die Cousine in Königsfelden

Katharina von Zimmern wird zudem aktiv mitverfolgt haben, wie sich die Lage im Klarissenkloster Königsfelden entwickelte, dem ihre Cousine Katharina von Waldburg als Äbtissin vorstand. Dieser Cousine stand die Fraumünsteräbtissin besonders nahe, wie wir noch sehen werden. Katharina von Waldburg war eine Tochter der Anna von Oettingen, jener älteren Schwester Margarete von Oettingens, die bereits mit 14 Jahren verheiratet worden war und die verwaiste Margarete zu sich ins Schloss nach Ravensburg genommen hatte. Anna und Margarete von Oettingen hatten beide eine Tochter mit Namen Katharina,

---

269 Vannotti, Monasterium exivit, in: Graf/Moser, Strenarum lanx, S. 188.
270 A. a. O., S. 148; vgl. Egli, Actensammlung, Nr. 345 III.

die beiden Äbtissinnen wurden, die ältere in Königsfelden, die um acht Jahre jüngere im Fraumünster.

Im Kloster Königsfelden lebten um 1523 noch 29 Klarissen. Auch Katharina Truchsessin von Waldburg war zusammen mit einer Schwester, Waldburga von Waldburg, ins Kloster gegeben worden. (Wieder das Muster: Zwei Mädchen, eine wird Äbtissin.) Christ-von Wedel schreibt: «Im August 1523 gelangten Nonnen aus dem Kloster Königsfelden an den Berner Rat, der das Kloster in weltlichen Belangen gegen aussen vertrat und als Kastvogt Schirm- und Gerichtsrechte beanspruchte. [...] Sie hatten Zwinglis Werke studiert, eine sandte ihm gar einen Brief mit einem kleinen Gläschen Latwerge, einem aromatischen süssen Mus, das in der Medizin vielfach eingesetzt wurde. Tatsächlich wollten sie Zwinglis Rat folgen und das Kloster verlassen. Truchsessin Katharina sah sich gezwungen, sich zum Sprachrohr dieser vom zuständigen Provinzial angefochtenen Nonnen zu machen. [...] Sie nahm zu dessen Vorwürfen am 5. September 1523 Stellung: Der Provinzial habe die Schwestern falsch verklagt. Sie hätten nur vorgebracht, was die Mehrzahl im Konvent gewünscht habe. Obwohl es ihnen schwergefallen sei, hätten die Schwestern die Regel bisher gern und fleissig eingehalten, denn sie glaubten, dadurch ihre Seligkeit zu erlangen und Gott besonders zu loben. Aber nun hätten sie durch Gottes Gnade und Schriftlesung gelernt, insbesondere durch den Apostel Paulus, dass sie dadurch nicht die Seligkeit erlangen könnten. Darum wollten sie sich nicht mehr damit belasten und hätten das Kapitel angerufen. – Die Königsfelder Äbtissin fasste hier überraschend kurz, nüchtern und klar die theologische Grundlage der reformatorischen Klosterkritik zusammen. – Sie habe, fuhr sie fort, die Klagen vor den Konvent gebracht. Entsprechende Schriften und Eingaben habe sie mitgeschickt. [...] Sie distanzierte sich jedoch gegenüber dem Berner Rat von den reformatorisch gesinnten Konventualinnen, [...] sie habe ihre Schwestern ermahnt vorerst nicht zu handeln.»[271]

271 Christ-von Wedel, Die Äbtissin, S. 25.

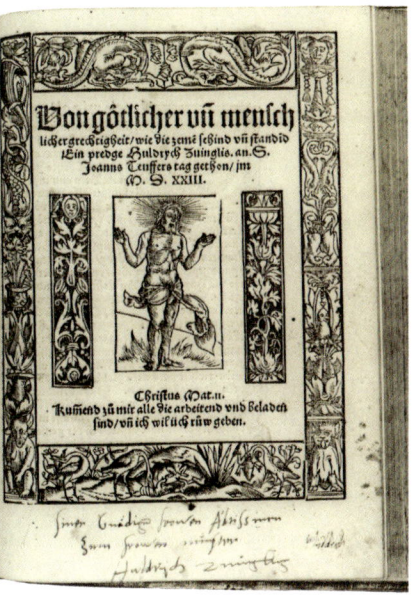
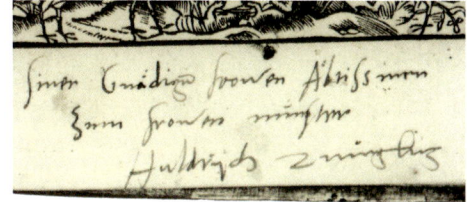

Abb. 26:
Zwinglis Widmung

Umworben

Dies ist ein Beleg dafür, wie intensiv die reformatorischen Schriften in den Frauenklöstern gelesen und diskutiert wurden. Auch Katharina von Zimmern wurde mit gedruckten Texten umworben. Zwingli übergab ihr ein Exemplar seiner 1524 erschienenen Schrift «Von gotlicher und menschlicher gerechtigkeit» mit seiner persönlichen Widmung «Siner Gnädigen Frowen Äbtissin zum Frowenmünster Huldrych Zwinglius». Als Titelbild hatte er den Schmerzensmann gewählt, Christus am Kreuz mit den deutlich erkennbaren fünf Wunden, Katharinas Devise. Ein Zufall?

Bereits 1519 hatte ihr Johannes Eck, ein Gegner der Reformation, eine anspruchsvolle Schrift persönlich gewidmet. Darin ging es um den hochgelehrten philosophisch-theologischen Streit darüber, «ob die Annahme einer selbstbewegten Himmelsseele, wie sie die antike griechische Philosophie vertrat, mit dem christlichen Glauben vereinbar sei»[272]. Leider ist die Bibliothek Katharina von Zimmerns nicht erhalten – bis auf einen 1998 bei einer Auktion aufgetauchten Sammelband. Jener aufschlussreiche Band enthält 12 Reformationsschriften aus der Zeit von 1520 bis 1524, sechs von Zwingli, darunter seine Predigt von der ewigreinen Magd Maria, drei von Luther, je eine von Bürgermeister und Rat der Stadt Zürich, von Ludwig Hätzer und Johannes Zwick. Marlis Stähli hat Inhalt und Aufmachung des Buchs, das sich im Privatbesitz befindet, ausführlich beschrieben.[273] Da auch eine zweite Schrift eine persönliche Widmung an Katharina von Zimmern enthält – leider ist der Schreiber unbekannt – und es sich um einen Zürcher Einband aus der Zeit handelt, ist anzunehmen, dass Katharina das Buch persönlich zusammengestellt hat. Dass sie die Schrift von Johannes Eck, eines Gegners der Reformation, nicht aufgenommen hat, kann als Hinweis auf ihre eigene Haltung gewertet werden.

Sie muss das Buch nach der Auflösung der Abtei mitgenommen haben. Es birgt einen weiteren wichtigen Hinweis: Sieben Jahre nach Katharinas Tod befindet es sich im Besitz eines begabten jungen Manns, der sein Exlibris einfügte: Sebastian Uriel Appenzeller aus St. Gallen, 1555. Es ist der Sohn von Regula Schwarz, der unterdessen 24-jährige zukünftige Haushofmeister des Pfalzgrafen von Heidelberg, der die Familien von Zimmern und von Reischach auf seiner Grabplatte verewigt hat und sich damit als Enkel der Äbtissin outete. Ob die sechs Bücher, die sich später nachweislich auch in seinem Besitz befanden, ebenfalls aus Katharinas Erbe stammen könnten, lässt sich bisher nicht belegen. Sie enthalten unter anderem Schriften von Martin Luther, Johannes Ökolampad und dem Nürnberger Reformator Theobald Billican.

272   A. a. O., S. 36.
273   Vgl. Stähli, Ein Sammelband und handschriftliche Quellen, in: Christ-von Wedel, Die Äbtissin, S. 271 ff.; mit Titelverzeichnis.

Die Auseinandersetzungen wurden aber nicht nur schriftlich und mündlich immer heftiger und zum Teil äusserst polemisch und verletzend geführt. Am 8. Juni 1523 musste der Ammann des Fraumünsters vor den Rat treten. Die Rümlanger verweigerten die Zinszahlung an die Abtei. Auch in anderen Orten, in denen das Fraumünster Grundrechte besass, liefen Bauern gegen die Zehntzahlungen Sturm, so in Wiedikon, Riesbach, Meilen und Fällanden.[274]

Zerstörungen

Eine Predigt von Leo Jud vom 1. September 1523 gegen die «Götzen» wirkte sich direkt aus. Niklaus Hottinger zerstörte das Stadelhofer Kreuz, in Wipkingen holten junge Randalierer Kultbilder aus der Kirche, zerschlugen sie und warfen den hölzernen Palmesel in den See. Auch in Rümlang, Meilen, Maur und Fällanden wurden Bilder demoliert. Im September wüteten drei Burschen im Fraumünster, sie liessen die Ampeln vor dem Predigtstuhl herunter und einer warf sie unter die Kanzel. Das Öl lief heraus und die wertvollen Lampen zerbrachen. Darauf bespritzten sie sich mit Weihwasser und lästerten, das «ewige Licht» sei nichts anderes als «Abgötterei». Die drei landeten im Gefängnisturm Wellenberg. Offenbar liess Katharina die Ampeln vor der Kanzel wieder ersetzen. «Jedenfalls müssen sie wenig später im Fraumünster aufgehängt gewesen sein. Denn Ende Oktober nannte ein Hans Pfleghar die Ampeln ‹einen Dreck›.»[275]

Bilderstürmer und Zehntverweigerer wurden bestraft, aber die Aktionen dürften Signalwirkung gehabt haben. In vielen Menschen loderte ein Hass auf gegenüber den Klöstern, die sie mitverantwortlich machten für ihr eigenes Elend. Davor war auch das Fraumünster nicht

---

274 Vgl. Kamber, Reformation als bäuerliche Revolution, S. 105.
275 Christ-von Wedel, Die Äbtissin, S. 40.

 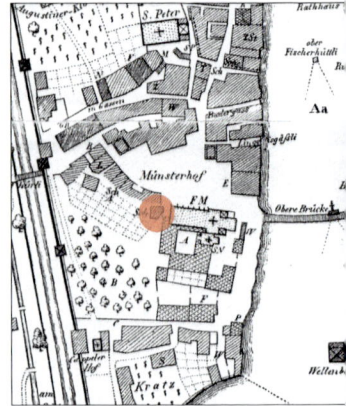

Abb. 27 und 28: Die Abteischule, rechts neben der Kirche an den Torbogen angebaut

gefeit, unabhängig davon, ob dessen Führung für Reformen offen war oder nicht. Dass die Äbtissin weiterhin auf ihrer Linie blieb, beweist die Anstellung von Oswald Myconius, Humanist und enger Freund Zwinglis, als Leiter der Abteischule am Ende dieses ereignisreichen Jahrs, wohl ungefähr zum Zeitpunkt, als die zweite Disputation stattfand.

Bei der Verbreitung der neuen Lehre fiel der Abteischule eine ganz besondere Bedeutung zu.[276] Oswald Myconius äusserte sich lobend über Katharinas Neubau. Die Schule sei hübsch, aber die Knaben seien ungeschickt. Er begann mit der Auslegung des Neuen Testamentes im Fraumünster, als Bibellektionen für alle, «für pfaffen und leien, wib und man». Diese waren sofort sehr beliebt. «Als es zu eng wolt werden […] do leit man blöcher und sitz im chor.»[277] Myconius war bis 1519 Lehrer an der Grossmünsterschule gewesen. Er hatte Zwingli ermuntert, sich nach Zürich zu bewerben, ihn jeweils über den Stand der Dinge unterrichtet und ihn, als es erforderlich schien, aufgefordert, seine Frauengeschichten offenzulegen. Dann war er nach Luzern, später nach Einsiedeln zu Diebold von Geroldseck gezogen und kam nun zurück nach Zürich, auch er aus Einsiedeln! Zuerst wohnte er

---

276 Vgl. Steinmann, Die Benediktinerinnenabtei zum Fraumünster, S. 98.
277 Myconius, Vom Leben und Sterben Huldrych Zwinglis, S. 11.

im Haus In Gassen, später am Münsterhof.[278] Er schrieb nach Zwinglis Tod dessen erste Biografie.

Sein Schüler Thomas Platter, der für die Beheizung der Schulstube verantwortlich war, schildert, dass er an einem Tag kein Holz zur Verfügung hatte. Zwingli sollte im Fraumünster predigen. Platter sagte sich «du hast kein holtz und sind sovil götzen in der kilchen; und die will doch niemantz do was, gieng ich in kilchen zum nechsten altar, erwutst ein Johannes, und mit in die schuel in den ofen und sprach zu im: Jögli, nun buck dich, du muest in den ofen!» Die überaus warme Schulstube fiel Myconius auf und brachte Platter ein Lob. Aber später in der Kirche: «Do wier mäss singen sollten, gerieten zwen pfaffen aneinander. Du Lutersher schelm, du hast mier min Johannes gestohlen!» Platter schrieb, dass wenn seine Tat herausgekommen wäre, es ihn wohl sein Leben gekostet hätte.[279]

Durch den sich ausweitenden und immer heftiger werdenden Streit sah sich der Rat gezwungen, auf die Forderung der drei Leutpriester Zwingli, Jud und Engelhard einzugehen und im Oktober ein zweites grosses Streitgespräch einzuberufen, diesmal zu den ganz konkreten Fragen der Bilderverehrung und des Messopfers. Vor 900 Teilnehmenden, Geistlichen, Gästen von auswärts und Bürgerinnen und Bürgern aus der Stadt wurde während drei Tagen disputiert. Man einigte sich darauf, dass von nun an das Evangelium zu predigen sei, aber ansonsten wollte man nichts überstürzen.[280] Die Versammlung im dichtgedrängten Rathaus leitete Joachim Vadian aus St. Gallen, der zusammen mit Zwingli demnächst einen speziellen Auftrag für Katharina von Zimmern ausführen sollte.

Kurze Zeit später, am 17. November, heiratete Leo Jud, selber Sohn eines Priesters, die Einsiedler Waldschwester Katharina Gmün-

---

278 Vgl. Vögelin, Das alte Zürich, Bd. 1, S. 500.
279 Vgl. Platter, Lebensbeschreibung, S. 62.
280 Vgl. Opitz, Ulrich Zwingli, S. 41.

der, die aus dem Schwesternhaus Alpegg ausgetreten und mit ihm nach Zürich gekommen war. Damit hatte die Stadt ihre erste Pfarrfrau.[281] Zwingli legalisierte seine Beziehung im Februar 1524, Engelhard heiratete im Juli 1526.

Ängste

Eindringlich schildert Peter Kamber in seinem Buch «Reformation als bäuerliche Revolution» wie sich die Situation auf der Landschaft verschärfte. Im Sommer 1523 hatten die Protestaktionen der Bauern und der Kampf gegen die Abgabe des Zehnten neue Formen angenommen. Radikale Stimmen wurden laut, die sogar drohten, wie 1489 die Stadt zu stürmen.[282] Das weckte bei den Zürchern die unguten Erinnerungen an den Waldmannhandel, die wie ein schwerer Schatten noch immer über der Stadt lagen und mit dazu beitrugen, dass der Rat den Bauern gegenüber sehr vorsichtig agierte.

In den Dörfern ging es bei den immer heftiger werdenden Auseinandersetzungen neben der Zinsfrage und dem Streit um die «Götzen» auch um die Besetzung der Pfarrstellen. Viele forderten einen Prediger, der keine Heiligengeschichten erzählte, sondern das Evangelium auslegte. Aber nicht alle! Wie im Oetenbachkloster kam es da und dort in den Kirchen zu Tumulten, weil darum gekämpft wurde, wer auf die Kanzel steigen dürfe.[283] Als in Altstetten der Zank direkt in der Kirche ausbrach, forderte der Priester die erhitzten Gemüter dazu auf sich zu positionieren, «es söllent die Guoten uf ein Siten und die andern uf ein andere Siten stan»[284]. In der Wädenswiler Re-

---

281 Schmid, Frauenkloster in der Au bei Einsiedeln, S. 62.
282 Vgl. Kamber, Reformation als bäuerliche Revolution, S. 102.
283 Vgl. a. a. O., S. 232.
284 A. a. O., S. 181.

volte ging es um einen Prediger. Der Streit hatte zur Folge, dass die Entscheidungsgewalt für Streitfälle mit Priestern vom konservativen Kleinen Rat dem in Glaubensfragen reformfreudigeren Grossen Rat übertragen wurde. Am 11. Januar 1524 wurden die Herren des Kleinen Rats «in einer Art Ratsrevolution dazu gezwungen, entscheidende religions-politische Kompetenzen an den Grossen Rat abzutreten». Die Wädenswiler Revolte hatte demnach eine Machtverschiebung in Zürich zur Folge.[285] Die Reformation, die von der Stadt aufs Land hinausgetragen worden war, wirkte nun auf die Stadt zurück.

In Weiningen und Höngg brachen Brände aus, denen mehrere Häuser zum Opfer fielen. Man vermutete, dass es sich um Anschläge von Reformationsgegnern handelte. Unmittelbar danach schlossen sich einige Gemeinden an der Grenze zum Thurgau zu militärischen Feuerwehrbündnissen zusammen. Eine Furcht griff um sich, die zeitweise Züge einer Massenhysterie annahm.[286]

Die bedrohliche Stimmung dürfte auch Katharina von Zimmern zum Überdenken ihrer Position gebracht haben. Zwei Ereignisse stechen dabei besonders heraus: Der sofort nach dem Tod des eher zurückhaltenden Bürgermeisters Marx Röist gefasste Beschluss des Rats vom 15. Juni 1524, die Bilder und Statuen nun doch aus den Kirchen zu entfernen, und der Ittinger Sturm. Beides muss sie sehr getroffen haben. Die Wut vieler Menschen auf die hölzernen Heiligenbilder muss riesig gewesen sein. Hatten sie doch diesen leblosen Bildern Unmengen an Wachs für Kerzen zu spenden, während sie selber nicht genug davon hatten und nachts im Dunkeln sassen. Ebenso besassen die «Götzen» viele wertvolle Kleider, für die sie aufkommen mussten. Um einer gewaltsamen Zerstörung der «Götzen» in der Stadt zuvorzukommen, schloss der Rat die Kirchen ab. Die Bilder und Statuen wurden ihren Gönnern zurückgegeben, so zum Beispiel die berühm-

---

285   Vgl. a. a. O., S. 269.
286   Vgl. a. a. O., S. 237.

ten Altartafeln von Hans Leu der Familie Reinhard ins Weisse Rössli. Eine Kommission, in der die drei Leutpriester, Vertreter der Constaffel und der Zünfte sowie der Stadtbaumeister sassen, ging mit Schmied, Schlosser, Steinmetz, Zimmerleuten und Arbeitern in die verriegelten Kirchen, die Pickel hieben in die Wandgemälde, dann wurden sie übertüncht, die Altäre mit ihren Bildern entfernt und später zerbrochen und verbrannt. «Innert 13 Tagen waren alle Kirchen in der Stadt geräumt», schrieb der Chronist Heinrich Bullinger.[287]

Katharina von Zimmern musste wohl zuschauen. Nicht alles wurde vernichtet: Die Steine des Fronaltars (Hauptaltar von Felix und Regula) wurden als Baumaterial für den Boden von Zwinglis neuer Kanzel im Grossmünster verwendet. Man kann dies als Symbol grösster Wertschätzung verstehen und gleichzeitig als Zeichen letztendlicher Unterwerfung des Fraumünsters unter das Grossmünster. Katharina stand nun in einer leeren Kirche.

Der Ittinger Sturm

Der Auslöser des Ittinger Sturms war die Gefangennahme von Hans Öchsli, Priester der Kirche Burg oberhalb von Stein am Rhein, durch Gegner der Reformation. Er kam aus Einsiedeln und war ein Freund Zwinglis. Hans Öchsli konnte so laut schreien, dass seine Gefangennahme bemerkt wurde und man sofort das für solche Fälle bereits vorbereitete Sturmgeläute auslöste. 3000 Mann zogen aus. Spontan beschlossen sie, sich noch bei der nahe gelegenen Kartause Ittingen zu verpflegen und begehrten Einlass. Den ganzen Montag des 18. Juli verbrachten sie auf dem Gelände, assen und tranken alles auf, was zu finden war, raubten die wertvollen Kleider der «Götzenbilder» und zogen erst am Dienstagmorgen ab. Sie hinterliessen einen riesigen

287 Vgl. Köhler, Huldrych Zwingli, S. 113.

Scherbenhaufen, das Kloster setzten sie in Brand. Kamber schreibt: «Was stattgefunden hatte, war ein Bildersturm und der Versuch zur Aufhebung eines Klosters in einem. Viele Dinge vermischten sich, es war ein Fest und ein Aufstand zugleich. Besäufnisse und strategische Debatten wurden nebeneinander abgehalten, Schlaraffenland- und Strafgerichtsfantasien vermischten sich. Die Schadensliste des Priors erweckt zwar den Eindruck eines vollkommen ungeregelten Tuns, doch es war ein höchst gesetzmässiges Chaos. Eine Ausserkraftsetzung aller Regeln fand nicht statt. Die Klosterstürmer gingen sehr gezielt vor, und so gesehen handelte es sich nicht um ein sinnloses Zerstörungswerk, sondern trotz Bedingungen zeitweiliger Volltrunkenheit um einen bewussten Akt. Darin lag für die Zeitgenossen die ganze Provokation des Ittinger Sturms.»[288]

Veränderungen (1524)

Feste und Feiern

Die Äbtissin des Fraumünsters wird diesen zerstörerischen Überfall ebenfalls als ganz direkte Provokation und Bedrohung wahrgenommen haben. Es ist anzunehmen, dass Katharina von Zimmern vom Juni 1524 an, nach der Entfernung der Bilder im Fraumünster und dem Sturm auf die Karthause Ittingen nicht mehr daran glaubte, die Abtei halten zu können.

Zudem hatte sich ihr Alltag drastisch verändert, viele Aufgaben fielen weg. Der Chronist Gerold Edlibach, wohnhaft im Oberdorf, Stiefsohn Hans Waldmanns, Ratsherr und überzeugt altgläubig geblieben,

---

288 Kamber, Reformation als bäuerliche Revolution, S. 291.

schildert in seinen Aufzeichnungen, wie ein Fest ums andere nicht mehr wie bisher begangen oder ganz abgeschafft wurde. Weihnachten ohne die gewohnten Lieder und Lesungen, Lichtmess Mariä ohne Kerzen und Prozession. Am Hohen Donnerstag kamen Männer und Frauen ohne Mäntel und Schleier in die Kirchen, die Frauen und Töchter in hübschen Kleidern, in Samt und Damast, wie wenn sie zum Tanz gingen. Die Palm-Prozession fand nicht statt, es wurden auch keine Palmen gesegnet, ebenso «taten min herren die fartt gan Eindiselen ab». Am Karfreitag wurde keine Jesusstatue zu Grabe getragen und an Auffahrt keine in den Himmel hinaufgezogen, sogar die grosse Pfingstprozession auf den Lindenhof hoben die Herren Räte auf. «Da ward die welt rouw und ungötz förchtig.» Edlibach schrieb diese Aufzeichnungen in ein separates Heft und bewahrte sie einzeln auf. Offenbar hielt er es für zu riskant, sie seiner stadtbekannten «Zürcher- und Schweizerchronik» beizufügen.[289] Die Stimmung in der Stadt war aufgeheizt.

Regula verheiratet

Einen Hinweis, dass Katharina von Zimmern ihre Situation zu diesem Zeitpunkt neu überdachte, gibt uns der Brief, den Zwingli am 4. Juli, zwei Tage nach Beendigung der Bilderentfernung, an seinen Freund Joachim Vadian nach St. Gallen sandte. Katharina erklärte sich nun zu einem Schritt bereit, dem sie sich bisher verweigert hatte: Regula Schwarz sollte verheiratet werden. Heirat war die mögliche Alternative zur Aufnahme in die Abtei. Der St. Galler Reformator Joachim Vadian, Leiter der dreitägigen Zürcher Disputation, hatte offenbar seit Längerem einen diesbezüglichen Plan, dem sie nun zustimmte.

289   Vgl. Jezler, Gerold Edlibachs Aufzeichnungen, in: Altendorfer/Jezler (Hg.), Bilderstreit, S. 42.

Vadian hatte eine Zeit lang in Zürich gelebt und war mit Martha Grebel verheiratet, der Schwester des späteren Täufers Konrad Grebel, nahe verwandt mit Jörg Grebel und Ritter Felix.

Christ-von Wedel schreibt: «Er [Zwingli] schrieb: ‹Gnade und Friede im Herrn. Du zwingst mich, geliebter Vadian, in Mitten des Getöses von so vielen Aufgaben zum Patron und Dienstleister einer Hochzeit zu werden, jedoch nicht unwillig. Was nämlich könnte es sein, das ich dir nicht schuldete? Und wer wollte verneinen, dass die Ehe etwas sehr Heiliges ist? Allerdings sollten wir unterdessen darauf achten, nichts zu unternehmen, wovon wir einst sagen müssen: Das hätte ich nicht geglaubt. Ich habe also diese Aufgabe arglos angepackt, obwohl ich auf keine Erfahrung pochen kann, die in der Tat, wenn irgendwo, dann bei dieser Angelegenheit nötig ist. Pochen kann ich nur auf deine Uneigennützigkeit und Redlichkeit. Stelle dir nämlich vor, es wäre auch nur ein schändlicher Hauch bei einem der beiden Verlobten, was für eine grosse Gefahr, glaubst du, würde später daraus entstehen. Hinzu kommt, wie es überhaupt vorwitzig ist, zu spionieren, hielt ich es für hässlich, hier nachzuschnüffeln und dort zu disputieren, vor allem für das Mädchen verdächtigend. Und doch ist dies keine unbedeutende Angelegenheit, könnte doch eine umfassende Zwietracht oder gar Scheidung folgen. Das sehen wir ja häufig und selbst die Gesetze erlauben es. Ich habe jedoch zunächst mit der Äbtissin [domina] selbst verhandelt. Denn sie gehört zur Partei Christi und würde es als Verbrechen ansehen, uns irgendetwas zu verweigern oder wiederum ohne Rücksprache grundlos etwas Neues abzumachen. Das Ergebnis in dieser Angelegenheit ist darum, die Sache hängt von uns, Vadian und Zwingli, ab, aber unter folgenden Bedingungen: Vor allem müssen wir die Lebenssituation des Menschen in Erfahrung bringen: wovon er seinen Lebensunterhalt bestreiten will, wie gross sein Erbe sein wird, ob er ein Haus besitzt und ob er dem Mädchen das Heiratsgut wieder verabfolgen könnte. Ihr Heiratsgut beträgt etwas weniger als 500 Gulden, davon fallen schätzungsweise 200 auf Kleider und andere weibliche Zierden. Die Äbtissin liebt das Mädchen zärtlich, ja, so zärtlich, dass sie es zuvor vielen verweigerte. Jetzt, wo du und ich darum bitten, glaubt sie, es nicht abschlagen zu können.› Zwingli betonte weiter im Brief, er kenne den Bräutigam Sebastian Appenzeller nicht so genau. Er müsse sich dabei auf Vadian verlassen. Auf keinen Fall dürften sie darüber in ein schlechtes Gerede kommen. Die Äbtissin sei ihm besonders entgegengekommen. ‹Leute, die mit der Äbtissin näher verbunden sind, erklären, sie sei einem Rat noch nie so willig gefolgt. Dieses Vertrauen›, betonte Zwingli, ‹dürfen wir keineswegs, auch nicht ein klein wenig verraten.› Vadian solle darum alles genauso wie geplant ausführen. Im Übrigen habe Sebastian ihm, Zwingli, gesagt, ‹er wolle nur darum eine Frau heiraten, um sich aus dem Kriegsgetümmel zu befreien›. Das wünschten auch die Äbtissin und das Mädchen vor allem. Zwingli befürchtete, die Ehe würde scheitern, wenn der Bräutigam sich wieder mit dem Kriegsgeschäft einliesse. Die Äbtissin zöge es vor, wenn die jungen Leute in Zürich Wohnsitz nähmen. Gingen sie nach St. Gallen, dann käme sie dort öfter zu Besuch.»[290]

Der Brief verrät einiges. Vor allem: Der Name der jungen Frau wird nicht genannt, Zwingli nimmt besondere Rücksicht auf ihre Situation. Das Heiratsgut ist sehr hoch, es entspricht in etwa dem, was eine adelige Frau erwarten konnte. Katharina hat später für denselben Betrag ihr vornehmes Haus am Neumarkt gekauft. 500 Gulden entsprachen 1000 Pfund. Dass die Beziehung der Äbtissin zum «Mädchen» aussergewöhnlich war, kommt in diesem Brief klar zum Ausdruck.

«Wer war Sebastian Appenzeller? Er hatte als Schweizer Gardist (also als päpstlicher Söldner) in Rom Karriere gemacht. Er wurde zum scriba, zum Schreiber der Garde und erhielt doppelten Sold, nämlich acht Kronen und zwei Amtskleider für zwei Kronen, so berichtet sein Freund Johannes Rütiner. Offenbar konnte er sich gut Sympathien

---

290   Christ-von Wedel, Die Äbtissin, S. 109 f.; Huldrych Zwingli Briefe, Nr. 341.

erwerben und war durchsetzungsfähig, jedenfalls hat er sich ein einträgliches Kirchenamt, eine Pfründe im St. Gallischen Berg, ergattert. Die Pfründe war allerdings schon vom St. Galler Abt einem anderen Kandidaten versprochen worden, der nach seinen Qualifikationen sehr viel geeigneter war. Denn der war Priester, während Sebastian Appenzeller keine Weihen vorweisen konnte. Es kam 1520 zum Streit vor der Tagsatzung.»[291] Dieser Gardist war nun von Vadian auserwählt worden, Regula Schwarz zu heiraten, Zwingli sollte den Brautwerber machen und die Äbtissin zur Zustimmung bewegen.

Die beiden werden sich zu einem intensiven Gespräch getroffen haben. Es ist denkbar, dass sie bei dieser Gelegenheit auch politische Aspekte erwogen. Katharina von Zimmern war politisch versiert und über den Diplomaten des Württemberger Herzogs, Eberhard von Reischach, mit Sicherheit auch bestens informiert. Zwingli trug sich im Sommer 1524 mit Plänen für einen Feldzug «zuo eer gottes und zuo guetem dem evangelio Christi», die er aber wohl für sich behielt. «Es schwebte ihm ein Glaubenskrieg vor, in dem sich auch die Nachbarn für oder gegen den Zürcher Glauben zu entscheiden hätten.»[292] Er hoffte auf die Unterstützung des Herzogs, der seinerseits auf Zürcher Söldner angewiesen war, wenn er sein verlorenes Land zurückgewinnen wollte. Da konnte ihm das Wohlwollen der Äbtissin nur entgegenkommen.

Der Herzog in Zürich

Am 18. November 1524 ritt Herzog Ulrich in Zürich ein und trat am 23. November vor den kleinen und grossen Rat. Er soll den Zürchern allerhand zugesichert haben. Der Herzog logierte in der Stadt vor-

---

291 Christ-von Wedel, Die Äbtissin, S. 110 f.
292 A. a. O., S. 100 f.

Abb. 29:
Das rote Haus
am Elsässerplatz

nehmsten Herberge zum Roten Haus (heute Marktgasse 17) und gab glanzvolle Bankette. Er sei in Zwinglis Gottesdienste gegangen. Zwingli habe eine Kriegspredigt gehalten: «sonderlich ain bredigt gethon wie man kriegen soll.»[293] Am 30. November verliess der geächtete Württemberger Herzog Zürich wieder und begab sich nach Schaffhausen, von wo aus Eberhard von Reischach seine Werbungen betrieb. Ebenfalls am 30. November erklärte sich Katharina von Zimmern bereit, auf die Abtei zu verzichten. «Es liegt nahe, nicht nur eine zeitliche Koinzidenz, sondern auch einen abgesprochenen Zusammenhang zwischen ihrem und Ulrichs Vorhaben zu sehen.»[294] Ob sie an einem seiner Bankette teilgenommen hat? Mit Sicherheit hatte der Herzog auch eine Botschaft Eberhards an Katharina bei sich und brachte eine solche zurück nach Schaffhausen. Stoff für den Roman.

293 A. a. O., S. 67.
294 Ebd.; vgl. Stähli, Ein Sammelband und handschriftliche Quellen, in: Christ-von Wedel, Die Äbtissin, S. 295.

An jenem 30. November 1524, einem Mittwoch, wird die ganze Aufmerksamkeit der Stadtbevölkerung dem lärmigen und prunkvollen Auszug des Württemberger Herzogs gegolten haben. Das rote Haus an der Marktgasse, das übrigens Oswald Reinhard gehörte, dem Vater von Zwinglis nunmehr legitimer Ehefrau Anna, war Zentrum des Geschehens. Auch die drei Brüder im gegenüberliegenden Gasthaus, dem einzigen, das in der von den Zünften streng regulierten Stadt Elsässerwein ausschenken durfte (der Platz heisst heute noch so), dürften nur Augen und Ohren für den Aufzug, für die Dienerschaft und die Pferde gehabt haben. Einer von ihnen, Heinrich von Mandach, wird später Katharinas Schwiegersohn werden, und der Wirt, sein Stiefvater Jos von Kusen, wird in der Schlacht bei Kappel fallen.

Zur Übergabe bereit

Währenddessen, am Tag von Herzog Ulrichs Abreise, traf sich der Rat in aller Stille mit der Äbtissin des Fraumünsters und verhandelte mit ihr über die Zukunft der Abtei und über die Bedingungen einer Übergabe. Nicht einmal der Chronist Gerold Edlibach, der als überzeugter Altgläubiger vom Kleinen Rat zurückgetreten war, aber noch dem Grossen Rat angehörte, vermerkte es in seinen Aufzeichnungen zur Reformation, in denen er ansonsten alle wichtigen Stationen festhielt.[295] Der amtierende Bürgermeister hiess Heinrich Walder, ein Cousin der seinerzeit im Kloster Selnau getöteten Äbtissin Elisabeth Walder. Zusammen mit dem alternierenden Kollegen Diethelm Röist war er neu im Amt. Das Protokoll hat die Form einer Verzichtserklärung und enthält bereits alle wichtigen Vereinbarungen. Es beschreibt zuerst die beiden Parteien Stadt und Abtei, die gute

---

295 Vgl. Jezler, Gerold Edlibachs Aufzeichnungen, in: Altendorfer/Jezler (Hg.), Bilderstreit, S. 74 ff.

Beziehung zueinander und beider Friedenswille und nennt dann die Äbtissin als Einzige, die Entscheidungsbefugnisse besitze. Sie sei bereit, auf alle Privilegien und Rechtstitel des Gotteshauses mit dem ganzen Geltungsbereich und Inhalt, mit Leuten, Dörfern und Höfen, mit den Pfandschaften und alten Hoheitsrechten und der ganzen Verwaltung zu verzichten. Begründung: Um des Friedens willen, «besonders aber, damit die Stadt Zürich ihr Vorhaben gegen andere, die denn doch weniger Ansehen genössen als ihre Gnaden, mit grösserer Schicklichkeit ausführen könne». Die von Zürich seien der Meinung, dass dies unbedingt geschehen solle. «Damit aber der Bürgermeister und der angesehene Rat den guten Willen ihrer Gnaden erkenne: So gäbe es etliche Aufwiegler, die es gerne gesehen hätten, wenn sie, um die Übergabe zu verhindern, Rat beim Bischof von Konstanz, bei Ihrer Gnaden Bruder und bei meinen Herren, den Eidgenossen, oder auch bei noch anderen Rat und Beistand gesucht hätte. Das aber hätte der Stadt Zürich und Ihrer Gnaden selber gar bald grossen Unfrieden und Unglück bringen können. Dies aber wolle ihre Gnaden, soweit es in ihrem Vermögen stehe, verhindern und für die Stadt Zürich tun, was dieser lieb und nützlich sei.»[296]

Es fällt auf, dass Katharina von Zimmern mit dem Verzicht das Vorhaben der Stadt unterstützen will. Katharina beruft sich anschliessend pointiert auf ihren Vater, der sie und ihre Schwester in das Gotteshaus gegeben und nicht dem Kapitel, sondern dem Bürgermeister und Rat auf ihr Schreiben hin anvertraut habe, damit er sie als Vormund beschütze, und erinnert dabei an die Verhandlungen, die Johann Werner von Zimmern im Jahr 1491 in Zürich führte.

Denkbar ist, dass das wegweisende Treffen zwischen Rat und Äbtissin in der vom herzoglichen Trubel rund um das Rathaus etwas entfernten Abtei stattgefunden habe, unbemerkt von der Bevölkerung. Noch

---

[296] Stadtarchiv Zürich, III.B.961.6; Schneider-Lastin, Quellen, in: Gysel/Helbling (Hg.), Zürichs letzte Äbtissin, S. 193 f.

am selben Tag hielten Bürgermeister Heinrich Walder und der Rat fest, dass die Äbtissin zur Übergabe der Abtei bereit sei mit Vorbehalt, «dass man sie ir leben lang mit einer Erlichen provision und irss standes harkomen und der Stat Ere versehen sölle». Die vier Räte Escher, Thumysen, Wegmann und Trinkler wurden abgeordnet, der Äbtissin zu danken und mit ihr die Bedingungen auszuhandeln. Sechs Räte wurden ausserdem abgeordnet, sich um die anderen Klöster zu kümmern.[297] Dann ging es Schlag auf Schlag. Am Samstag, 3. Dezember 1524, beschloss der Rat, die Ordensherren der drei Klöster Augustiner, Prediger und Barfüsser sollten in das Barfüsserkloster ziehen und abwarten, was die sechs Verordneten berichten.[298] Das hat nun auch Gerold Edlibach wahrgenommen: «da wurdent bede clöster, brediger und augustiner beschlossen, und mit lütten von den räten besetzet. Und als man damals sagt, so ward mit tössen [ausgelassenes Lärmen] und brassen [Prassen] wennig gespartt, und lüde je einer den anderen, so dann die priger [Prediger?] und pfleger gern hattend, und gienge in suss [Saus und Braus] zu.»[299] Wer gefeiert hatte, bleibt unklar. Bernhard Wyss, ebenfalls Zeitgenosse und Chronist, schildert, wie drei Zunftmeister und einige Ratsherren am 3. Dezember die Überführung der letzten Bettelmönche ins Barfüsserkloster überwachten «mit guoter gewarsame, dann keiner het mögen entrünnen oder sich verschlüffe»[300]. Bullinger berichtet, dass etliche Mönche weinend ins Barfüsserkloster gezogen seien.[301]

297 Vgl. Staatsarchiv Zürich, B VI 249, 143r; von Wyss, Geschichte der Abtei Zürich, S. 467, Nr. 496a; Stähli, Ein Sammelband und handschriftliche Quellen, in: Christ-von Wedel, Die Äbtissin, S. 295.
298 Vgl. Staatsarchiv Zürich, B VI 249, 144r; Stähli, Ein Sammelband und handschriftliche Quellen, in: Christ-von Wedel, Die Äbtissin, S. 296.
299 Jezler, Gerold Edlibachs Aufzeichnungen, in: Altendorfer/Jezler, Bilderstreit, S. 58.
300 Wyss, Chronik, S. 57; Helbling, Katharina im Fraumünster, in: Gysel/Helbing, Zürichs letzte Äbtissin, S. 65.
301 Vgl. Halter, Geschichte des Dominikanerinnen-Klosters Oetenbach, S. 159.

Entgegennahme des Rats

Am Montag, 5. Dezember, nachdem die Äbtissin offenbar die Bedingungen angenommen hatte, fiel der Entscheid des Rats zur Übernahme der Abtei. Er ordnete die Beurkundung an. Der Äbtissin sollte das Recht eingeräumt werden, in ihrem Haus (im Hof der Abtei!) zu bleiben und nach ihren Bedürfnissen und in allen Ehren ihr Leben lang versorgt zu werden. Im Anschluss folgen die Beschlüsse zur Übernahme der drei Männerklöster. Den Mönchen, die dies wünschten, wollte der Rat ermöglichen, ein Handwerk zu erlernen.[302]

Am Donnerstag, 8. Dezember, dem Tag von Maria Empfängnis, siegelt die Äbtissin des Fraumünsters die Übergabeurkunde der Abtei mit ihren beiden Siegeln, dem persönlichen und dem Sekretsiegel.[303] Sie beginnt mit den Worten «Wir, Katharina, von gottes gnaden aeptissin des gotzhuses Frowenmünster zuo Zürich». Die Urkunde ist keine gemeinsame Erklärung. Hier formuliert Katharina souverän. Sie übergibt als Handelnde, «gut und willig, nicht gezwungen», mit der Begründung: «weswegen es in dieser Zeit, wie sich die Dinge gestalten, wohl in unserer Befugnis steht.»

Christine Christ-von Wedel hat in «Die Äbtissin, der Söldnerführer und ihre Töchter» die Urkunde analysiert, hier eine Zusammenfassung ihrer Analyse: Katharina erklärte in ihrer Übergabeurkunde, sie habe sich mit ehrbaren und tüchtigen Leuten, «mit erlicher, fromer lüten», besprochen und dann «nach bestem Wissen auf die Würde der Abtei und des genannten Gotteshauses verzichtet und entsagt». Die Stadt könne die Abtei nun nach ihrem Willen und Gefallen verwalten

---

302 Staatsarchiv Zürich, B VI 249, 144r–v; Stähli, Ein Sammelband und handschriftliche Quellen, in: Christ-von Wedel, Die Äbtissin, S. 296; von Wyss, Geschichte der Abtei Zürich, S. 467, Nr. 496b.
303 Stadtarchiv Zürich, I.A.501.; Schneider-Lastin, Quellen, in: Gysel/Helbling, Zürichs letzte Äbtissin, S. 196.

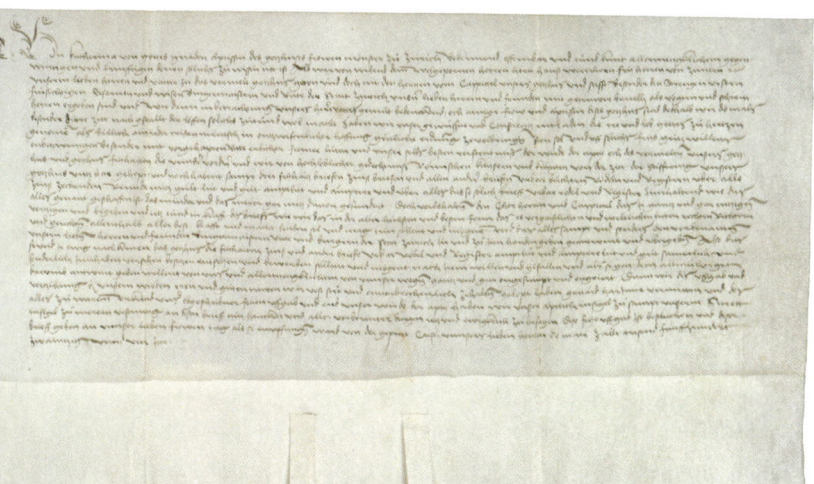

Abb. 30: Übergabeurkunde

«von uns und allermengklichen von unnßer wegen» ungehindert und unangefochten. Wer waren diese «ehrbaren Leute»? Sicher nicht ihre Brüder, auch nicht der zuständige Bischof und auch nicht die mit Zürich zerstrittenen Eidgenossen, das machte Katharina von Zimmern in ihrer Erklärung deutlich. Die Forschung hat bisher in diesen Leuten Zwingli und seinen Anhänger Heinrich Engelhard gesehen.

Zweifel an ihrem Einfluss sind jedoch berechtigt. Schon allein, dass Katharina von Zimmern die Namen in ihrer Übergabeurkunde nicht nannte, ist verdächtig. Warum sollte sie ihren Leutpriester und den Prediger des Grossmünsters als Ratgeber für ihren Gewissensentscheid nicht nennen? Es gibt noch weitere Gründe, zumindest neben ihnen auch nach anderen Gesprächspartnern zu suchen. Denn in ihrer Urkunde fehlt jede Spur von reformatorischer Klosterkritik oder ein

Hinweis auf eine gewünschte Umnutzung der Abtei zugunsten der Armen. In Katharinas Verzichtserklärung und in ihrer Übergabeurkunde suchen Lesende vergeblich nach solcher oder einer anderen reformatorischen Begründung. Es ist nur vage davon die Rede: Sie habe ihr Gewissen entlastet, «unßer gewüssne und conscienz entladen», und sich «Ehre und Lob Gottes zu Herzen genommen», und dazu erklärend heisst es: wie ja billig jeder Christ in der festen Hoffnung stehen soll, sein Leben nach göttlicher Ordnung gestalten zu können, «göttliche ordnung ze volbringen». Das ist so allgemein formuliert, dass es jede Christin von sich behaupten konnte. Auf Polemik gegen Ordensregeln oder klösterliches Leben verzichtete Katharina von Zimmern ganz. Dazu passt, dass sie, wie Zwingli in seinem Brief schrieb, «zur Partei Christi» gehörte. Aber an die antiklösterliche und reformatorische Theologie Zwinglis erinnert nichts, weder in der Verzichtserklärung noch in der Übergabeurkunde. Das ist so erstaunlich, dass Historiker Reformatorisches gern hineinlasen, angefangen mit Heinrich Bullinger, Zwinglis Nachfolger. Er schrieb etwa fünfzig Jahre nach der Übergabe, Katharina habe die Bedingung daran geknüpft, das Stift zur Ehre Gottes und zum Heil der Seelen zu reformieren und die Güter für die Armen zu verwenden: «mit dem geding, das ein ersammer radt, sömlichs alles verbessern vnd reformieren, zue Gottes eer, der Seelen heyl, und armen zue trost vnd hilff verwenden sölle.» In der Übergabeurkunde aber ist von keiner Bedingung die Rede, da heisst es, Katharina von Zimmern übergebe den Bürgermeistern, dem Rat und den Bürgern von Zürich die Abtei, sodass diese sie verwalten können «nach irem willen und gefallen und als si gott dem allmechtigen darumb antwurt geben wellent». Die Stadt könne also nach ihrem Willen und Gefallen, wie sie es vor Gott verantworten könne, damit umgehen. Wären Ulrich Zwingli und Heinrich Engelhard ihre einzigen und wichtigsten Berater gewesen, hätte Katharina von Zimmern zweifellos deren Schriftprinzip und Klosterpolemik eingebracht und im Sinne reformatorischer Klosterpolitik genau die Auflagen gemacht, die Heinrich Bullinger später Katharina von Zimmern unterstellte. Sie aber verlor darüber kein Wort. War sie zu realistisch, um solche Auflagen zu machen? Eines ist jedenfalls sicher: Der Rat finanzierte mit den Klostergütern nicht nur das Kirchen-, Armen- und Schulwesen. Er beschränkte sich auch nicht darauf, in Notzeiten das Kapital anders zu verwenden. Er zahlte daraus Kriegsanleihen zurück und erwarb Herrschaftsrechte und Landvogteien, so u.a. Wädenswil. Kurz vor Katharinas Tod im Jahre 1546 beschlossen die Herren sogar, die neu eingeführte Ratsbesoldung aus dem Klostergut zu finanzieren.[304]

Die imposante Urkunde vom 8. Dezember war lange Zeit nur als Abschrift vorhanden. Man fand das Original anlässlich der Aufhebung des alten Archivs um 1975/76 im Südturm des Fraumünsters.[305] Sie liegt heute im Zürcher Stadtarchiv.

Am Abend des 8. Dezember bestätigte der Rat, dass er die Bedingungen Katharina von Zimmerns erfüllen werde.[306] Er spricht sie in seiner Urkunde nicht mehr als «unsere gnädige Frau» an, sondern mit «Frau Katharina von Zimmern, unsere geliebte Bürgerin». Er habe seine wohlgeliebte Bürgerin in Schutz und Schirm genommen und werde sie in Ehren halten. Sie behält das Wohnrecht in der Abtei, kann Kraut- und Baumgarten unentgeltlich nutzen, und bekommt genügend Holz zum Heizen. Das Dokument beziffert ihre lebenslange Pension. Sie hat freie Verfügungsgewalt über ihr Vermögen (unbevogtet), was für eine Frau ungewöhnlich war, und sie kann hingehen, wohin sie will. Der Rat verpflichtet sich, für sie zu sorgen. Der Rat siegelt das Dokument mit seinem Sekretsiegel.

Der Zürcher Rat honorierte die Übergabe äusserst grosszügig. Katharina von Zimmern erhielt bis an ihr Lebensende, pünktlich aus-

---

304 Vgl. Christ-von Wedel, Die Äbtissin, S. 53, 57, 58.
305 Vgl. Vogelsanger, Zürich und sein Fraumünster, S. 265.
306 Vgl. Stadtarchiv Zürich, I.A.502., von Wyss, Geschichte der Abtei Zürich, S. 469, Nr. 498.

bezahlt, jährlich 100 Mütt Kernen (ca. 5 Tonnen Getreide), 23 Malter Hafer (ca. 3,5 Tonnen), 353 Pfund Silbergeld und 65 Eimer Wein (ca. 7000 Liter).[307]

Eine gemischte Schenkung

War Katharina von Zimmern berechtigt, die Abtei der Stadt zu übergeben? Vorerst ist festzuhalten, dass die Übergabe ein absolutes Novum war. Europaweit liess sich kein früherer, gleich radikaler Vorgang finden. Die Embracher Chorherren wandelten im September 1524 ihr Kloster lediglich in ein Stift um, so auch das Grossmünster und das Kloster Allerheiligen in Schaffhausen. Der Zürcher Rat wird froh gewesen sein, offiziell keinerlei Verantwortung für diese erste vollumfängliche Übergabe eines Stifts tragen zu müssen.[308] Katharina nahm sie durch die Betonung, dass sie einen Gewissensentscheid fällte, allein auf sich. Es brauchte dementsprechend Mut.

Katharina von Zimmern betonte, die Abtei freiwillig und ohne Zwang zu übergeben. Eduard Rübel, ehemaliger Oberrichter und Kirchenrechtler, bewertet deshalb die Übergabe rechtlich als gemischte Schenkung, da die Schenkende eine Pfründe bezog, deren Wert von der Schenkung abging. Beide Urkunden vom 8. Dezember sind zusammen als ein Geschäft zu betrachten. Es handle sich in diesem Fall nicht um eine Säkularisierung, nicht um eine einseitige Aufhebung.[309] Prinzipiell hatte die Äbtissin von jeher das Recht, allein für das Stift

---

307 Vgl. Stadtarchiv Zürich, III.B.301.; Umrechnung auf heutige Masse gemäss Geschichte des Kantons Zürich, S. 504.
308 Vgl. Christ-von Wedel, Die Äbtissin S. 74; Stähli, Ein Sammelband und handschriftliche Quellen, in: Christ-von Wedel, Die Äbtissin, S. 292–294.
309 Vgl. Rübel, Die Übergabe des Stifts, in: Gysel/Helbling (Hg.), Zürichs letzte Äbtissin, S. 119 ff.

zu handeln. Oberster Schirm- und Lehensherr des Stifts war der Kaiser. Rübel bezieht mit ein, dass jedoch die Reichsgewalt seit dem 14. Jahrhundert am Zerfallen war und es für den Kaiser aus verschiedenen Gründen unklug gewesen wäre, der Stadt gerade jetzt in den Arm zu fallen. Wir erinnern uns ausserdem an Zürichs Bestreben, sich beim Schwabenkrieg sukzessive vom Reich zu lösen. Zusammenfassend kommt Eduard Rübel zum Schluss, dass Katharina von Zimmern angesichts des Vorgangs der Ausschaltung des kanonischen Rechts durch die Reformation in Zürich eine rechtliche Grundlage für ihr Handeln erhielt, dass sie angesichts der Unerfüllbarkeit des bisherigen Zwecks der Stiftung (sie war noch allein in der Abtei) einen materiellen Grund zur Übergabe hatte, und dass sie kraft ihrer Stellung allein die Übergabe vornehmen konnte. «Es ist sympathisch, dass Katharina ihren Entschluss nicht nur auf die günstigen Umstände und das Fehlen politischer Hindernisse stützt, sondern einen Gewissensentscheid fällte.»[310]

Befreit und traurig?

Zu gerne würde ich wissen, wie sie sich am Abend des 8. Dezembers nach dem Siegeln der Übergabe-Urkunde fühlte. Erleichtert? Von einer grossen Last befreit und bereit für Neues? Oder leer und traurig? Es wird wohl beides gewesen sein. Ich wünschte mir, dass sie sich bewusst war, dass sie, wie Christine Christ-von Wedel schreibt, der Stadt politisch einen grossen Dienst erwies, da der Friede in Zürich auch «von aussen aufs Höchste gefährdet war»[311].

Katharinas Familie verurteilte ihr Handeln scharf. Der Neffe Froben schrieb in seiner Chronik, die Äbtissin habe unrühmlich gehandelt.

---

310 A. a. O., S. 123.
311 Christ-von Wedel, Die Äbtissin, S. 64.

«Aber wie die alten gesprochen, das die weiber lange klaider tragen, dargegen aber kurze sinn haben, beschaint sich in dieser handlung wol.»[312] Ob er den Satz wiederholt hätte, wenn er noch erlebt hätte, dass seine jüngste Tochter Eleonora von Zimmern sich zu einer bekennenden Protestantin entwickelte, als Witwe die protestantische Schlosskirche Schmidelfeld baute (heute Sulzbach-Laufen) und von sich eine Stifterfigur erstellen liess?[313]

Wie hat wohl die Mutter Katharinas über den Entscheid ihrer Tochter gedacht? Sie lebte noch bis 1528 bei ihrem Sohn Gottfried in Messkirch.[314] Von Gottfried wird berichtet, dass er seiner Schwägerin Gräfin von Lupfen nicht den Gefallen tat, mit ihr nach Einsiedeln zu reiten, da er «vor seiner Schwester, der gewesenen Äbtissin, nicht sicher sei»[315].

---

312   Barack, Zimmerische Chronik, Bd. II, S. 109.
313   Vgl. Günter/Kimmich, Eleonora von Zimmern, S. 3.
314   Vgl. Günter, Im Strom der Zeit, S. 13.
315   Barack, Zimmerische Chronik, Bd. II, S. 518; Günter, Im Strom der Zeit, S. 75, Anm. 43.

Die Bürgerin

Noch in Zürich (1525)

Sich neu zurechtfinden

Vorerst blieb Katharina von Zimmern noch in Zürich. Sie wird mitverfolgt haben, was mit den Gütern der Abtei geschah. Gemäss einer Notiz zur Inventarisierung war bereits am 9. Januar 1525 einiges aus dem Stift verkauft, darunter zwei schwarze und zwei schwach vergoldete Kerzenstangen sowie zwei seidene Fähnlein.[316] Die Verwaltung der riesigen Klostergüter stellte die Stadt vor eine gewaltige Herausforderung. Im neu geschaffenen Fraumünsteramt beliess man vorerst alles genau so, wie es war. Dieselben Leute führten weiterhin dieselben Rechnungen. Die anderen Klöster schloss man im sogenannten Obmannamt zusammen. Es ging nun darum, eine Übersicht über das neu gewonnene Vermögen zu schaffen und es in seiner ganzen strukturellen Komplexität in den Griff zu bekommen.[317] Dazu mussten neue Strukturen erst geschaffen werden. Mit heutigen Begriffen ausgedrückt war es, wie wenn ein Dorfladen plötzlich ein Warenhaus hätte integrieren sollen. Zürich war nun gezwungen, eine adäquate Verwaltung aufzubauen, was Jahrzehnte dauern sollte.

Regula Schwarz und Sebastian Appenzeller müssen noch Ende 1524 geheiratet haben, vielleicht sogar in der Abtei. Im Januar 1525 nahm Zwingli das Thema in einem Brief an Vadian nochmals auf, wie Christ-von Wedel schildert: «Sebastian Appenzeller, so hätten andere

---

316 Vgl. Egli, Actensammlung, Nr. 616; Christ-von Wedel, Die Äbtissin, S. 156.
317 Vgl. Köppel, Von der Äbtissin zu den gnädigen Herren, S. 86.

der ‹Äbtissin› hinterbracht, sei nicht so vermögend, wie er behauptet habe. Vor allem aber halte sie ihn nicht für verlässlich. Er habe zuvor erklärt, er könne unmöglich in Zürich wohnen, das erlaubten seine Geschäfte nicht, und nun wolle er doch in Zürich bleiben. Sie befürchte, es stecke eine List dahinter. Darum bittet Zwingli Vadian dringend, bei Sebastians Vater vorstellig zu werden. Der solle ihn nach St. Gallen zurückholen; ‹Es ist besser, auf die Herrin Rücksicht zu nehmen, als sie zu verdriessen.› Es lag also Zwingli viel daran, sich auch nach der Abteiübergabe gut mit Katharina von Zimmern zu stellen. Zwingli spricht im Brief verächtlich von einem ‹negociatiunculum›, von einem Geschäftlein Appenzellers. [...] Sebastian Appenzeller taucht verschiedentlich in Quellen auf, aber nie mit einem bedeutenden eigenen Geschäft, obwohl er aus einer geachteten St. Galler Ratsfamilie stammte und später auch Zunftämter innehatte. Er war ständig für andere, für Vadian, aber auch für Zwingli unterwegs. Er diente als Zuträger und Informant für die Schweizer Reformatoren. Im September 1524 berichtete er von der Tagsatzung in Baden, im Dezember war er in Rom. Ein ‹ruhiges und stilles Leben in aller Gottseligkeit und Ehrbarkeit› (1Tim 2,2), wie es der Philipperbrief anmahnte und sich die Äbtissin für den Gatten der jungen Frau offenbar wünschte, führte er gewiss nicht.»[318]

Das Paar zog schliesslich doch nach St. Gallen und gründete dort eine Familie. Regula gebar vier Kinder, von Salome und Sebastian Uriel ist bekannt, dass sie überlebt haben. Die St. Galler Kirchenbücher, die ab 1527 geführt wurden, nennen zum Glück – im Unterschied zu denen von Zürich – auch die Mutter mit Namen. Katharina wird regelmässig nach St. Gallen gereist sein, wie sie es angekündigt hatte.

---

318   Christ-von Wedel, Die Äbtissin, S. 112 f.

Täufer

Anfang des Jahrs 1525 beschäftigte ein weiteres, folgenreiches Ereignis die Zürcher Bevölkerung. Nachdem am 18. Januar anlässlich einer weiteren Disputation die Taufe von neugeborenen Kindern vorgeschrieben und die Taufe von Erwachsenen verboten wurde, versammelte sich eine Gruppe um Felix Manz drei Tage später an der Neustadtgasse 1. Felix Manz war der uneheliche Sohn des 1518 verstorbenen Kaplans Johannes Manz, er wohnte hier mit seiner Mutter im Kaplanenhaus. Bei den vorangegangenen sogenannten Hausversammlungen hatten die «Brüder», wie sie sich nannten, die Bibel gelesen, auch auf Hebräisch und Griechisch, so wie sie es mit Zwingli immer getan hatten. Sie legten sie radikaler aus als Zwingli und wollten sich wortwörtlich nur an das halten, was sie darin wiederfanden, so auch keine Kinder-, sondern nur die Erwachsenentaufe. Die Entfremdung vom Reformator, von dem sie sich verraten fühlten, war unwiderruflich.

Ein Bericht in der ältesten Chronik der Hutterischen Brüder, wohl bereits um 1534 verfasst, schildert in bewegenden Worten, was sich drei Tage später, am Abend des 21. Januar 1525 in der Zürcher Neustadt abspielte:

«Und es hat sich begeben, das sie sein beyeinander gwesen bis die angst angieng und auff sie kam, Ja Inn Iren Hertzen gedrungen wurden, da haben sie angefangen Ire Knie zu biegen vor dem höchstenn Gott im himel, und On angerüeft als ein Hertzenskundiger, und gebeten, das er Inen wolt geben zu thuen sein götlichen Willen, und das er Inen Barmhertzigkeit wolt beweisen.»

Einer der Männer, Georg Cajacob aus Chur, genannt Blaurock, kniete nieder und bat Konrad Grebel (den Schwager des St. Galler Reformators Vadian) inständig, ihn auf seinen Glauben und seine Erkenntnis zu taufen mit der «recht christlichen Tauff». Daraufhin baten die Anwesenden, Felix Manz, Johannes Brötli, Konrad Grebel und weitere, dass der getaufte Blaurock nun wiederum sie taufe. Dabei begoss er

*Abb. 31:
Neustadtgasse 1,
Haus des Täufers
Felix Manz*

sie mit Wasser mittels einer grossen Schöpfkelle. Sie waren offenbar von Angst getrieben und nach der Taufe wie erlöst.[319]

Urs Leu schreibt: «Die römische Kirche hatte über Jahrhunderte ein Regime der Angst aufgebaut. Die Leute fürchteten sich, in die Hölle zu kommen, sie hatten Angst vor dem lebendigen Gott, es wurde ihnen Tag und Nacht vor Augen geführt, dass sie Sünder waren und somit jeder Strafe verdient hatte.»[320] Man hatte dies den Menschen von Kindheit an eingehämmert und in schrecklichen Bildern ausgemalt. Nun nahm ihnen die Reformation mit einem Schlag sämtliche Rituale zur Bewältigung dieser Angst wie die Jahrzeitenrituale, die Prozessionen, die Gebete für die Toten, die Wallfahrten und Ablasszahlungen zur Re-

---

319 Vgl. Krajewski, Leben und Sterben des Zürcher Täuferführers Felix Mantz, S. 76; Zieglschmid (Hg.), Die älteste Chronik der Hutterischen Brüder, S. 75 ff.
320 Leu, Charakter und Bedeutung der Zürcher Reformation, S. 13.

duktion der Tage im Fegefeuer. Brauchten sie eine Ersatzhandlung? Es könnte eine Überforderung gewesen sein. An die Zusage zu glauben, dass Gott gnädig sei, dass er, wie es Jesus, gemäss den Evangelien, im Unservater formuliert hatte, den Menschen ihre Sünden ohne Gegenleistung vergibt, wenn sie darum bitten und bereit sind, anderen auch zu vergeben. Vielleicht haben darum die Reformatoren so sehr betont, dass Jesus durch seine Hingabe am Kreuz für unsere Sünden bezahlt habe. In den meisten freikirchlichen und sogenannt strenggläubigen Kreisen gehört dies noch heute zum Zentrum des Glaubens. Ablass war demnach nicht unnötig, weil Gott gnädig sei, sondern weil ein anderer bereits bezahlt habe. Taufe wurde zum körperlich erlebbaren Zeichen der Zusage, an dieser Erlösungstat teilzuhaben.

In der folgenden Woche entfaltete sich die Taufbewegung im Wohnort Johannes Brötlis wie ein Lauffeuer. Im kleinen Dorf Zollikon liessen sich 34 Männer (30 davon selbstständige Bauern) und eine Frau taufen. Nach wenigen Tagen griff die Zürcher Regierung ein und zwar plötzlich und scharf und mit aller Entschiedenheit.[321] Die meisten wurden verhaftet, die Nichtzürcher unter ihnen mussten das Gebiet verlassen. Die unglückliche und tragische Täufergeschichte nahm ihren Lauf. Als Felix Manz zwei Jahre später ertränkt wurde, rief ihm seine Mutter auf seinem letzten Gang zu, er solle beständig bleiben. Ihr Haus an der Neustadtgasse wird heute von vielen Täufern aus aller Welt auf ihrem speziellen Rundgang durch Zürich besucht und gilt als Geburtshaus der unterdessen internationalen Täufergemeinden.

---

321 Vgl. Krajewski, Leben und Sterben des Zürcher Täuferführers Felix Mantz, S. 86.

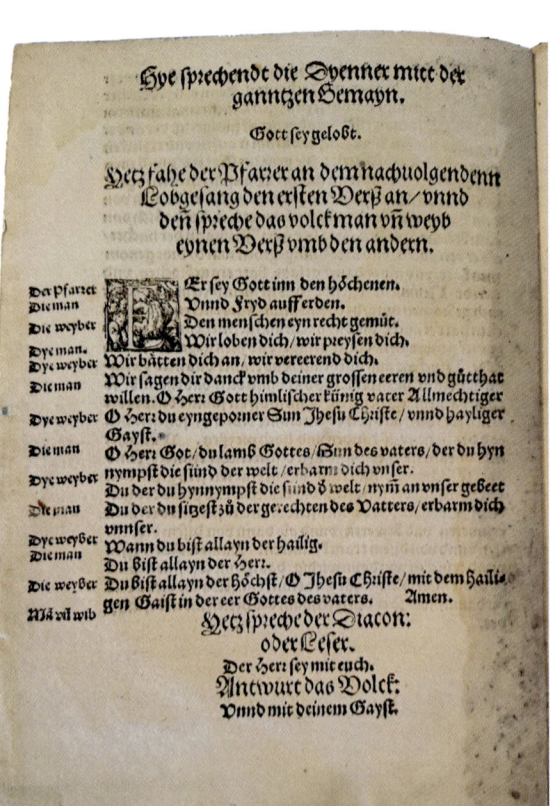

Abb. 32:
Aus Zwinglis
Abendmahlsliturgie
1525

Frauenklöster

Die Aufhebung der drei Zürcher Frauenklöster am 1. Februar wird unter diesen Umständen in aller Stille vollzogen worden sein. Im Unterschied zu den Mönchen konnten die Nonnen kein Handwerk erlernen oder eine Pfarrstelle übernehmen. Ihnen blieb nur die Heirat oder die Rückkehr zu ihren Familien. Ob Katharina von Zimmern an Ostern noch in Zürich war, als im Grossmünster das erste evangelische Abendmahl gefeiert wurde? Zwingli schrieb als kompetenter Liturgiker nach der Abschaffung der Messfeier eine neue reformierte Abendmahlsliturgie und liess sie drucken, damit alle laut mitlesen konnten, auch die Frauen. In Zürich ergab sich damit für Frauen für einen kurzen Augenblick die Möglichkeit, im Gottesdienst mitzuwirken.[322] Das Gotteslob sollten Satz für Satz abwechselnd Frauen und Männer lesen, ebenso das Glaubensbekenntnis. Das ging dem Rat nun allerdings zu weit. Unter Bürgermeister Diethelm Röist beschloss er am 12. April, am Mittwoch vor Ostern, dass das Abendmahl zwar nach der gedruckten Anleitung abgehalten werden dürfe, nur sollen nicht mehr «Weib und Mann gegeneinander reden, sondern der Diakon und der Ministrant das lesen»[323]. Davon liessen sich übrigens die Täuferinnen nicht abhalten. Sie redeten weiter mit, einige predigten sogar, und es ist anzunehmen, dass sie auch tauften.[324]

Etwa zur selben Zeit fand ein grosses Heiraten statt: Georg Edlibach schreibt: «In disser zitt lüffen münch, pfaffen und brüdren, ouch nunen, schwestren, klosterfrowen und beginnen uss irren klöstren und hüssren, und namen pfaffen, münch und brüder die closterfrowen, nunen und beginen ein andren zuo der e, und gieng wild zu.»[325] Allerdings taten dies offenbar nicht alle freiwillig. Am 21. März erliess der Rat die Weisung, dass alle Pfarrer ihre Haushälterinnen zu heiraten oder zu entlassen hätten, ansonsten sie ihre Pfründe verlieren würden.[326]

Die Anweisung des Rats setzte das kanonische Recht vollends ausser Kraft. Was das bedeutete, lässt sich bei Barbara Vannotti nachlesen. Bereits Klosterflucht galt als Verbrechen, Heirat mit einem Mönch als doppeltes. Vannotti schildert in ihrem Beitrag über die Flucht der Schenkin von Erbach aus dem Fraumünster um 1470 die

---

322 Vgl. Zwingli, Actio oder Bruch des Nachtmahl/Gedechtnus.
323 Egli, Actensammlung, Nr. 684.
324 Vgl. Gysel, Knospen im Herbst, in: Niederhäuster (Hg.), Verfolgt, verdrängt, vergessen, S. 167.
325 Jezler, Georg Edlibachs Aufzeichnungen, in: Altendorfer/Jezler (Hg.), Bilderstreit, S. 61.
326 Vgl. Gysel, Das Chorherrenstift am Vorabend der Reformation, in: Christ-von Wedel, Erasmus in Zürich, S. 50; Egli, Actensammlung, Nr. 944.

Folgen: «Ursula von Erbach verliess die Abtei unerlaubter Weise in Begleitung des bürgerlichen Zürcher Klerikers Johannes Zeig, vollzog mit ihm den Beischlaf ‹sub spe futuri matromonii› und gebar ihm in der Folge ein Kind.»[327] Dreimal bat sie den Papst um Absolution und um Anerkennung ihres Kinds, ob sie ihr gewährt wurde, ist nicht bekannt. Gemäss Vannotti beurteilten besonders spitzfindige Autoren Ursulas Verhalten als ein dreifaches Verbrechen: Die «Bräute Christi» würden neben der Apostasie der Klosterflucht bei einer Heirat Bigamie begehen und durch die Verbindung mit einem Geistlichen, einem Bruder, zusätzlich Inzest.[328]

Schaffhausen und Diessenhofen (1525–1529)

Verheiratet

Ich habe mich intensiv darum bemüht, mehr über Zeitpunkt und Ort von Katharinas Heirat mit Eberhard von Reischach zu erfahren. Eberhard von Reischach befand sich im Frühjahr 1525 im Krieg. Bis Ende März kämpfte er einmal mehr für seinen Herzog für die Rückeroberung des Landes Württemberg. Diesmal scheiterten sie endgültig. Ulrich von Württemberg zog sich auf die Burg Hohentwiel zurück, Reischach blieb in Schaffhausen. Katharina dürfte nicht vor April zu ihm gezogen sein. Im Juli klagte Reischach vor dem Rat, Kaspar Göldli habe damals 1519 bei der Räumung seiner Wohnung am Neumarkt 6 seinen Ehebrief entwendet, den er in dem vom Rat konfiszierten Kästchen aufbewahrt habe. Er wolle ihn zurück. Der Rat stellte offiziell

---

327 Vannotti, Monasterium exivit, in: Graf/Moser, Strenarum lanx, S. 187.
328 Vgl. a. a. O., S. 188.

*Abb. 33:
Kloster Allerheiligen, Blick aus dem Tiergarten;
Ochsenhof in der rechten unteren Ecke*

fest, die Briefe würden als verschollen gelten. Damit konnten sich Eberhards Kinder nicht mehr darauf berufen. Göldlis Ehefrau Verena muss vor 1519 gestorben sein, denn dann erhielt sein Sohn Anstett das Muttergut ausbezahlt.[329]

Daraus lässt sich folgern, dass die Heirat nach dem Juli stattgefunden haben musste. Das bestätigt auch das Tagebuch von Hans Stockar, Ratsherr von Schaffhausen und berühmter Jerusalempilger. Aus seinen Eintragungen lässt sich schliessen, dass Katharina und Eberhard am Mittwoch, den 9. August in Schaffhausen Hochzeit feierten im Tiergarten, in Eberhards Haus gegenüber dem Kloster Allerheiligen. Das Fest wird, wie damals üblich, mehr als einen Tag gedauert haben und Katharina, die ihre Stadt Zürich vor «unruw und ongemach» hatte schützen wollen, sollte nun ausgerechnet an ihrem Hochzeitstag vor ihrer Haustür erleben, was auch Zürich hätte zustossen können. An diesem 9. August spitzte sich die politische Lage

329 Vgl. Staatsarchiv Zürich, B VI 247, S. 47v; Christ-von Wedel, Die Äbtissin, S. 126; Stähli, Ein Sammelband und handschriftliche Quellen, in: Christ-von Wedel, Die Äbtissin, S. 289, 292.

in der kleinen Stadt am Rhein dramatisch zu. Hans Stockar schildert das Ereignis in seinem Tagebuch ausführlich.

Im Jahr zuvor hatten die Rebleute fast nichts geerntet. Sie hungerten und konnten ihre Abgaben nicht bezahlen. Es kam zu Unruhen. Die Aufständischen forderten nicht nur bessere Pachtverträge, höhere Löhne und die Abschaffung der Zinsen, sondern auch den Übertritt zum neuen Glauben. Am 9. August 1525 zogen sie bewaffnet vor die Stadt. Die Tore wurden geschlossen, aber etwa 100 Männern gelang es, in den Hof des Klosters Allerheiligen, in die sogenannte Fryheit, einzudringen, wo sie sich zum Angriff bereit machten. Und das direkt vor den Fenstern des Thiergartens, wo Katharina nun zu Hause war. «Am Mittwoch, den 9. August um neun Uhr vormittags zogen mein Herren aus grossem und kleinem Rat und aus den Zünften und der ganzen Gemeinde Statt Schaffhausen gegen die Rebleute vor die Fryghatt, darin die Rebleute in Schlachtordnung lagen, mit Spiessen, Hellebarden und grossem und kleinem Geschütz. Gerade, als das grosse Geschütz der Stadt und der Zünfte mit den Pferden herbeigeführt wurde, kamen zu Glück die zwei Herren und Ratsboten von Basel und von Rottweil, die hier gerade an einer Hochzeit weilten, und Georg von Hewen und Wilhelm von Peyer, die liefen dazwischen und halfen, dass die Rebleute sich ergaben und ihre Gewehre niederlegten und den Eid schwören sollten, den sie auf dem Rathaus nicht hatten schwören wollen. Es würde ihnen sonst schweres Leid werden.»[330]

Eine Hochzeit im Nachbarhaus des Klosters, mit Gästen aus Rottweil, der Heimatstadt Katharinas, wo Jörg von Zimmern Bürgermeister war, Georg von Hewen, dem Verwandten und Freund Katharinas, der jeweils ihre Briefe schrieb und für sie verhandelte, und Wilhelm von Payer, dem alten Kampfgefährten des Eberhard von Reischach, den man mit ihm zusammen in Baden hätte gefangen nehmen sollen,

---

330   Stockar, Tagebuch von 1520 bis 1529, S. 138.

falls sie denn auftauchen sollten – das konnte nur Katharinas Hochzeit gewesen sein.

Georg von Hewen war ein erfahrener Diplomat und Verhandler. Die als Gäste anwesenden Herren hatten Mut. Sie stellten sich unerschrocken im letzten Moment zwischen die beiden bewaffneten und zur Auseinandersetzung bereiten Haufen und vermittelten. Das konnten in dieser Situation nur Auswärtige und erfahrene Verhandler wie von Hewen und von Payer. Und es bedeutet, dass Katharina indirekt durch ihre Hochzeit und ihre mutigen Gäste auch in Schaffhausen ein Blutvergiessen verhindern half, das sich direkt vor ihrem Haus zu ereignen drohte.

In einem Roman wäre sie es, die die Herren zum Handeln aufforderte und ihre Mutter, die noch am Leben war und die wir als mutig und tatkräftig in Erinnerung haben, wäre selbstverständlich dabei und würde sie unterstützen. Umso fröhlicher dürfte das Fest seinen Fortgang genommen haben.

Katharina von Zimmern hat im fortgeschrittenen Alter von siebenundvierzig Jahren noch Kinder geboren, worüber wir heute einigermassen erstaunt sind. Geholfen haben könnte der Umstand, dass sie nicht Erstgebärende war. Gemäss Zimmerischer Chronik gebar sie ein Mädchen und einen Buben, der aber nicht überlebt hat. Das Mädchen Anna könnte auch schon vor der Hochzeit zur Welt gekommen sein, sicher aber in Schaffhausen.

Forderungen

Katharinas ehemalige Mitschwestern aus der Abtei, Kunigunde von Geroldseck und Barbara von Sargans wandten sich 1526 beide an den Rat von Zürich und verlangten eine Leibrente. Für Barbara setzten sich die beiden Strassburger Reformatoren Capito und Bucer ein. Sie sandten dreimal, hartnäckig, im Januar, März und Mai 1526 am selben Tag je einen Brief an Zwingli, schilderten die schwierige finanzielle Lage der Barbara, die nun Witwe sei und für ihren Buben allein aufkommen müsse und schon längst gelernt habe, mit wenig auszukommen. Zürich sei in der Pflicht, da es die Abteigüter eingezogen habe. Man dürfe der sich bescheiden gebenden, achtbaren Frau, auch um ihres Glaubens willen, nicht anrechnen, dass sie die Abtei verlassen habe, noch bevor der Rat dazu die Erlaubnis gab, auch nicht, dass ihr Mann keineswegs so zuverlässig und treu sei, wie man angenommen habe. Zürich habe Strassburg darüber nicht aufgeklärt, sondern den Mann mit besten Empfehlungen zu ihnen geschickt. Strassburg habe einem Johanniter geholfen, den Zürich ihnen empfohlen habe, nun sei es an Zürich, die Witwe und das Waisenkind grosszügig zu unterstützen.[331] Bucer und Capito hatten Erfolg, Zürich sprach Barbara 1527 vier Pfund zu,[332] später eine Leibrente.[333] Auf die Forderung von Kunigunde von Geroldseck, die persönlich schrieb und sich in ihrem Brief darauf bezog, dass andere eine Leibrente erhielten,[334] ging der Rat nicht ein. Wahrscheinlich befand Kunigunde sich zu dieser Zeit bereits im Stift Säckingen und war dort gut aufgehoben.

Diessenhofen

In Schaffhausen hielt es Eberhard und Caterin von Ryschach oder Reischach, wie sie nun genannt wurde, nicht lange. Verschiedene Gründe dürften sie zum Umzug bewogen haben. Der Herzog von Württemberg hatte sich nach seiner Niederlage auf die uneinnehmbare Burg

---

331 Vgl. Huldrych Zwingli Briefe, Nr. 445, 446, 457, 458, 481, 482.
332 Vgl. Stadtarchiv Zürich, III.B.301.
333 Vgl. Knecht, Ausharren oder austreten?, S. 66.
334 Vgl. Stadtarchiv Zürich, II.B.961.11; von Wyss, Geschichte der Abtei Zürich, S. 470, Nr. 500.

Hohentwiel zurückgezogen, die von Diessenhofen aus über die Rheinbrücke leicht erreichbar war. Herzog Ulrich hatte die Burg gekauft, aber nicht bezahlen können. Georg von Hewen und Eberhard von Reischach hatten für ihn gebürgt und mussten nun ihre Anteile bezahlen. «Diese leidige Angelegenheit mag die Reischachs mit bewogen haben, Schaffhausen zu verlassen und nach Diessenhofen zu ziehen. Sie dürften nun in grössten Geldsorgen gewesen sein. Die Summe, für die Eberhard gebürgt hatte, betraf ein Vermögen: 12'300 Florin. Eberhard war offensichtlich bereit, auch finanziell für seinen Herrn einzustehen und ihm die Burg zu retten, in deren Nähe er nun zog.»[335] Kurz vor Weihnachten 1526 verkaufte er seine Rebberge in Schaffhausen für 141 Gulden[336] und Anfang 1527 den Thiergarten für 453 Gulden.[337]

Wo die Familie in Diessenhofen wohnte, ist nicht gesichert. Eventuell im Ehingerhof, dem heute nicht mehr existierenden Anbau des Oberhofs. Albrecht von Landenberg, Eberhards alter Freund, auch er im Dienst des Herzogs, hatte 1518 den Oberhof erworben. Er liess 1527 sein schönes Haus gerade mit Narrenzügen und passenden Sprüchen ausmalen.[338] Wohl mit Beratung der ehemaligen Kunstmäzenin Katharina. «Die Freude an der Torheit, die in der Malerei zum Ausdruck kommt und der wir schon im Wandspruch im Fraumünster begegnet sind, waren 1527 in den Kreisen um Katharina immer noch beliebt.»[339] Alfons Raimann erwähnt in den Kunstdenkmälern des Kantons Thurgau Eberhard von Reischach als möglichen Auftraggeber.[340] Dass nicht er, sondern, wenn schon, seine Frau die Kunstken-

---

335   Christ-von Wedel, Die Äbtissin, S. 164.
336   Vgl. Staatsarchiv Schaffhausen, Schaffhauser Ratsprotokolle RP 7, 1526, fol. 41.
337   Vgl. Staatsarchiv Schaffhausen, Schaffhauser Ratsprotokolle RP 7, 1527, fol. 53r.
338   Vgl. Raimann, Die Kunstdenkmäler des Kantons Thurgau, S. 128–132.
339   Christ-von Wedel, Die Äbtissin, S. 165.
340   Vgl. a. a. O., S. 152.

nerin war, kam niemandem in den Sinn. Sie wird nicht erwähnt. Beim Namen Caterin von Reischach würde auch niemand an die gewesene Äbtissin und Kunstmäzenin denken. Damit ereilte sie das Schicksal vieler verheirateter Frauen, die den Namen ihres Manns annehmen.

Noch immer durfte der von Zürich zum Tod verurteilte Eberhard von Reischach das Zürcher Herrschaftsgebiet nicht betreten. Das wird ihn nicht nur persönlich behindert, sondern auch seine Söldnergeschäfte massiv erschwert haben. Über ein Schreiben an Zwingli suchte er eine zaghafte Annäherung: «Er, Reischach, habe, nachdem Zürich ihn wegen des Württemberger Zugs von 1519 verurteilt habe, die Stadt Zürich und deren Herrschaftsgebiet nicht mehr betreten. Jetzt hätten ihn aber die sieben Orte, die zusammen mit Zürich die Gemeine Herrschaft Thurgau regierten, als Hintersassen in Diessenhofen angenommen. Nun bitte er den Zürcher Rat, ihn dort zu dulden. Wenn sie ihn auch die Stadt Zürich nicht betreten lassen wollten, so sollten sie ihm doch erlauben, sich in ihrem Herrschaftsgebiet aufzuhalten. Er verspreche, keine Söldner gegen ihren Willen zu werben. Eberhard von Reischach versprach also keineswegs vom Söldnergeschäft zu lassen, er versprach nur, in Diessenhofen nicht gegen den Willen des Zürcher Rats zu werben.»[341] Der Rat lenkte ein.

Eine Anschuldigung

Katharina von Zimmern jedoch wurde vom Rat nach Zürich bestellt. Man warf ihr vor, 1496 «fahrende Habe» ihrer Vorgängerin Äbtissin Elisabeth von Wyssenburg unrechtmässig an sich genommen zu haben. Katharinas Antwort an den Rat vom 25. November 1528 ist erhalten, der Vorwurf traf sie sehr. «Sie betonte: Sie habe das Erbe ‹unansprechig erhalten›. Niemand habe es ihr streitig gemacht. Das

---

341 Christ-von Wedel, Die Äbtissin, S. 166; Zwingli Briefe, Nr. 585.

Erbe habe sie nach altem Herkommen übernommen. Sie habe darum mit solch einem Vorwurf keineswegs gerechnet: ‹Und wiwol ich mich dohär dheines [keines] anfechtens als des mynen, uss altem harkhomen an mich gewahsen, niemermer versehn hett [...]›, habe sie sich doch immer und überall überaus willfährig gezeigt: ‹an alln orten geneigter wilfarung ungesparts vlys allzit gespürt erfunden›. Sie sei indessen eigens nach Zürich gereist, um die betreffenden offenbar wertvollen Gegenstände (es dürfte sich wohl um Silbergeschirr oder Ähnliches gehandelt haben) ‹Stück für Stück› vorzuzeigen und sich aufgrund eines Verzeichnisses zu verantworten. Aber offenbar konnten sich die ratsherrlichen Pfleger der nun städtischen Abtei nicht endgültig mit ihr einigen. Sie drang darum darauf, um übler Nachrede vorzubeugen, einen neuen Verhandlungstag anzusetzen.»[342] Zwei verschiedene Rechtsauffassungen prallten damit aufeinander. «Katharina machte das ‹alte Herkommen› geltend, auch habe sie ‹uss göttlichem Verhengn [Erlaubnis, Gnade] eehmaln darinn enndtlich [zuverlässig oder förmlich, aber auch definitiv] gehandlt›. Hatte sie schon in der Übergabeurkunde darauf verzichtet, die Ordensregel und das kanonische Recht zu verpönen, so pochte jetzt die Tochter des humanistisch gebildeten Juristen implizit auf den römischen Rechtssatz: nulla poena sine lege, ohne ein zur Zeit der Handlung geltendes Gesetz dürfe niemand bestraft werden. Sie habe ‹ehemals› nach damals geltender ‹göttlicher Erlaubnis› gehandelt. Dagegen waren nach neuer reformatorischer Lehre kanonische Rechte oder darauf fussendes Herkommen einer Abtei in Zürich nicht nur seit Ende 1524 hinfällig, sondern sie verstiessen, weil sie sich auf keine biblische Vorschrift stützen konnten und zur Zeit der Apostel nicht galten, seit eh und je gegen unveränderliches göttliches Recht, das allein auch damals hätte massgeblich sein sollen. Die Pfleger dürften sich durchaus im

---

342 Christ-von Wedel, Die Äbtissin, S. 173; von Wyss, Geschichte der Abtei Zürich, S. 472, Nr. 502.

Recht gefühlt haben, wenn sie das weissenburgische Erbe zurückverlangten. Katharina wies mit ihrem Pochen auf das Herkommen auf den Wandel der Zeiten und damit auf eine wesentliche Erkenntnis des christlichen Humanismus: Gottes Wort wirkt in der Geschichte in sich wandelnden Denkweisen und Umständen. Erasmus hatte erklärt: Zwar ist ‹das Gesetz Gottes immer dasselbe, so wie Gottes Willen unwandelbar ist, verschieden aber ist es ausgeformt je nach Zeiten und Personen›. [...] Was zur Zeit der Apostel galt, müsse nicht in derselben Form auch im 16. Jahrhundert gelten.»[343] Das Besondere an diesem Brief ist die Unterschrift. Geschrieben wurde der Brief wahrscheinlich von einem Schreiber, aber die Unterschrift hebt sich deutlich davon ab, sodass davon auszugehen ist, Katharina habe ihren Namen persönlich daruntergesetzt.[344]

Katharina war gemäss ihres Briefs nach Zürich gereist. Vermutlich hat sie sich wie vorausgesagt auch öfters nach St. Gallen begeben zu Regula Schwarz, die jetzt Regula Appenzeller hiess und bereits zwei oder drei Kinder hatte. Die Strecke von Diessenhofen nach St. Gallen war vielleicht etwas kürzer als die von Zürich aus.

Katharinenthal

Auch in Diessenhofen spaltete die Reformation die Menschen in zwei Lager. Im Kloster Katharinental vor den Toren der Stadt lebten Eberhards Tochter Katharina aus seiner ersten Ehe, seine ältere Cousine oder leibliche Schwester Barbel sowie zwei junge Cousinen, Töchter des einflussreichen nahen Verwandten Bilgeri von Reischach aus dem

---

343 Christ-von Wedel, Die Äbtissin, S. 173.
344 Günter, Ein Leben als Bürgerin, in: Gysel/Helbling (Hg.), Zürichs letzte Äbtissin, S. 84; Brief vom 22. November 1528, Stadtarchiv Zürich, III.B.961.12.

Hegau. Demnach hatte er mehrere enge Beziehungen zu diesem Kloster. Die Stadt tendierte eher der neuen Lehre zu, eine Gemeindeversammlung hatte knapp dafür gestimmt, während die Nonnen im Kloster Katharinenthal dezidiert beim alten Glauben blieben und sich so sehr bedroht fühlten, dass sie ihr Hab und Gut auf Flössen den Rhein hinunter nach Schaffhausen verschifften. Ihre Briefe, mit denen sie bei ihren Hegauer Familien dringend um Hilfe baten, sind erhalten.[345]

Eine Ausnahme war Eberhards zweitjüngste Tochter Katharina, sie wollte das Kloster verlassen. Sie war, wie ihre Cousine berichtete, hochschwanger und zog zu ihrem Mann, der im Kloster in der Backstube gearbeitet hatte. Man habe sie im Kloster behalten wollen, aber hätte man sie zurückgehalten, wäre sie mit einem anderen Mann davongelaufen. Katharina sprach schlecht von ihrem Vater Eberhard, und brachte ihn in Verruf, er gebe ihr nicht einmal das Nötigste.[346]

Die Königsfelderinnen

Aber nicht nur Eberhards Familie beschäftigte das Ehepaar in Diessenhofen, auch Katharinas Verwandtschaft forderte die beiden heraus. Die acht Jahre ältere Königsfelder Äbtissin Katharina Truchsessin von Waldburg und ihre Schwester Walburga standen nach einer langwierigen und schwierigen Zeit der Auseinandersetzung mit dem Berner Rat vor der Auflösung ihres Klosters. Bereits 1526 korrespondierte die Truchsessin mit ihrem Bruder, dem hochgebildeten Truchsess Wilhelm von Waldburg, Statthalter Württembergs und kaiserlicher Rat. Sie wisse nicht mehr, wie sie die Abtei länger verwalten könne, die Leute wollten keine Abgaben zahlen und lästerten über die

---

[345] Stähli, Ein Sammelband und handschriftliche Quellen, in: Christ-von Wedel, Die Äbtissin, S. 300–303, 306–310.
[346] Vgl. Christ-von Wedel, Die Äbtissin, S. 179.

Klöster. Viele «Schwestern wollten nicht mehr im Kloster bleiben, ihre Autorität sei völlig untergraben, ihre Befehlsgewalt klein, aber Arbeit und Ärger gross»[347]. In seiner mit Bibelzitaten geschmückten Antwort zeigte jedoch der Truchsess kein Mitleid. Demut und Leiderfahrungen gehörten für ihn zum Leben einer christlichen Frau. Er, der selber wohl alle Vorzüge des Lebens genoss, forderte in seinem zehnseitigen Brief seine Schwestern auf, ihr Leben geduldig zu ertragen: «Sie sollten Christus anrufen, der werde sie im Kloster nicht verlassen.» Er verweigerte ihnen jede Hilfe für ein Leben in der Welt, Geld könnten sie von ihm keines erwarten. Immerhin zeigte er sich dann aber 1528 bereit, ihnen ein kleines Leibgeding zukommen zu lassen. Bei ihrem Austritt am 1. März vertrat Hans Escher, Katharinas ehemaliger Anwalt in der Abtei, die beiden Schwestern. Die Verhandlungen mit dem Berner Rat um eine Pension führten Eberhard von Reischach, Georg von Hewen und sein Schwager Sigmund von Hohenlohe, Domdechant aus Strassburg.[348] 1529 treffen wir die Waldburger Schwestern in Diessenhofen an und gehen davon aus, dass die Reischachs sie bei sich aufgenommen haben. Zwei ausgetretene Äbtissinnen erlebten demnach aus nächster Nähe mit, wie sich die Katharinenthaler Nonnen mit all ihrer Kraft gegen die Aufhebung ihres Klosters wehrten. Eberhards Cousine Barbara berichtet von einem Besuch der Königsfelderinnen im Katharinental.

Brief an die Brüder

Auch Georg von Hewen und seine Frau Elisabeth von Hohenlohe fanden sich in Diessenhofen ein. Offenbar aus einer Notlage heraus bat

---

347 A. a. O., S. 31.
348 Vgl. Christ-von Wedel, Die Äbtissin, S. 181; Stähli, Ein Sammelband und handschriftliche Quellen, in: Christ-von Wedel, Die Äbtissin, S. 298–300.

Georg von Hewen, Herr von Hohentrins, 1529 beim Domkapitel von Konstanz um Unterschlupf in Diessenhofen, den ihm die Chorherren in ihrem Amts- und Lagerhaus (heute Museum) direkt am Rhein gewährten. Sie hatten es zehn Jahre zuvor aufwendig renoviert. Hewen durfte für ein Jahr mit Dienern und Hofgesinde gratis dort wohnen. Das Haus steht direkt unter dem Oberhof und damit in nächster Nachbarschaft zu den Reischachs.[349] Gut vorstellbar, dass sie des Öftern dort alle beisammensassen, die Reischachs, die Hewens, die Königsfelderinnen und wohl auch die Payerns.

Katharina und Eberhard brauchten dringend Geld. Die aus Katharinental ausgetretene Tochter Eberhards, die ihren Vater bereits arg bedrängt hatte, verlangte ihr Muttergut. Georg von Hewen half, indem er im Auftrag Katharinas am 19. April 1529 an ihre Brüder Johann Werner und Gottfried Werner einen ausführlichen Brief schrieb, mit dem er sie aufforderte, ihrer Schwester ihr Heiratsgut endlich auszuzahlen. Geschrieben hat ihn wohl ein Schreiber, denn ein späterer, persönlicher Brief Georgs zeigt eine andere Handschrift. Er erinnerte die Brüder daran, dass er schon vor einem Jahr in der Sache geschrieben habe und auch persönlich in Konstanz vorstellig geworden sei. Katharinas Ehemann meine, als «Brüder seien sie ihrer Schwester rechtmässig verpflichtet, sich gutwillig zu zeigen. Reischach wolle sich als Schwager ganz zu ihrem Wohlgefallen erweisen».[350]

---

349 Vgl. Staatsarchiv Thurgau 7'21'0_11.
350 Staatsarchiv Zürich, A 196.3.15, Nr. 5; Stähli, Ein Sammelband und handschriftliche Quellen, in: Christ-von Wedel, Die Äbtissin, S. 303 f.

Zurück in Zürich (1529–1531)

Eberhard wieder in Zürich

Vorerst jedoch musste Reischach wieder zu den Waffen greifen. Christ-von Wedel beschreibt es so: «Zürich erklärte am 8. Juni 1529 den fünf Inneren Orten den Krieg und zog am 9. Juni aus. Ulrich von Württemberg bot sofort seine und seiner Freunde Hilfe an. Diesen Auftrag erhielt selbstverständlich sein Diener vom Haus, Eberhard von Reischach. Er dürfte unter dem ‹fry fennlj›, mit dem Freischarenzug, unter der Hauptmannschaft seines Freundes Georg Göldli, geritten sein. Sicher trafen bald darauf in Diessenhofen beruhigende Berichte ein, denn es kam zu keiner Schlacht. Die Truppen verbrüderten sich. Bullinger beschrieb das später so: ‹Viele tapfere Gesellen der fünf Orte nahmen einen grossen Milchtopf, stellten ihn auf die Grenze in die Mitte und riefen den Zürchern zu, sie hätten eine gute Milchsuppe, aber keine Brocken. Da liefen redliche Gesellen der Zürcher hinzu mit Brot und brockten es hinein. Jeder lag auf seiner Seite am Boden und sie assen die Milchsuppe zusammen.›»[351]

Die Zürcher Truppen kehrten wieder um. «Bereits am 26. Juni erreichten sie Zürich, unter ihnen Eberhard von Reischach. Bullinger berichtete später: Reischach, der seit 1519 in grosse Ungnade gefallen sei, habe sich unterdessen in Diessenhofen ehrlich und verständig gehalten, er sei überhaupt ein aufrichtiger und untadeliger Mann: ‹wie er dann ein tugendsammer redlicher man was›. Auch habe er den Zürchern ‹vil lieb und dienst› erwiesen.»[352] Reischach war wieder gefragt, die Zürcher brauchten erfahrene Söldner und Söldnerführer. Bevor er

---

351 Christ-von Wedel, Die Äbtissin, S. 182 ff.; Bullinger, Reformationsgeschichte, Bd. 2, S. 183.
352 Christ-von Wedel, Die Äbtissin, S. 183.

jedoch durch das Rennwegtor in die Stadt einreiten durfte, musste er beschwören, sich an die Kriegssatzung und das Mandat gegen die heimlichen Pensionen zu halten. «Auf jeden Fall nahmen in der Folge die Bündnispläne mit Ulrich von Württemberg mehr und mehr Gestalt an und Eberhard von Reischach konnte nun für Verhandlungen auch in Zürich selbst vorstellig werden. Er konnte in der Stadt wieder ein und aus gehen. Am 1. November 1529 stand er bei Familie Burkart in Zürich Pate.»[353]

Ende Jahr zog das Ehepaar Hewen weiter. In aller Eile ordneten sie ihren Nachlass mit je einem eigenen Brief[354] und verabschiedeten sich aus Diessenhofen, eventuell bereits nach Hessen zu Graf Philipp, wo Georg von Hewen ab 1531 eine Anstellung erhielt und wo schon Herzog Ulrich von Württemberg untergekommen war. Eigentlich würde man erwarten, dass auch Eberhard von Reischach seinem Herrn, dem er treu ergeben war, dahin folgen würde. Erstaunlicherweise blieb er in Diessenhofen. Es ist anzunehmen, dass er für den Herzog den Kontakt zu Zürich aufrechterhalten sollte. Ob Katharina dabei eine Rolle spielte?

Im Kloster Katharinenthal entwickelten sich die Ereignisse dramatisch, was die Reischachs und die beiden Königsfelderinnen wohl noch aus nächster Nähe miterlebten. Christine Christ-von Wedel schildert sie im Detail, sie konnte sich dabei auf die im Reischach-Archiv neu gefundenen und erschlossenen Briefe der Klosterfrauen Küngolt und Barbara von Reischach, Cousinen Eberhards, stützen, die die Ereignisse in bewegenden Worten schilderten.[355] Die Zürcher, Berner und Glarner wollten das im Thurgau liegende Kloster aufheben und säkularisieren, hatten aber in der Gemeinen Herrschaft nicht freie Hand. Sie

---

353 Christ-von Wedel, Die Äbtissin, S. 184, Stadtarchiv Zürich, VIII.C.1.
354 Vgl. Stadtarchiv Stein am Rhein A_SS_50.
355 Vgl. Christ-von Wedel, Die Äbtissin, S. 189 f.; Stähli, Ein Sammelband und handschriftliche Quellen, in: Christ-von Wedel, Die Äbtissin, S. 307–310.

wandten jedes erdenkliche Mittel an, um die Dominikanerinnen zur Aufgabe zu bewegen. Sie hatten bereits Eberhard von Reischach und Georg von Hewen aufgeboten, um zu vermitteln, und hofften wohl, zu diesen nahverwandten Adligen hätten die Schwestern mehr Vertrauen. Aber auch sie konnten nichts ausrichten. Die Machenschaften erreichten 1530 den Höhepunkt. Die Herren versuchten es mit Betrug und List: Sie riefen eine Nonne in einen Raum, bedrängten sie «mit fil trüw worten und tischbentieren [disputieren]» den Habit abzulegen. Als sie sich weigerte, führten sie sie abgesondert von den anderen hinaus. Der nächsten Nonne aber erklärten sie, die erste habe sich vom Orden losgesagt. So machten sie es mit einer nach der anderen. Aber auch das nützte nichts. Nur eine junge Novizin, die letzte, die sie befragten, habe ihnen geglaubt und «freiwillig» ihr Ordenskleid abgelegt. Barbara von Reischach berichtete, sie hätten fast alle dasselbe gesagt, nämlich: Sie wollten keinen Pfaffen anhören. Sie beriefen sich aufs Recht. Sie unterständen den acht Schirmorten, denen würden sie folgen. Daraufhin hätten die Herren behauptet, sie seien im Namen der acht Orte da und das Recht sei auf ihrer Seite, freilich ohne die Nonnen damit erweichen zu können. Nachdem man ihnen eine neue Ordnung aufgezwungen hatte, begaben sich die Nonnen nach Engen ins Exil, kehrten aber 1532 nach der Niederlage der Reformierten zurück und führten ihr Kloster weiter.[356]

Katharina wieder in Zürich

Katharina von Zimmern hatte ihr Wohnrecht in der Abtei behalten können, und da Eberhard vom Zürcher Rat begnadigt worden war, konnte die Familie dahin zurückkehren. Allerdings überliess der Rat Katharina nur die oberen Stuben, die er freigelassen hatte, für den

---

356 Vgl. Christ-von Wedel, Die Äbtissin, S. 191.

Fall, «dass die Äbtissin wiederkäme»[357]. In die unteren Räume war unter dem Vorsitz Heinrich Engelhards 1525 das neu geschaffene Ehegericht eingezogen.

Wie wird es sich angefühlt haben, nun wieder in den alten Räumen zu wohnen? In dem Haus, das Katharina selber geplant und ausgeschmückt, und dessen Bau sie begleitet hatte? Hier war sie einst die Hausherrin gewesen. Nun hatten andere das Sagen, verantworteten Männer die täglichen Abläufe. Falls sie schon im November 1530 eingezogen sein sollte, erlebte sie die Auseinandersetzung über die sogenannte «Freiheit» mit. Die Freiheit war ein Raum in der Abtei, in den Straffällige fliehen und dort nicht belangt werden konnten. Es gab auch in den Klöstern Oetenbach und Selnau eine solche «Freiheit», und übrigens auch im Wallfahrtsort Altstetten, den die Reformation unterdessen aufgehoben hatte. Im März 1530 beschloss der Rat, die Einrichtung im Fraumünster «wie von alterhar gebrucht ist» weiterzuführen.[358] Bereits im Dezember kam es deswegen zum Eklat: Heinrich Rubli, der seine Frau betrogen hatte, suchte in der Freiheit des Fraumünsters Schutz. Ehebruch wurde im reformierten Zürich streng geahndet.[359] Rubli konnte aus der Freiheit fliehen, worauf der Rat acht angesehene Männer zitierte, sie hätten Rubli zur Flucht verholfen, unter ihnen der noch von Katharina eingesetzte Ammann Niclaus Fry. Dieser entschuldigte seine Gehülfenschaft damit, die Äbtissin habe ihm die «Freiheit» mit dem Auftrag geliehen, dass er denen, «so in die Fryheit wychend, das best tuon und, so si es begerend, inen, wie er mag, darvon helfen solle, das er sich auch bishar allweg gebrucht und im niemand nie nützit darin geredt»[360]. Rubli wurde in der Schlacht bei Kappel von der Stadt wieder gebraucht und durfte zurückkehren.

357 Egli, Actensammlung, Nr. 991.
358 Vgl. a. a. O., Nr. 1152.
359 Vgl. Christ-von Wedel, Die Äbtissin, S. 223.
360 Egli, Actensammlung, Nr. 1723.

In Kappel kam er ums Leben. Seine Frau, nach seinem Tod die «Witwe Rubli», wird uns wieder begegnen.

Vielleicht hatte der Ammann den Mut, sich auf die Grossherzigkeit und Menschlichkeit der Äbtissin zu berufen, da sie bereits wieder in der Stadt weilte. Einen Hinweis liefert uns ein weiterer Brief der beiden Schwestern von Waldburg, der ehemaligen Königsfelderinnen, an ihren Bruder, dem sie jetzt von Zürich aus schrieben.

Zwei Hochzeiten konnten im Jahr 1530 gefeiert werden: Die beiden Kinder Eberhards aus erster Ehe, die aus ihren Klöstern ausgetreten waren, gründeten Familien. Katharina, die Nonne aus Diessenhofen, heiratete einen Ulrich Hammer von Thättingen und Anstett vermählte sich «wider seines Vaters Willen»[361] mit der Zürcher Bürgermeisterstochter Anna Schmid.

In St. Gallen gebar Regula Appenzeller-Schwarz ihr drittes Kind: das Mädchen Salome.[362]

Weiterhin plagten Eberhard von Reischach Geldsorgen. Am 9. Juli 1531 schrieb er an Benedict May nach Bern, er könne ihm nur einen Teil des geschuldeten Geldes zahlen, weil seine Kinder ihr Muttergut von ihm verlangt hätten. Das habe er sie denn auch klar wissen lassen: «mine kind hand mier der nechst verschinen wuchen min segkell aber gar glaertt, um ier mütterlich gutt. Hob sy darum gar us gwissenn.»[363]

Katharina von Zimmerns Auseinandersetzung mit dem Rat um das Erbe ihrer Vorgängerin Elisabeth von Wyssenburg blieb ungelöst. Anfang September 1531 wandte sie sich mit einem ausführlichen Brief an den Zürcher Rat.[364] Geschrieben ist er wie das frühere Schreiben

---

361 Egli, Actensammlung, Nr. 1690.
362 Vgl. Stadtarchiv St. Gallen, Taufbuch KiA II,1.
363 Bürgerarchiv Diessenhofen, BAD/Schachtel 2; Christ-von Wedel, Die Äbtissin, S. 184f. und Stähli, Ein Sammelband und handschriftliche Quellen, in: Christ-von Wedel, Die Äbtissin, S. 306, 311.
364 Vgl. Staatsarchiv Zürich, A 196.3.15, Nr. 4.

in einer charakteristischen, schwungvollen Schrift – dieselbe wie in den Briefen, die Georg von Hewen für sie schrieb, wahrscheinlich die eines Schreibers. Katharina formuliert in Ich-Form. Es ist der ausführlichste und bewegendste Brief, der von ihr erhalten ist. Stähli fasst den Inhalt so zusammen: «Sie beschreibt, wie sie von ihrem Vater mit ihrer Schwester wegen seines widerwärtigen Schicksals dem Zürcher Rat übergeben wurde und von diesem ins Fraumünster aufgenommen worden sei. Damit nimmt sie die Argumentation ihres Schreibens anlässlich der Übergabe der Abtei wieder auf. Von Jugend an habe der Rat ihren Brüdern und Schwestern und ihr selbst viele gute Taten bewiesen. Auch habe man sie im Kloster unterhalten und ihr später ein nicht kleines Leibgeding zugestanden. Als gehorsame Bürgerin sei sie nie im Stich gelassen worden, weshalb sie ihre Beschwerde vortragen wolle, so kurz wie möglich. Wie ihre Geschwister sei sie ehelich geboren und habe deshalb nach Recht und Billigkeit Anspruch auf ihr väterliches und mütterliches Erbe. Ihre Brüder, die inzwischen wieder gut gestellt seien, verweigerten ihr, was ihr billig zustehe, ohne Achtung aller schwesterlichen Treue und Freundschaft, die sie ihnen in ihren Nöten bewiesen habe. Vor etwa 20 Jahren habe sie sich, durch Bitten und süsse Reden getäuscht, zu einem Verzicht auf ihr Erbe vor dem Hofgericht in Rottweil drängen lassen, gegen ein jährliches Leibgeding von 20 Gulden für 2000 Gulden Hauptgut. Da dies nie bezahlt worden sei, sei ihr Verzicht nichtig. Nach der Heirat mit Eberhard von Reischach wollten sie und ihr Ehemann ein geziemendes Heiratsgut bei den Brüdern einfordern, was durch Georg von Hewen erfolgt sei. Die Brüder bestünden aber auf dem Erbverzicht. Ihre Forderung stehe, doch als eine treue Schwester wolle sie gern in friedlichem Wesen beharren. Deshalb die Bitte an den Rat, sich für ihr Anliegen einzusetzen, da sie die ehelich geborene Schwester sei und das Heiratsgut ihr nach Fug und Recht zustehe. Der Rat möge vermitteln, gegebenenfalls durch Anhörung je eines Vertreters beider Parteien. Den Entscheid wolle sie akzeptieren. Zum Schluss erwähnte Katharina noch üble Nachreden in ihrer Abwesenheit, die ihr vorwarfen, sie habe etwas aus dem Gotteshaus entwendet, und bat um Bestätigung, was ihr gehöre, nämlich nicht nur Ererbtes, sondern auch Erspartes aus ihren Pfründen. [...] Katharinas Forderung an ihre Brüder, für die sie die Unterstützung des Zürcher Rats erwartete, war doppelt so hoch wie die Ansprüche der beiden von Waldburg-Schwestern an ihren Bruder, um nach dem Austritt aus dem Kloster Königsfelden ein angemessenes Leben führen zu können.»[365]

Die Cousine heiratet den Freund

Das hatte die Truchsessin Katharina von Waldburg jedoch nicht mehr nötig, denn ihr Leben nahm eine überraschende Wende. Am 3. August 1531 heiratete sie Georg Göldli,[366] Freund der Reischachs, ehemaliger Pfleger der Abtei, Sohn des von Waldmann abgesetzten Bürgermeisters und treuer Kampfgefährte Eberhards. Die Trauung ist im Kirchenbuch des Fraumünsters eingetragen, was bedeutet, dass die Truchsessin auf jener Limmatseite zu Hause war, vermutlich bei Katharina in der ehemaligen Abtei. Für den bereits 65-jährigen Göldli war es die dritte Ehe. Mit seiner ersten Ehefrau Emerita Mötteli von Rappenstein hatte er zehn Kinder, die bereits wieder Kinder hatten, er war mehrfacher Grossvater. Seine aus dem Kloster Oetenbach ausgetretene Tochter Margerita hatte im Jahr zuvor den Reformator Kaspar Grossmann, bekannt als Megander, geheiratet. Am 25. April 1529 heiratete Göldli in zweiter Ehe die ehemalige Oetenbacher Nonne Anna Keller,[367] Patin von Zwinglis Sohn Wilhelm. Sie muss bald dar-

---

365 Stähli, Ein Sammelband und handschriftliche Quellen, in: Christ-von Wedel, Die Äbtissin, S. 311–313.
366 Vgl. Stadtarchiv Zürich, III.C.15.
367 Vgl. a. a. O., VIII. C.1.

auf gestorben sein, ihr Testament ist erhalten.[368] Und nun beschlossen die ehemalige, bereits 61-jährige Königsfelder Äbtissin und der Söldnerführer noch eine Wegstrecke gemeinsam zu gehen. Georg war einer der reichsten Junker Zürichs, ihm gehörte der Göldliturm am Hirschenplatz, wo Katharina Truchsessin von Waldburg nun einzog. Christ-von Wedel bemerkt: «Er verfügte 1530 über ein Barvermögen von 6 400 Gulden. Ab 100 Gulden galten Zürcher als wohlhabend, ab 500 Gulden bereits als reich und ab 5 000 Gulden als ‹sehr reich›.»[369] Die beiden werden Katharina von Waldburgs Schwester bei sich aufgenommen haben. Georgs Brüder Kaspar und Renward wohnten nicht mehr in der Stadt, sie waren überzeugt altgläubig geblieben und hatten Zürich verlassen, Renward nach Luzern, Kaspar nach Rapperswil.

Heiratsgut gefordert

Dem Brief Katharina von Zimmerns wurde stattgegeben. Ohne Verzug, bereits am 12. September 1531, richtete der Rat von Zürich ein Schreiben an ihre Brüder. Darin beschrieb der Rat, wie Eberhard von Reischach persönlich vor den Rat getreten sei und Katharinas Brief überbracht habe. Es sollte das letzte Mal sein, dass er sich für Katharina einsetzen konnte. In den Quellen ist zu lesen: «Reischach, der edle, feste, getreue, liebe Burger, habe in langen Worten alles vorgebracht, was schon durch Georg von Hewen an die Brüder seiner Ehefrau, Katharina von Zimmern, betreffend deren Heiratsgut in ihrem Namen mündlich und schriftlich herangetragen und auch, was die Brüder darauf geantwortet hätten. Reischach habe um Hilfe gebeten und angezeigt, dass er und seine Gemahlin in der Sache aus rechtmässigen Gründen nicht länger stillstehen wollten. Der Rat sei sei-

---

368 Vgl. Staatsarchiv Zürich, B VI 309, S. 69.
369 Christ-von Wedel, Die Äbtissin, S. 198.

nem Bürger Reischach und dessen Ehefrau besonders wohlgeneigt – sie wird wiederholt als wohlgeboren und ehrenreich bezeichnet – und er bitte die Brüder ernsthaft, sie möchten sich so bald als möglich ein Herz fassen angesichts der Zeitläufe. Der Rat betonte vor allem die Tatsache, dass die Schwester mit ihrer ehelichen Verpflichtung nichts getan habe als das, was christlich und rechtens sei, und nun unbilliger Weise ihres väterlichen und mütterlichen Erbes entbehren müsse. Damit bekannte er sich zur Aufforderung der Reformatoren an Mönche und Nonnen, die Klöster zu verlassen und eine Ehe einzugehen. Er forderte die Brüder auf, den Eheleuten das ihnen zustehende Heiratsgut auszurichten, unverzüglich und ohne weitere Umstände, damit diese nicht gezwungen seien, etwas zu unternehmen, was unfreundlicher ausfallen könnte. Viel lieber möchten sie den Brüdern als Schwager und Schwester in Treue, Freundschaft und Liebe verbunden bleiben. Eine Antwort der beiden Brüder ist bisher nicht bekannt, erst 16 Jahre später, 1547, wandte sich Gottfried Werner Graf zu Zimmern in dieser Angelegenheit wieder an den Zürcher Rat.»[370]

Dies alles geschah, während sich die politische Lage dramatisch zuspitzte.

Vor dem Krieg

Ende September 1531 herrschte in der Stadt grösste Anspannung. Wird es Krieg geben? Werden die Katholiken der Innerschweiz ins Zürcher Gebiet einfallen und gegen die Stadt ziehen? Oder wird Zürich wieder ein Heer einberufen wie vor zwei Jahren und den Katholiken zuvorkommen? Noch war alles offen. Der Rat konnte sich nicht entscheiden.

370   Staatsarchiv Zürich, A 196.3.15, Nr. 6; Stähli, Ein Sammelband und handschriftliche Quellen, in: Christ-von Wedel, Die Äbtissin, S. 313 f.

In diese Zeit der Ungewissheit fiel ein freudiges Fest: Eberhards Sohn Anstett, der ehemalige Benediktinermönch, war Vater eines Sohnes geworden. Die Familie feierte die Taufe des kleinen Hans Heinrich am 26. September, einem Dienstag, im Grossmünster. Würde ich daraus einen Roman machen, hätte ihn selbstverständlich Ulrich Zwingli getauft. Taufen wurden im reformierten Zürich üppig gefeiert. Man stelle sich vor, wie sie alle nochmals beisammen sassen, vierzehn Tage vor der Schlacht: Das Ehepaar von Reischach, Anstett (Katharinas Stiefsohn) und seine Frau Anna Schmid mit dem Täufling, Anstetts vielleicht bereits verheiratete Schwester Anna (Katharinas Stieftochter), das 5- oder 6-jährige Töchterchen Eberhards und Katharinas, das ebenfalls Anna hiess, der Pate Meister Hans Hagnower, die Patin Magdalen Frysin und sicher das frisch vermählte Ehepaar Göldli Truchsess von Waldburg. Der andere Grossvater des Täuflings, Bürgermeister Schmid, war 1524 gestorben. Aber vielleicht war der amtierende Bürgermeister Diethelm Röist eingeladen und es wäre durchaus möglich, dass auch Ulrich Zwingli anwesend war. Wir sehen sie, wie sie nach der Taufe vom Grossmünster über die Brücke in den Abteihof einbiegen und dort in Katharinas Räumen feiern, die ganze Schar, unter ihnen zwei ehemalige Äbtissinnen und zwei Söldnerführer. Das Thema Krieg wird die Gespräche dominiert haben, die beiden doch schon bejahrten, erfahrenen Kriegsherren wussten, was in einer Schlacht auf sie zukommen würde. Reischach war bereits achtundsechzig Jahre alt, Göldli fünfundsechzig. Und Katharina von Zimmern wird hin und wieder sorgenvoll an ihre Regula gedacht haben, die in St. Gallen kurz vor der Geburt ihres vierten Kinds stand.

In einem Roman sähen wir Eberhard und Katharina nach dem Festessen, wenn alle Gäste sich verabschiedet hätten, miteinander am Fenster stehen und auf die Limmat hinausschauen, im Raum mit den Friesen von den Badenden und vom Soldaten mit dem roten Barett, der die schöne Frau in den Armen hält. Sie würden auf ihr gemeinsames Leben zurückschauen, ahnend, dass es zu Ende gehen könnte.

Die Katastrophe

Die Schlacht bei Kappel am 11. Oktober und am 23. Oktober am Gubel endete für Zürich in einer Katastrophe. Nicht nur mussten sie den Tod von Ulrich Zwingli zur Kenntnis nehmen, es fielen 7 Mitglieder des Kleinen Rats, 19 Mitglieder des Grossen Rats, insgesamt 512 Zürcher, davon mehr als 100 Bürger der Stadt. Das waren in der 5000-Seelen-Stadt mehr als zehn Prozent der wehrfähigen Männer. Bullinger zählt sie in seiner Chronik alle mit Namen auf. Unter ihnen Eberhard von Reischach und sein Sohn Anstett, Diebold von Geroldseck, ehemaliger Verwalter des Klosters Einsiedeln und Bruder der Kunigunde, der seit 1527 im Einsiedlerhof in direkter Nachbarschaft zum Fraumünster gelebt hatte (heute Zunfthaus zur Meisen); Niclaus Fry, Ammann des Fraumünsteramts; Bernhard Reinhart, Bruder der Anna Reinhart, die somit ihren Ehemann, ihren Sohn aus erster Ehe und ihren Bruder verlor; Heinrich Rubli, Jos von Kusen, der Wirt des Roten Hauses, der Abt von Kappel, der Komtur von Küsnacht.[371]

Das ganze Entsetzen über die Niederlage, die Heimkehr der Verwundeten, das Elend und die Furcht, die Innerschweizer würden nun in Zürich einfallen, schildert unter anderen auch Thomas Platter in seiner Lebensbeschreibung.[372] Er wohnte immer noch bei Myconius, dem Schulmeister der Fraumünsterschule.

Katharina von Zimmern verlor ihren Ehemann Eberhard von Reischach. Die Berner Chronik des Valerius Anshelm bezeichnet ihn als einen erfahrenen Ratgeber der Zürcher vor der Schlacht, der «kundig und kriegserfahren» zusammen mit Zwingli zu einer anderen Aufstellung hinter dem Graben geraten habe, dessen Ratschläge

---

371 Vgl. Bullinger, Reformationsgeschichte, Bd. 3, S. 142 f.
372 Vgl. Platter, Lebensbeschreibung, S. 105 ff.

aber nicht befolgt worden seien.[373] Auch Eberhards Sohn Anstett war gefallen, der eben getaufte Hans Heinrich nun ohne Vater. Vor ihm lag kein einfaches Leben. Ein späterer Brief des Rats bezeichnet ihn als armen, bedürftigen Knaben und in seinem Testament wird er schreiben, dass er alles, was er besitze, mit seinen Händen erarbeiten musste.[374] Aber auch für Katharina von Waldburg brachte die Niederlage Ungemach: Ihr Ehemann Georg Göldli wurde des Verrats angeklagt. Georg Göldli, mit Lavater zusammen Befehlshaber des Zürcher Aufgebots, wurde verdächtigt, mit seinem katholisch gebliebenen Bruder Kaspar, der auf der Gegenseite kämpfte und den er vierzehn Tage zuvor noch getroffen hatte, gemeinsame Sache gemacht und die Niederlage in Kauf genommen zu haben. Man machte ihm den Prozess. Die Familienchronik der Göldlis vermutet, dass Zürich den Göldlis insgeheim immer noch die Hinrichtung Hans Waldmanns nachgetragen habe.[375] Göldli wurde freigesprochen, war aber durch die Anfeindungen dermassen verbittert, dass er sein Zürcher Bürgerrecht aufkündigte. Er verkaufte um 1533 den Göldliturm an Peter Wellenberg (daher heute der Name des Hotels). Konstanz, damals eine reformierte Stadt, nahm Georg Göldli und seine Frau Katharina von Waldburg, ehemalige Äbtissin von Königsfelden, am 12. März 1533 ins Bürgerrecht auf,[376] Göldli erwarb den Tettikoferhof, das herrschaftliche Anwesen an der Ecke Inselgasse/Tulengasse. Sie integrierten sich schnell und gut am neuen Ort. Bereits im August wird die Schwester Waldburga, die sie offenbar mitgenommen hatten, im Taufbuch als Patin aufgeführt. Die Truchsessin wurde

---

373 Vgl. Anshelm, Die Berner Chronik, VI, S. 95 f.; Christ-von Wedel, Die Äbtissin, S. 207; Günter, Ein Leben als Bürgerin, in: Gysel/Helbling (Hg.), Zürichs letzte Äbtissin, S. 90.
374 Vgl. Stähli, Ein Sammelband und handschriftliche Quellen, in: Christ-von Wedel, Die Äbtissin, S. 325 f.
375 Vgl. Göldli, Göldi-Göldli-Göldlin, S. 16, Anm. 2.
376 Vgl. Stadtarchiv Konstanz, A IV 5.

neunmal als Patin angefragt, Georg Gödli dreimal, zuletzt noch am 21. März 1536, mit siebzig Jahren.[377]

Zürich versank für kurze Zeit in heftigen Wirren. Nicht wenige wollten zurück zum alten Glauben. Leo Jud versteckte sich zuerst, Myconius getraute sich kaum über die Strasse von seinem Haus aus in die Schule.[378] Dann aber wagte sich Jud, in leidenschaftlichen Predigten wieder Stellung zu beziehen. Der Rat erwog, ihn ans Grossmünster zu wählen, was er jedoch zurückwies.[379] Am 9. Dezember wählte der Rat Heinrich Bullinger zum Nachfolger Zwinglis. Bullinger bezog das stattliche Haus des ehemaligen Custos des Grossmünsters, heute Zwingliplatz 4. Eine Rückkehr zum alten Glauben wäre schwierig geworden, auch weil Zürich dann wohl den Klöstern ihre Güter hätte zurückgeben müssen. Katharina von Zimmerns Übergabe hatte Fakten geschaffen, die nicht so leicht wieder rückgängig gemacht werden konnten. Und wie wäre man mit den verheirateten Pfarrern verfahren?

Ein weiteres Unglück

Auf Katharina von Zimmern wartete indes ein weiteres Unglück: Sie verlor ihre geliebte Regula in St. Gallen. Vermutlich ist Regula bei der Geburt ihres vierten Kinds Sebastian Uriel gestorben. Er wurde drei Wochen nach der Schlacht, am 2. November 1531, getauft. Der Eintrag im Taufbuch lässt den Tod Regulas vermuten: Der Name Regula Schwarz ist von Hand dazugeschrieben, neben dem ursprünglichen Eintrag «uxor eius» (seine Ehefrau). Bei den Taufen ihrer anderen Kinder steht ihr Name ausgeschrieben und in gleicher Schrift wie der

---

377 Vgl. Stadtarchiv Konstanz, Taufbuch, A IV 2.
378 Vgl. Pestalozzi, Heinrich Bullinger, S. 69.
379 Vgl. Rueb, Zwingli, S. 227.

Name des Ehemanns. Was für ein geballtes Elend für die ehemalige Äbtissin!

Regulas Ehemann Sebastian Appenzeller, nun Witwer, ehelichte Ende 1533 im Fraumünster die reiche Witwe und bereits fünffache Mutter Margarete Rubli, geborene Belzinger, eine Nichte des ehemaligen Embracher Propstes Heinrich Brennwald, der nun im Grimmenturm am Neumarkt wohnte. Heinrich Rubli, in Kappel gefallen, war ein Freund Reischachs gewesen. Reischach listete ihn 1518 als einen seiner Gesellen auf, die ihn im Bad beschenkt hatten. 1530 floh er seines Ehebruchs wegen ins Fraumünster Asyl und dann mithilfe seiner Freunde aus der Stadt. Christ-von Wedel schreibt: «Seine reiche Witwe Margarete dürfte für einen Sebastian Appenzeller eine sehr gute Partie gewesen sein. Appenzeller hätte sie ohne die Beziehungen von Katharina von Reischach-von Zimmern kaum heiraten können. Hoffte Katharina mit dieser Heirat, die Kinder ihrer geliebten Regula gut zu versorgen und in ihre Nähe zu ziehen?»[380]

Im Jahr 1534 gewann Ulrich von Württemberg sein Land zurück. Eberhard von Reischach hat es nicht mehr erlebt. Georg von Hewen kaufte das Schloss Honberg und wurde Ulrichs Vogt von Tuttlingen. Der Herzog forderte konsequent die Anstellung von Predigern des neuen Glaubens. In einem Brief, den für einmal nicht ein Schreiber, sondern Hewen mit eigener Hand schrieb, bekannte er einem Vetter, dass er nicht so scharf denke wie sein Dienstherr. Wenn es nach ihm ginge, könnte «ein jeglicher globen, das er truwte got zu geniessen»[381]. Wir begegnen darin der offenen, humanistischen Haltung, die wir auch bei Katharina zu erkennen glauben.

Ob Katharina mitbekam, wie ihre ehemalige Chorfrau Kunigunde von Geroldseck in diesem Jahr um die Wahl zur Äbtissin des Stifts Säckingen kämpfte? Solche Probleme hatte sie nicht mehr. Es sieht so

---

380   Christ-von Wedel, Die Äbtissin, S. 223.
381   Fürstlich Fürstenbergisches Archiv Donaueschingen, Eccl. 26 I 3.

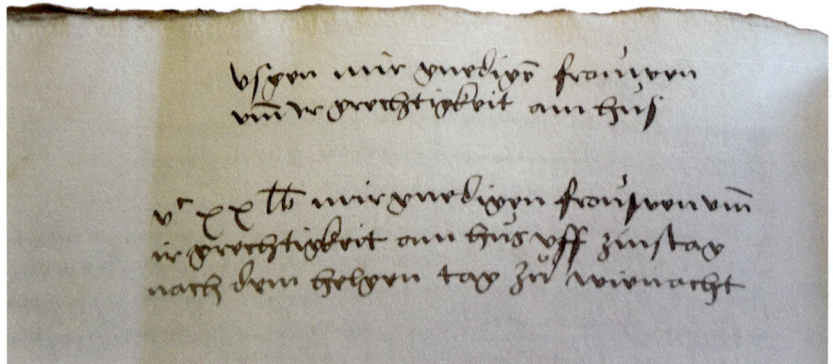

Abb. 34: Abgeltung für das Wohnrecht in der Abtei

aus, als hätten sie in diesen Jahren vor allem familiäre Sorgen umgetrieben. Ebenfalls 1534 heiratete ihre Stieftochter Anna, wahrscheinlich bereits in zweiter Ehe, den aus einer Rheinauer Familie stammenden Heinrich von Mandach. Sein Vater war früh verstorben, seine Mutter, Anna Escher, hatte sich wieder verheiratet mit dem hablichen Ratsherrn Jos von Kusen, der das einzige Gasthaus in Zürich führte, das Elsässer Wein ausschenken durfte. Dort war Heinrich mit seinen beiden Brüdern aufgewachsen. Anna von Reischach muss bei der Heirat bereits gegen fünfundzwanzig Jahre alt gewesen sein.

Im Oberdorf

Dass die beiden Töchter Eberhards, sowohl das jüngste Kind aus seiner ersten Ehe mit Verena Göldli wie auch das Mädchen von Katharina, Anna hiessen, hat uns bei den Nachforschungen etliche Mühe bereitet. Eine Erklärung könnte sein, dass auch Eberhards Mutter, Anna von Hornstein, diesen Namen trug. Die Anna aus erster Ehe, nun Anna von Mandach, gebar ihr erstes Kind in Frauenfeld, drei weitere Kinder in Zürich, sie wurden im Grossmünster getauft. Die Familie muss 1537 nach Zürich gezogen sein, von 1537 bis 1541 ist Heinrich als Mitglied der Constaffel aufgeführt.

Abb. 35:
Oberdorfstrasse 17

Vermutlich war dies mit ein Grund dafür, dass Katharina von Zimmern an Weihnachten 1536 ihre Wohnung in der Abtei aufgab[382] und das Haus zum Bracken kaufte, heute Oberdorfstrasse 17. Das Fraumünsteramt zahlte ihr das Wohnrecht aus mit 520 Pfund. Das dürfte etwa die Summe gewesen sein, die sie für den Hauskauf benötigte.

Da sich kein anderer Hinweis finden liess, ist anzunehmen, dass die Familie der Anna von Mandach bei Katharina an der Oberdorfstrasse wohnte, oder dann beim Bruder Heinrichs am Neumarkt 15. Ein weiterer Grund für Katharinas Kauf war wohl der grosse Umbau der Abtei von 1537/39 und die Verlegung des Alumnates von Kappel in die Räume des ehemaligen Äbtissinnenhofs. Wer bewunderte nun wohl die schönen Friese mit der diebischen Katze hinter dem Ofen, die Würste stahl?

Das Haus zum Bracken liegt nur einige Schritte entfernt von der Trittligasse 8, dem Haus der Anna Reinhart, Zwinglis Witwe. Ihre drei Kinder waren im selber Alter wie Katharinas Tochter. Der zehn Jahre

---

382   Vgl. Stadtarchiv Zürich, III.B.322.

alte Wilhelm und der acht Jahre alte Ulrich dürften die Grossmünsterschule besucht haben. Ob Anna eine Schule besuchte? Ob die Schule im Haus In Gassen 11, die nach der Reformation eingerichtet wurde, schon existierte?[383] Dann könnte die kleine Anna sie besucht haben. Mit Sicherheit haben sich die beiden Witwen, die beide nach dem Tod ihrer Männer nicht mehr heirateten, an den festlichen Anlässen der Gesellschaft zu Constaffel getroffen. Mit zwölf anderen Frauen zusammen gehörten sie zum «Stübli» und damit zur führenden Gruppe der Gesellschaft. Sie bezahlten dafür jährlich zwei Schilling. «Im Allgemeinen nahmen die Frauen im Haus zum Rüden am gesellschaftlichen Leben teil und hielten eigene Gastmähler ab.»[384] Anna Reinhart starb im Jahr 1538 an der Pest. 19 Jahre zuvor hatte sie Ulrich Zwingli gepflegt, als er an der Pest erkrankt war.

Patin

Am 18. April 1538 wird Katharina im Taufbuch des Grossmünsters zum ersten Mal als Patin aufgeführt. Getauft wurde ein Fridli Köferli, Pate war Fridli Balber, Rat und Zunftmeister der Waag. Einige Wochen zuvor findet sich auch ein Eintrag zu ihrer Stieftochter Anna von Mandach als Patin bei einem Mädchen, dessen Vater nicht aufgeführt wird. Sie waren definitiv in Zürich angekommen. Sorgen machte jedoch Sebastian Appenzeller, Regulas Witwer, nun verheiratet mit Margarete Rubli, geborene Belzinger. Christ-von Wedel bemerkt: «Anscheinend hatte den St. Galler bei seiner zweiten Frau vor allem Geld und Ansehen gelockt. Jedenfalls musste Pfarrer Leo Jud am 27. Dezember 1535 Vadian ernsthaft bitten, doch Sebastian Appenzeller nach Zürich zu

---

383 Vgl. Abegg/Barraud Wiener, Kunstdenkmäler des Kantons Zürich, Stadt Zürich, Bd. II.I, S. 92.
384 Illi, Die Constaffel, S. 54 f.

beordern, damit der ordentlich mit seiner Frau zusammenlebe. Das Ehepaar gebe ein sehr schlechtes Beispiel, und der Rat habe als Sittenwächter Appenzeller zu seiner Frau zurückbefohlen. Darum solle nun Vadian eingreifen: ‹Die Gattin erwartet von Tag zu Tag den Ehemann, vielleicht wider Willen, aber sie erwartet doch, was der Rat gesprochen hat. Ich will also, gelehrter Herr, dass Ihr Euren Bürger dazu treibt, zu tun, was sich nach göttlichem und natürlichem Recht gehört›.»[385] Die beiden Kinder Salomea und Sebastian lebten 1535 in St. Gallen und wurden von einer Magd betreut. 1538 muss ihr Vater gestorben sein. Vadian wandte sich einige Jahre später an Bullinger und forderte, die Witwe Rubli, wie sie immer noch genannt wurde, müsse ihr Versprechen halten und für die Kinder bezahlen. Für Sebastian Uriel setzte sich Vadian in St. Gallen um 1539 ein und dann später wieder um 1550. In einem seiner Briefe schrieb er, dass Uriel noch eine Schwester in Zürich habe. Uriels Herkunft umschrieb er, wie damals üblich: er sei «der fro äbtissin von Zimern säligen bruoders lediger dochter sone, die den Sebastian Appenzeller zuor ee ghabt usw., hat noch ain schwöster in Zürich und ist gar ain frommer, armer jüngling»[386]. Eine uneheliche Tochter eines Bruders war nicht zu eruieren, die Zimmerische Chronik nennt alle unehelichen Kinder bei Namen, eine Regula kommt nicht vor. Wenn die im Brief genannte Schwester Uriels nicht bei der Witwe Rubli wohnte, da diese ja dann wohl nicht hätte zu einer Zahlung verpflichtet werden können, sich aber in Zürich aufhielt, kommt eigentlich nur Katharina infrage, die sie bei sich aufgenommen haben wird. Vielleicht spazierte die ehemalige Äbtissin mit ihrer 12-jährigen Tochter Anna und der 8-jährigen Salomea, Tochter ihrer geliebten Regula,

---

385 Christ-von Wedel, Die Äbtissin, S. 227; Vadianische Briefsammlung, Nr. 860.
386 Vadianische Briefsammlung, Nr. 1031, Nr. 1690; Christ-von Wedel, Die Äbtissin, S. 116, 228; Stähli, Ein Sammelband und handschriftliche Quellen, in: Christ-von Wedel, Die Äbtissin, S. 271 f.

zum Fraumünster und schilderte den beiden Mädchen, was sie hier alles erlebt hatte, wie sie selbst als 13-jähriges Mädchen nach Zürich kam, von der Einkleidung und der Weihe zur Äbtissin, von den Prozessionen, wie man sie auf einem Sessel auf den Lindenhof trug, von den Empfängen von wichtigen Würdenträgern, von den vielen Altären in der Kirche. Damals hatte das Fraumünster noch zwei Türme. Heute würden sie neben dem Brunnen verweilen, neben dem Südturm, der nur noch halb zu sehen ist und zur Limmat hinausschauen, wie es Katharina und Eberhard nach der Taufe von Anstetts Söhnchen vielleicht getan hatten. Aber da sind wir wieder mitten im Roman.

Der Bracken im Oberdorf war nur eine Zwischenstation. 1540 tauschte Katharina ihr Haus mit Fridli Murer und übernahm den Mohrenkopf am Neumarkt 13. Das Haus war grösser und 660 Pfund mehr wert als der Bracken. Katharina war vermögend. Sie handelte ohne Vogt im eigenen Namen. Der Tausch fand statt zwischen «der wolgebornenn tugenntrychen frouwenn frouw Catryna von Zimern wylund deß edlenn vesten Aeberhartens von Ryschach Burgers Zürich säligenn eelicher gelaßner witwenn an eynem, unnd dem frommen vestenn Junckher Fridrichenn Murer der zyt gerichtschryber und ouch burger Zürich am andern teyl». In der ganzen Urkunde wird Katharina gleichwertig neben Friedrich Murer genannt. Allerdings siegelte sie nicht selbst, aber sie betonte, sie habe «einen Freund» – nicht etwa einen Vogt – gebeten, für sie zu siegeln: «So hab ich vilbestimpte Catryna von Zimmern mit ernst erbättenn den frommen vestenn fürnemen wysenn Junckher Hans Conrathen Äscher deß Raats Zürich unnd angennder houptman zu Sannt Gallenn myn guttenn fründe, das der syn eigenn insigel für mich unnd myn erbenn, ime unnd synenn erben unschädlich, offenntlich heran gehennkt hat.»[387] Christ-von Wedel fragt: «War

---

[387] Staatsarchiv Zürich W I 1, Nr. 1935; Christ-von Wedel, Die Äbtissin, S. 71; Stähli, Ein Sammelband und handschriftliche Quellen, in: Christ-von Wedel, Die Äbtissin, S. 315 f.

*Abb. 36:
Neumarkt 13
(graues Haus in der Mitte)*

Friedrich Murer nicht so ganz wohl dabei, mit einer unbevogteten Frau den Tausch zu besiegeln, oder wollte die Witwe Katharina sich ganz einfach die Anschaffung eines Siegels ersparen? Ihr Äbtissinnensiegel konnte sie nicht mehr benutzen und solange ihr Mann lebte, brauchte sie kein eigenes Siegel. Jedenfalls handelte sie ohne Vogt.»[388]

Am Neumarkt

Ihr Umzug fand in einem schwierigen Jahr statt. 1540 hat es kaum geregnet, das ganze Jahr hindurch vielleicht sechsmal. In Norddeutschland verdorrten Korn und Früchte. Tiere und Menschen verendeten und Waldbrände vernichteten ganze Regionen. Es sollen ca. eine Million Menschen in Europa umgekommen sein. Auch Bullinger wusste

---

388   Christ-von Wedel, Die Äbtissin, S. 72.

von Waldbränden und berichtete, «die Mühlen seien stillgestanden. Die Limmat sei fast ausgetrocknet. Man habe um den Wellenbergturm laufen können». Im Juli habe er, Bullinger, schon süsse Trauben gegessen. Bis Mitte September habe die Sonnenhitze gedauert.[389]

Der Neumarkt war das vornehmste Quartier der «mehreren» Stadt, wie Zürich rechts der Limmat hiess. Schräg gegenüber von Katharinas neuem Zuhause wohnte neben dem Grimmenturm Bürgermeister Diethelm Röist in seinem Palais, etwas weiter oben, im Dammhirschli, der Stadtarzt Jakob Ruf. Das Nachbarhaus, Neumarkt 15, gehörte Jakob von Mandach, dem Bruder von Stieftochter Annas Ehemann, und seiner Frau Dorothee Locher. Das Ehepaar blieb kinderlos. Dorothee wurde jedoch achtzehnmal Patin in einer Zürcher Familie. Sie muss sehr beliebt gewesen sein. Jakob war ein schwieriger Mann, unzuverlässig, streitsüchtig, und er machte Schulden. Der Rat wollte das Geld bei Dorothee eintreiben und warf ihr vor, ihren Mann nicht besser geführt zu haben. Sie erwiderte, dass sie dann ihres Lebens nicht sicher gewesen wäre, da «habe er sy mit solicher rüche alwägen angfallen, das sy offtermals müssen besorgen, er brechte sy umb ir leben»[390]. Jakob starb 1546. Mit ihrer zweiten Ehe hatte Dorothee mehr Glück: Sie heiratete den Drucker Christoffel Froschauer, der um 1550 die auf der Rückseite des Hauses angrenzende Liegenschaft, das ehemalige Kloster Verena, kaufen konnte (mit dem Geld seiner Frau?) und dort seine Druckerei einrichtete, die er zuvor im ehemaligen Barfüsserkloster betrieben hatte. In der Kirche des ehemaligen Barfüsserklosters waren die ersten Zürcher Bibeln gedruckt worden.

1542 fiel Katharinas Freund Georg von Hewen, nachdem er 1540 seine Frau verloren hatte, im Alter von etwas über fünfzig Jahren als Hauptmann eines württembergischen Fähnleins in Ungarn im Krieg gegen die Türken.

---

389 Vgl. Christ-von Wedel, Die Äbtissin, S. 230.
390 Stadtarchiv Winterthur, AG 91/3/29.

Wann Katharinas Stieftochter Anna gestorben ist, liess sich nicht feststellen. Sicher aber ist, dass Heinrich von Mandach, nun in zweiter Ehe, die andere Anna, ihre Tochter, zur Frau nahm. Da in den Zürcher Taufbüchern die Mütter nicht verzeichnet sind, ist nicht eruierbar, welche der beiden Annas die Mutter der Sybilla und der Regula ist, die 1543 und 1545 zur Welt kamen. Beide wären möglich.

Die Einträge von Katharinas Patenschaften konnten aber gefunden werden. Sie durfte weitere viermal einen kleinen Zürcher oder eine kleine Zürcherin zur Taufe tragen. Am 15. April 1541 wurde sie Patin von Hans Meiss, Sohn des Schultheissen und Ratsherrn Jakob Meiss. Bei der Taufe von Cathrina Wyss im April 1545 übernahm sie das Amt zusammen mit dem bekannten Stadtarzt Jakob Ruf und wird hier mit ihrem alten Titel «Fr. [Frau] Cathrina Äbtissin» ins Taufbuch eingetragen. Zwanzig Jahre nach dem Verzicht auf das Amt hatte sie demnach in der Stadt immer noch hohes Ansehen, man sah in ihr noch die Autoritätsperson von damals.[391] Es zeigt auch, dass sie neue Freunde gewann, nachdem auch die Göldlis in Konstanz 1537 und 1538 gestorben waren. Katharina hat nicht mehr geheiratet. Eigentlich wäre es durchaus üblich gewesen, wieder eine Ehe einzugehen. Sie war beim Tod Eberhards dreiundfünfzig Jahre alt, ihre Cousine heiratete noch mit einundsechzig, und sie hatte einen weiten Bekannten- und Freundeskreis. Ausserdem war sie mit ihrer hohen Pension und dem schönen Haus eine gute Partie. Es muss ihre besondere Liebe zu Eberhard gewesen sein, die sie davon abhielt, und die grosse Freiheit, die sie als unabhängige Frau genoss.

Dass man eine unabhängige, vermögenden Frau nicht automatisch schätzte, zeigt die grausame Geschichte der Agatha Studlerin, die Zürich ein Jahr vor Katharinas Tod aufwühlte. Der Ehemann und Ankläger Heinrich Grebel war der Neffe jenes Georg Grebel, der Katharina während ihrer Zeit als Äbtissin sechsundzwanzig Jahre als Pfleger begleitet hatte, und der Sohn jenes Ritters Felix Grebel, der ihr vor der Wahl beige-

---

391 Stadtarchiv Zürich, VIII.C.1.; vgl. Christ-von Wedel, Die Äbtissin, S. 233.

standen war und dem sie daraufhin ein Amt versprach. Agatha Studlerin wurde als erste und einzige Bürgerin Zürichs als Hexe verurteilt und hingerichtet.[392] Die Tochter eines Embracher Chorherrn und Geliebte des Abts von Reichenau war ungewöhnlich reich. Sie wohnte zuerst auf der Hofstatt zum Kämbel, dann am Neumarkt wie Katharina und kaufte schliesslich das Haus an der Unteren Zäune 1, das heutige Chamhaus.[393] Sie hatte ein eigenes Siegel, durfte aber nicht ohne Vogt handeln. Nach der Scheidung von ihrem Ehemann Adam Fry heiratete sie den um fünfundzwanzig Jahre jüngeren Heinrich Grebel, der ihr alsbald die Verfügungsgewalt über ihr Vermögen streitig machte. Agatha wurde wegen Hexerei verurteilt und am 27. Februar 1546 ertränkt.[394] Niemand ahnte, welch düstere Zeit sich mit diesem Urteil ankündigte. Hinrichtungen waren eigentlich nichts Ungewöhnliches. Zwanzig Jahre später jedoch, als das Klima sich mit der Kleinen Eiszeit drastisch verschlechterte, die Angst vor Seuchen die Menschen in Atem hielt und die Türken bedrohlich an den Grenzen standen, überwältigten die Wahnvorstellungen auf schreckliche Weise über mehr als hundertfünfzig Jahre hinweg die Gesellschaften Europas. Auch in Zürich kam es zu achtzig Hinrichtungen. Heinrich Bullinger, der Nachfolger Zwinglis, unterstützte die Todesstrafe für «Hexen» und zwar ohne jede Reserve, wie sie der Humanist und Reformator Konrad Pellikan noch 1537 angebracht hatte. «Pellikan erklärte: Er wage nicht sicher zu definieren, was dieser Aberglaube sei und auf welche Weise diese unglücklichen Frauen getäuscht würden.»[395] Wo war diese Nüchternheit der ersten Reformatoren geblieben? Wo die Überzeugung, dass Gott aus sich heraus gnädig sei? Wo die grosse Vision der Freiheit eines Christenmenschen? War sie eine Überforderung und die grossen irrationalen Ängste eine Reaktion darauf?

392 Vgl. Sigg, Hexenmorde, S. 40 ff.
393 Vgl. a. a. O., S. 42.
394 Vgl. a. a. O., S 40.
395 Christ-von Wedel, Die Zürcher Hexenprozesse, S. 22.

Es ist nicht bekannt, wie es Katharina in ihrem letzten Lebensjahr ergangen ist. Aber es ist davon auszugehen, dass sie aktiv blieb und sich zu den Zürcher Ereignissen eine Meinung bildete, zumal Menschen daran beteiligt waren, die ihr nahestanden. Als überzeugte Humanistin, als die wir sie sehen, dürfte diese ähnlich ausgesehen haben, wie sie die Humanisten in der reformierten Stadt Basel vertraten, die nach 1520 keine einzige Frau wegen Hexerei verurteilten.[396] Katharina durfte am 19. September 1546 als Patin mit achtundsechzig Jahren nochmals eine kleine Cathrin aus der Taufe heben, zusammen mit Junker Jacob Stapfer. Sie hat sich auch ein letztes Mal um die zugesagte finanzielle Unterstützung ihrer Brüder bemüht, wohl um ihrer Tochter, und wie wir sehen werden, auch Salome, der Tochter ihrer Regula, ein Erbe zu hinterlassen und ihre Existenz zu sichern.

Katharina von Reischach-von Zimmern starb am 17. August 1547.[397] Die Gesellschaft zur Constaffel sorgte für ein angemessenes Begräbnis.[398] Wo sie ihre letzte Ruhe fand, ist nicht bekannt.

Obwohl von Zürichs letzter Äbtissin nur ganz wenige schriftliche Zeugnisse vorhanden sind, bekommt ihre Persönlichkeit durch all das, was ihr begegnet ist und wie sie darauf reagierte, doch klare Konturen. Sie war stark, initiativ und durchsetzungsfähig und hatte einen ausgeprägten Gestaltungswillen. Sie muss eine eigene, intensive Vorstellung gehabt haben von einer möglichen Zukunft der Abtei, in einer neuen, humanistisch geprägten Zeit, in einer für Bildung und für Reformen offenen Stadt. Mit Sicherheit war sie selber hoch gebildet und bewandert in Literatur, Kunst und Musik und hatte Humor. Sie hat sich mit Menschen umgeben, die bereit waren für Veränderungen, und hat sie und ihre Anliegen gefördert. Gerne wüssten wir, welches

---

396 Vgl. ebd.
397 Vgl. Staatsarchiv Zürich, B IV 17, S. 153r 1.
398 Vgl. Staatsarchiv Zürich, Fronfastenrödel, W 1 15, 115.1; Martin Illi, Die Constaffel, S. 54.

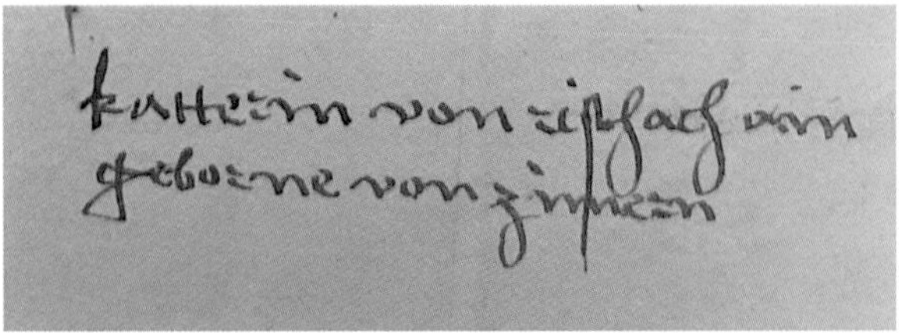

Abb. 35: Katharinas Unterschrift

ihre eigenen Ideen waren. Vielleicht gehört es zu ihrer pragmatischen Seite, dass sie auf dem Boden der Realität blieb und handelte, ohne laut zu werden. Katharina hatte dann die Grösse einzusehen, dass die «Läufe der Zeit», wie sie in der Übergabeurkunde schrieb, eine andere Wendung nahmen und es keinen Sinn machte, sich diesen zu widersetzen, umso mehr als davon auszugehen ist, dass sie das Vorhaben und die Pläne der Stadt unterstützte. Es brauchte Mut, die nötigen Konsequenzen zu ziehen und das eigene Leben nochmals ganz neu zu gestalten. Dass sie für sich eine hohe Pension aushandeln konnte, zeugt von Voraussicht und Klugheit, aber auch davon, dass sie hoch geachtet war und die Stadt die Bedeutung ihres Schrittes richtig einschätzte.

Ihr Lebensweg ist gezeichnet von einer grossen Treue und Zuverlässigkeit für die Sache, die anstand, seien es wirtschaftliche Herausforderungen, schwierige Situationen mit ihr anvertrauten Mitmenschen oder einem impulsiven und oft in Geldnöten steckenden Ehemann. Sie hat geliebt. Das meinen wir in den Bildern der Wandfriese zu sehen, in der Heirat mit Eberhard von Reischach und vor allem mit ihrer zärtlichen Beziehung zu Regula Schwarz, von der wir überzeugt sind, dass es ihre Tochter war. Wir gestehen aber ein, dass dies letztlich ein Geheimnis bleibt. Über ihren Tod hinaus hat sie gut gesorgt für ihre Nachkommen. Vielleicht hat ihr die Familie ein neues befriedigendes Tätigkeitsfeld geboten. Wir wünschten ihr jedoch auch in dieser Situation, dass sie aktiv blieb, in Gesprächen in ihrem weiten Bekanntenkreis am gesellschaftlichen und politischen Leben teilnahm und vielleicht da und dort Ratschläge erteilte oder sogar im Stillen handelte. Im Stillen! Das ist der schwierigste Moment beim

Zurückdenken an Katharina von Zimmern. Sie war bis zur Übergabe der Abtei eine Person, die in der Öffentlichkeit stand, dann wurde sie sozusagen unsichtbar, wie viele Ehefrauen vor und nach ihr. Unsichtbar auch für ihre Nachwelt. Bis vor Kurzem.

Das Erbe

Sechs Wochen nach ihrem Tod erreichte den Zürcher Rat ein Brief des Bruders Gottfried aus Messkirch wegen der ausstehenden Leibgeding-Zinsen für seine Schwester, die Andres Müller, zuständig für Sonderpfründen am Fraumünster, bei ihm eingefordert habe. Er habe seinen Organisten Andres Reutter angewiesen, seiner Schwester zu schreiben, dass er beabsichtige auf Martini zu antworten. Er sei bereit, gutwillig einzulenken und deshalb nach Weihnachten an einem beiden Teilen genehmen Tag nach Zürich zu kommen, um den Handel abzuschliessen. Stähli schreibt: «Als Graf und Herr des Reichs sei er zwar keinem anderen Richter als dem Römischen Kaiser verpflichtet, wolle aber den Spruch in dieser Sache akzeptieren und hoffe, sich damit gegen die Stadt Zürich so zu erweisen, dass sie guten Gefallen daran finden werde.»[399] Die Todesnachricht hatte ihn offenbar noch nicht erreicht. Er erklärte sich im folgenden Jahr bereit, den Erben seiner Schwester 100 Sonnenkronen zu überlassen.

Am 25. Mai 1548 legte Meister Hans Rümeli, Vogt von Katharinas Tochter Anna von Mandach-von Reischach, in Anwesenheit mehrerer Zeugen die Abrechnung über Katharinas beträchtlichen Nachlass vor.[400] Neben den umfangreichen Zinsen und Gütern erbte Anna auch

---

399 Staatsarchiv Zürich, A 196.3.15, Nr. 7; Stähli, Ein Sammelband und handschriftliche Quellen, in: Christ-von Wedel, Die Äbtissin, S. 316 f.
400 Vgl. Staatsarchiv Zürich, B VI 336, 114v–115v; Stähli, Ein Sammelband und handschriftliche Quellen, in: Christ-von Wedel, Die Äbtissin, S. 318–320.

6 Mark 7 Lot Silbergeschirr. Und natürlich das Haus am Neumarkt 13. In der Abrechnung erscheint es bereits als für 1068 Pfund verkauft, der Kaufvertrag wurde jedoch erst im Juni ausgestellt, noch im Beisein ihres Manns Hans Heinrich von Mandach.[401]

Was uns nochmals von der These überzeugt hat, Regula sei Katharinas Tochter aus ihrer Zeit als Äbtissin gewesen, ist die Tatsache, dass auch Regulas Tochter Salomea Appenzeller als Erbin aufgeführt ist. Sie erhielt 100 Pfund Hauptgut, Tuch zu einem Oberrock und eine Bettstatt. Anna von Mandach wisse es und sei nicht dagegen. Das Einverständnis ehelicher Kinder musste vorliegen, wenn uneheliche ebenfalls erbten.[402]

Die Nachkommen

Hans Heinrich von Mandach muss bald nach Katharina gestorben sein. Die nun sehr gut situierte Tochter Anna heiratete 1550 Crescencius Spiegelberg in ihrer Geburtsstadt Schaffhausen. Er taucht unter verschiedenen Vornamen in den Quellen auf: Crescencius, Cencius oder Vincenz. Als Ehemann von Anna Reischach aus Zürich wird er Vincens oder Crescentius genannt.[403] Mit ihm heiratete Anna einen akademisch gebildeten Mann. Sie gebar ihm vier Kinder. Crescencius, Ratsherr wie sein Vater, hatte in Paris an der renommierten papsttreuen Hohen Schule studiert.[404] Zwei Jahre nach dem Tod Katharinas

---

401 Vgl. Staatsarchiv Zürich, W I 1, Nr. 1936; Stähli, Ein Sammelband und handschriftliche Quellen, in: Christ-von Wedel, Die Äbtissin, S. 320.
402 Vgl. Stähli, Ein Sammelband und handschriftliche Quellen, in: Christ-von Wedel, Die Äbtissin, S. 320.
403 Stadtarchiv Schaffhausen, C II 0601; Vgl. Christ-von Wedel, Die Äbtissin, S. 237; Stähli, Ein Sammelband und handschriftliche Quellen, in: Christ-von Wedel, Die Äbtissin, S. 323.
404 Vgl. Christ-von Wedel, Die Äbtissin, S. 238.

versuchte er, über seine Frau die Leibrente Katharinas als sogenannten «Nachgenuss» weiter zu beziehen – allerdings erfolglos. Die Zürcher Ratsherren baten ihre Kollegen in Schaffhausen, Spiegelberg klar zu machen, dass er keine Ansprüche an sie habe, sie mögen ihn und seine Frau «abwyßenn».[405] Die Spiegelbergs wohnten in einem der Häuser an der westlichen Ringmauer Schaffhausens, heute Neustadt 29.[406] Im Ratsbuch steht ausdrücklich, dass Spiegelbergs Ehefrau es gekauft habe und dass der Graf von Zimmern ihnen noch Geld schuldig sei.[407] Hat Gottfried seine Zusage nicht eingehalten? Spiegelberg starb am 10. September 1568.[408] Gemäss Johann Ludwig Bartenschlager heiratete Anna ein drittes Mal und zwar wieder einen Mandach, und zog in den Stutenhof ins katholische Öhningen.[409]

Ganz in der Nähe hatte Regulas Sohn Sebastian Uriel, der den schönen Sammelband mit Reformationsschriften wohl von Katharina geerbt hatte und unterdessen Rat und Haushofmeister in Heidelberg war, schräg gegenüber von Öhningen ein Schlösschen gekauft: die Luxburg in Egnach am Bodensee. Als Besitzer belegt ist er ab 1586.[410] Ob sich die beiden getroffen haben? Im Roman würden sie, als zwei nun in die Jahre gekommene Menschen, zusammen am See sitzen und über vergangene Zeiten und ihre Mutter, beziehungsweise Grossmutter, die Äbtissin von Zürich, plaudern.

---

405 Vgl. Staatsarchiv Zürich, B IV 17, 153r; Stähli, Ein Sammelband und handschriftliche Quellen, in: Christ-von Wedel, Die Äbtissin, S. 324 f.
406 Siehe auch die Häuserdatenbank Schaffhausen von Kurt Bänteli.
407 Vgl. Staatsarchiv Schaffhausen, RP 19, 113, 1559.
408 Vgl. Rüeger, Rüegersche Chronik, S. 954.
409 Vgl. Bartenschlager, Stadtarchiv Schaffhausen, B.III.10.60.01/05 zu Mandach.
410 Vgl. Generallandesarchiv Karlsruhe GLA 67, 534 III Blatt 11; Christ-von Wedel, Die Äbtissin, S. 117.

Uriels Schwester Salomea Appenzeller heiratete 1551 Ezechiel Ramp, Pfarrer in Uster,[411] und hatte als Pfarrfrau ein Pfarrhaus zu führen. Wie das protestantische Pfarrhaus zur Institution wurde, die während 500 Jahren die Kirche eindrücklich mitgeprägt hat, ist vielleicht eine eigene Geschichte, die 1524 ihren Anfang nahm. Alle Geistlichen mussten heiraten. Viele haben die Frau geehelicht, die schon lange ihren Haushalt führte. Dass das nicht immer ganz einfach war, ist im Synodeprotokoll vom 19. Mai 1528 nachzulesen. Es wird geklagt über Ehefrauen von Pfarrern, die hoffärtig geworden seien, plötzlich üppige Kleider und Schmuck trügen, während der Predigt einschliefen, das Gut ihres Manns vergeudeten, «sie haltet den Mann schnöd und verschüttet, was er ufbringen mag». Dafür wird einigen Männern Trinksucht vorgeworfen und von den Frauen erwartet, dass sie die Männer davon abhalten könnten. Jakob Erni gibt zu Protokoll, er würde es gerne wieder haben wie früher, «er wellt sin frowen lieber haben, wie vor der bruch ist gsin».[412] Die neue Situation brachte ungeahnte Schwierigkeiten mit sich.

Andererseits war sie eine grosse Chance. Unter den neuen Pfarrfrauen befanden sich auch viele ehemalige Klosterfrauen, die eine gute Bildung genossen hatten und hohe Ideale pflegten und die nun die Möglichkeit sahen, in neuer Position eine Aufgabe zu übernehmen, zu gestalten und zu prägen. Bekannte Beispiele sind Katharina Gmünder, die Ehefrau Leo Juds vom St. Peter, sie war eine ehemalige Einsiedler Waldschwester, und Anna Adlischwyler, Heinrich Bullingers Frau am Grossmünster, sie war eine ehemalige Oetenbacher Nonne. Auch Katharina von Bora, die Ehefrau Martin Luthers, war Nonne gewesen. Sie alle führten auf eindrückliche Art offene, gastliche Pfarrhäuser, empfingen Gäste aus aller Welt, nahmen teil am gesellschaftlichen Geschehen und setzten sich ein für Kranke und Benachteiligte,

---

411 Stadtarchiv Zürich, VIII.C.1.
412 Egli, Actensammlung, Nr. 1414

ganz im Sinne ihrer nun aufgelösten Institutionen. Vielleicht hat im protestantischen Pfarrhaus, in dem Bildung einen hohen Stellenwert einnahm, lange Zeit etwas vom klösterlichen Ideal weitergelebt. Wir denken uns, dass auch Salomea sich in diesem Sinn einsetzte und als Pfarrfrau an ein Erbe anknüpfen konnte, das ihr ihre ‹Grossmutter›, die Äbtissin, vorgelebt und mitgegeben hatte.

Literatur

Abegg Regine und Barraud Wiener Christine, Kunstdenkmäler der Schweiz, Stadt Zürich II.I, 2002.

Abegg Regine und Barraud Wiener Christine, Ausbau und Ausstattung der Fraumünsterabtei unter Katharina von Zimmern, in: Gysel Irene und Helbling Barbara (Hg.), Zürichs letzte Äbtissin, Katharina von Zimmern 1478–1547, Zürich 1999, S. 97–118.

Abegg Regine, Spätgotische Stuben und Flachschnitzfriese aus dem Hof der Fraumünsteräbtissin Katharina von Zimmern im Schweizerischen Nationalmuseum, hg. vom Verein Katharina von Zimmern, Zürich 2008.

Anshelm Valerius, Die Berner Chronik des Valerius Anshelm, I–VI, Bern 1884–1906.

Barack Karl August, Zimmerische Chronik, 2. verbesserte Auflage, Freiburg und Tübingen 1881/1882.

Barraud Wiener Christine und Jezler Peter, Liturgie, Stadttopographie und Herrschaft in den Festtagsprozessionen des Zürcher Liber Ordinarius, in: Leuppi Heidi, Der Liber Ordinarius des Konrad von Mure, Die Gottesdienstordnung am Grossmünster in Zürich, Zürich 1995, S. 127–158.

Bartenschlager Johann Ludwig, Beschreibung der Geschlechter der Stadt Schaffhausen, ab 1744, 10 Bände.

Baumeler Ernst, Die Herren von Bonstetten: Adlige Selbstbehauptung und Anpassung im Bannkreis von Habsburg und Zürich, in: Niederhäuser Peter (Hg.), Alter Adel – neuer Adel?, Zürcher Adel zwischen Spätmittelalter und Früher Neuzeit, Mitteilungen der Antiquarischen Gesellschaft, Bd. 70, Zürich 2003, S. 91–104.

Bless-Grabher Magdalen, Diebold von Geroldseck, in: Historisches Lexikon der Schweiz (HLS), 2005.

Bless-Grabher Magdalen, Veränderungen im kirchlichen Bereich, in: Geschichte des Kantons Zürich, Bd. 1, S. 438–464.

Brinckmeier Eduard, Genealogische Geschichte des Hauses Leiningen und Leiningen-Westerburg, Braunschweig 1890.

Buch des Hermann von Weinsberg, Germania. Vierteljahrsschrift für deutsche Alterthumskunde, Bd. 19, 1874.

Büchi Albert, Albrecht von Bonstetten, Ein Beitrag zur Geschichte des Humanismus in der Schweiz, München 1889.

Bullinger Heinrich, Reformationsgeschichte, hg. von Hottinger Johann Jakob und Vögeli Hans Heinrich, Frauenfeld 1838.

Bumiller Casimir, Die Herren und Grafen von Zimmern: eine exemplarische oder eine extraordinäre Geschichte?, in: Bumiller Casimir, Rüth Bernhard und Weber Edwin Ernst (Hg.), Mäzene, Sammler, Chronisten, Die Grafen von Zimmern und die Kultur des schwäbischen Adels, Stuttgart 2012, S. 12–27.

Bumiller Casimir, Rüth Bernhard und Weber Edwin Ernst (Hg.), Mäzene, Sammler, Chronisten, Die Grafen von Zimmern und die Kultur des schwäbischen Adels, Stuttgart 2012.

Burmeister Karl Heinz, «Jahrzeit» in: Historisches Lexikon des Fürstentums Liechtenstein.

Bundi Martin, Jörg von Werdenberg-Sargans, in: Historisches Lexikon der Schweiz (HLS), 2013.

Christ-von Wedel Christine, Die Äbtissin, der Söldnerführer und ihre Töchter, Katharina von Zimmern im politischen Spannungsfeld der Reformationszeit, Zürich 2. Auflage 2019.

Christ-von Wedel Christine, Erasmus und die Zürcher Reformatoren, Huldrich Zwingli, Leo Jud, Konrad Pellikan, Heinrich Bullinger und Theodor Bibliander, in: Christ-von Wedel Christine, Leu Urs B. (Hg.), Erasmus in Zürich: eine verschwiegene Autorität, Zürich 2007, S. 77–166.

Christ-von Wedel Christine, Erasmus von Rotterdam, Ein Porträt, Basel 2016.

Christ-von Wedel Christine, Die Zürcher Hexenprozesse und die Reformatoren, in: Zwingliana 48, Zürich 2021, S. 71–114.

Diener Ernst, Die Zürcher Familie Schwend, Neujahrsblatt der Stadtbibliothek Zürich auf das Jahr 1901.

Dörner Gerald, Kirche, Klerus und kirchliches Leben in Zürich von der brunschen Revolution (1136) bis zur Reformation (1523), Würzburg 1996.

Egli Emil, Actensammlung zur Geschichte der Zürcher Reformation, in den Jahren 1519–1533, Zürich 1879.

Frey Stefan, Fromme feste Junker, Neuer Stadtadel im spätmittelalterlichen Zürich, Zürich 2017.

Gagliardi Ernst, Dokumente zur Geschichte des Bürgermeisters Hans Waldmann, Basel 1911–1913.

Göldli Emil August, Göldi-Göldli-Göldlin, Ein Beitrag zur Kenntnis der Geschichte einer schweizerischen Familie, Zürich 1902.

Günter Roswith, Ein Leben als Bürgerin, in: Gysel Irene und Helbling Barbara (Hg.), Zürichs letzte Äbtissin, Katharina von Zimmern 1478–1547, Zürich 1999, S. 67–96.

Günter Roswith, Herkunft und Jugend, in: Gysel Irene und Helbling Barbara (Hg.), Zürichs letzte Äbtissin, Katharina von Zimmern 1478–1547, Zürich 1999, S. 19–40.

Günter Roswith, Im Strom der Zeit, Katharina von Zimmern. Die letzte Äbtissin des Fraumünsterstiftes in Zürich, Rottweil 1998 (Typoskript).

Günter Roswith und Kimmich Karl, Eleonora von Zimmern: bekennende Protestantin, Beiträge des Herrenzimmerner Geschichts- und Kulturvereins e. V. zur Ortsgeschichte, Oberndorf 2011.

Gysel Irene und Helbling Barbara (Hg.), Zürichs letzte Äbtissin, Katharina von Zimmern 1478–1547, Zürich 1999.

Gysel Irene, Knospen im Herbst: Frauen und die Reformation, in: Niederhäuser Peter (Hg.), Verfolgt, verdrängt, vergessen, Schatten der Reformation, Zürich 2018, S. 159–176.

Gysel Werner, Das Chorherrenstift am Grossmünster, von den Anfängen im 9. Jahrhundert bis zur Zürcher Reformation unter Huldrych Zwingli, Zürich 2010.

Gysel Werner, Das Chorherrenstift am Vorabend der Reformation, in: Christ-von Wedel Christine und Leu Urs B. (Hg.), Erasmus in Zürich: eine verschwiegene Autorität, Zürich 2007, S. 39–52.

Halter Annemarie, Geschichte des Dominikanerinnen-Klosters Oetenbach in Zürich 1234–1525, Winterthur 1956.

Hegi Friedrich, Die geächteten Räte des Herzogs Sigmund von Österreich und ihre Beziehungen zur Schweiz 1487–1499, Innsbruck 1907.

Hegi Friedrich unter Mithilfe von Emil Usteri und Sinaida Zuber, Der Glückshafenrodel des Freischiessens zu Zürich, 1504 mit Anhang und Beilagen. Mit Unterstützung der Antiquarischen Gesellschaft in Zürich, 2 Bde., Zürich 1942.

Helbling Barbara, Katharina im Fraumünster, in: Gysel Irene und Helbling Barbara (Hg.), Zürichs letzte Äbtissin, Katharina von Zimmern 1478–1547, Zürich 1999.

Herrliberger David, Kurze Beschreibung der gottesdienstlichen Gebräuche, wie solche in der Reformierten Kirche der Stadt und Landschaft Zürich begangen wurden, Zürich 1751.

Hofmann Franz, Schloß Schlatt unter Krähen, Geschichte und Kunstgeschichte Teil 1, Bamberg 1991.

Hug Albert, Albrecht von Bonstetten, in: Historisches Lexikon der Schweiz (HLS), 2007.

Jäggi Gregor, Konrad von Hohenrechberg, in: Historisches Lexikon der Schweiz (HLS).

Jehle Fridolin und Jehle Adelheid, Die Geschichte des Stiftes Säckingen, Sauerländer 1993.

Jenny Beat, Berichtigungen und Nachträge zu Band VIII, in: Die

Amerbachkorrespondenz, bearb. und hg. im Auftrag der Kommission für die Öffentliche Bibliothek der Universität Basel von Alfred Hartmann u. a., I–XI in 14 Teilen, [Amerbach], Basel 1942–2010.

Jezler Peter, Gerold Edlibachs Aufzeichnungen über die Zürcher Reformation 1520–1526, in: Altendorfer Hans-Dietrich und Jezler Peter (Hg.), Bilderstreit. Kulturwandel in Zwinglis Reformation, Zürich 1984.

Illi Martin, Wohin die Toten gingen, Begräbnis und Kirchhof in der vorindustriellen Stadt, Zürich 1992.

Illi Martin, Die Constaffel, Von Bürgermeister Rudolf Brun bis ins 20. Jahrhundert, Zürich 2003.

Kamber Peter, Reformation als bäuerliche Revolution, Zürich 2010.

Keller Hagen, Kloster Einsiedeln im ottonischen Schwaben, Freiburg im Breisgau 1964.

Keller-Escher Carl, Die Familie Grebel, Blätter aus ihrer Geschichte, Frauenfeld 1884.

Kindler von Knobloch Julius (Hg.), Oberbadisches Geschlechterbuch, Heidelberg 1905.

Knecht Sybille, Ausharren oder austreten?, Lebenswege ehemaliger Nonnen nach der Klosteraufhebung am Beispiel der Städte Zürich, Bern und Basel, Zürich 2016.

Köhler Walther, Huldrych Zwingli, Leipzig 1983.

Köppel Christa, Von der Äbtissin zu den gnädigen Herren, Untersuchungen zu Wirtschaft und Verwaltung der Fraumünsterabtei in Zürich 1418–1549, Zürich 1991.

Krajewski Ekkehard, Leben und Sterben des Zürcher Täuferführers Felix Mantz, Kassel 1957.

Kyncl Rachel, Analyse der Sprüche in den ehemaligen Räumlichkeiten der Äbtissin Katharina von Zimmern, in: Abegg Regine, Spätgotische Stuben und Flachschnitzfriese aus dem Hof der Fraumünsteräbtissin Katharina von Zimmern im Schweizerischen Nationalmuseum, hg. vom Verein Katharina von Zimmern, Zürich 2008.

Leu Urs, Charakter und Bedeutung der Zürcher Reformation, in: Sammlung Johann Caspar Lavater, Jahresschrift, Zürich 2019.

Lipp Emil, Chronik der Kirche Altstetten, Ortsgeschichtliche Kommission des Quartiervereins, Zürich 1965.

Lienert Meinrad, Schweizer Sagen und Heldengeschichten, Wiesbaden 2006.

Lutz Albert, Die Zürcher Jagd, Eine Geschichte des Jagdwesens im Kanton Zürich, Zürich 1963.

Meyer von Knonau Gerold, Aus mittleren und neueren Jahrhunderten, Historische Vorträge und Aufsätze, Zürich 1876.

Meyer von Knonau, Die Zimmern'sche Chronik über Johann Werner von Zimmern und Dekan Albert von Bonstetten, in: Anzeiger für Schweizer Geschichte 1870, Heft 1, S. 33–35.

Mörikofer Johann Caspar, Ulrich Zwingli nach den urkundlichen Quellen, Leipzig 1867.

von Mülinen Wolfgang Friedrich, Geschichte der Schweizer Söldner, Bern 1887.

Müller Johannes Baptist O.S.B. und Ringholz Odilo, Diebold von Geroldseck, Mitteilungen des historischen Vereins des Kantons Schwyz, 1890.

von Müller Johann und Glutz Blotzheim Robert, Geschichten Schweizerischer Eidgenossenschaft, fortgesetzt von Johann Jakob Hottinger, Bd. 6, Zürich 1825.

Niederhäuser Peter, Ein Leben im Umbruch: die Zürcher Äbtissin Katharina von Zimmern, in: Bumiller Casimir, Rüth Bernhard und Weber Edwin Ernst (Hg.), Mäzene, Sammler, Chronisten, Stuttgart 2012, S. 119–129.

Niederhäuser Peter, Das Fraumünster in Zürich, Von der Königsabtei zur Stadtkirche, Mitteilungen der Antiquarischen Gesellschaft, Bd. 80, Zürich 2012.

Niederstätter Alois, Der Schwaben- oder Schweizerkrieg, Die Ereignisse und ihre Bedeutung für Österreich-Habsburg, in: Fischer Werner

und Niederhäuser Peter (Hg.), Vom Freiheitskrieg zum Geschichtsmythos, 500 Jahre Schweizer- oder Schwabenkrieg, Zürich 2000.
Opitz Peter, Ulrich Zwingli, Prophet, Ketzer, Pionier des Protestantismus, Zürich 2015.
Pestalozzi Carl, Heinrich Bullinger, Elberfeld 1858.
Pfarramt St. Felix und Regula (Hg.): Festschrift zum 25. Kirchweih-Jubiläum der Kirche St. Felix und Regula, Zürich 1975.
Platter Thomas, Lebensbeschreibung, hg. von Hartmann Alfred, Basel 1999.
Rahn Johann Rudolf, Das Fraumünster in Zürich, Mitteilungen der Antiquarischen Gesellschaft, Zürich 1900.
Rahn Johann Rudolf, Die Stephanskapelle in Zürich und ihre Wandgemälde, Anzeiger für Schweizerische Altertumskunde, Bd. 11, Zürich 1909.
Raimann Alfons, Die Kunstdenkmäler des Kantons Thurgau, Bd. V, Bezirk Diessenhofen, Basel 1992.
Reinhard Johann Jakob, Pragmatische Geschichte des Hauses Geroldseck, Frankfurt und Leipzig 1766.
Rigendinger Fritz, Das Sarganserland im Spätmittelalter, Zürich 2007.
Röthlisberger Jeannette, Reginlinde, Herzogin von Schwaben, Äbtissin des Fraumünsters, Stifterin von Einsiedeln, Wädenswil 2021.
Rübel Eduard, Das Fraumünstergut, Sein Schicksal in elf Jahrhunderten, Erweiterte Fassung des Karlsvortrages 1988 in der Gelehrten Gesellschaft auf der Chorherrenstube, Separatdruck.
Rübel Eduard, Die Übergabe des Stifts an die Stadt – rechtlich gesehen, in: Gysel Irene und Helbling Barbara (Hg.), Zürichs letzte Äbtissin, Katharina von Zimmern 1478–1547, Zürich 1999.
Rueb Franz, Zwingli, Widerständiger Geist mit politischem Instinkt, Zürich 2016.
Rüeger Johann Jakob, Rüegersche Chronik, Chronik von Stadt und Landschaft Schaffhausen, hg. vom Historisch-antiquarischen Verein des Kantons Schaffhausen, Schaffhausen 1884–1910.

Oswald Myconius, Vom Leben und Sterben Huldrych Zwinglis, hg. von Rüsch Ernst Gerhard, St. Gallen 1979.

Schmid Margrit R., Frauenkloster in der Au bei Einsiedeln, Benediktinerinnenkloster mit Ewiger Anbetung, Einsiedeln 2005.

Schneider-Lastin Wolfram, Quellen, in: Gysel Irene und Helbling Barbara (Hg.), Zürichs letzte Äbtissin, Katharina von Zimmern 1478–1547, Zürich 1999.

Sigg Otto, Hexenmorde Zürichs und auf Zürcher Gebiet, Zürich 2019.

Steinmann Judith, Die Benediktinerinnenabtei zum Fraumünster und ihr Verhältnis zur Stadt Zürich 853–1524, St. Ottilien 1980.

Stähli Marlis, Ein Sammelband und handschriftliche Quellen, in: Christine Christ-von Wedel, Die Äbtissin, der Söldnerführer und ihre Töchter, Katharina von Zimmern im politischen Spannungsfeld der Reformationszeit, Zürich 2019.

Stockar Hans, Tagebuch von 1520 bis 1529, Schaffhausen 1839.

Stucki Heinzpeter, Engelhard, Heinrich, in: Historisches Lexikon der Schweiz (HLS).

Vannotti Barbara, Monasterium exivit, et ad seculum est reversa …, Die Flucht der Schenkin von Erbach aus der Fraumünsterabtei Zürich, in: Graf Martin und Moser Christian (Hg.), Strenarum lanx, Achius Verlag, Zug 2003.

Vischer Manfred, Bibliographie der Zürcher Druckschriften des 15. u. 16. Jh., Baden 1991.

Vögelin Salomon, Das alte Zürich, Bd. 1, Eine Wanderung durch Zürich im Jahr 1504, Zürich 1878.

Vögelin Salomon, Das Freischiessen von 1504, Neujahrsblatt der Stadtbibliothek Zürich auf das Jahr 1867.

Vogelsanger Peter und Vogelsanger Irmgard-de Roche, Hans Waldmann, Der Höngger Bericht, Zürich 1989.

Vogelsanger Peter, Zürich und sein Fraumünster, Eine elfhundertjährige Geschichte 853–1956, Zürich 1994.

Wyss Bernhard, Die Chronik des Bernhard Wyss, Basel 1901.

von Wyss Georg, Geschichte der Abtei Zürich, Zürich 1853.
Zieglschmid Andreas Johannes Friedrich (Hg.), Die älteste Chronik der Hutterischen Brüder, 1943.
Zwingli Huldrych, Actio oder Bruch des Nachtmahl/Gedechtnus, Zürich 1525.

Nachschlagewerke

Geschichte des Kantons Zürich, Bd. 1, Frühzeit bis Spätmittelalter, Zürich 1995.
Deutsches Rechtswörterbuch
Schweizerisches Idiotikon
Eidgenössische Abschiede
Huldrych Zwingli Briefe, digitale Edition, Institut für Schweizerische Reformationsgeschichte an der Universität Zürich
Vadianische Briefsammlung, Joachim Vadian, hg. von Emil Arbenz, I–IV, St. Gallen 1890–1913.
Repertorium Poenitentiariae Germanicum, RG Online
Häuserdatenbank Schaffhausen von Kurt Bänteli

Archive und Bibliotheken

Stadtarchiv Zürich
Staatsarchiv Zürich
Zentralbibliothek Zürich
Stadtarchiv Winterthur
Stadtarchiv Schaffhausen
Staatsarchiv Schaffhausen

Erzbischöfliches Archiv Freiburg im Breisgau
Freiburger Diözesan Archiv
Generallandesarchiv Karlsruhe
Fürstlich Fürstenbergisches Archiv Donaueschingen
Fürstlich Leiningensches Archiv Amorbach
Württembergische Landesbibliothek Stuttgart
Historisches Archiv der Stadt Köln

Bildnachweis

Abb. 1: Stadtansicht von Messkirch, 1575, Generallandesarchiv Karlsruhe (J-B Messkirch/1)
Abb. 2: Heutige Stadtansicht von Messkirch, Stadt Meßkirch
Abb. 3: Pfarrhaus und Haus der Zimmern in Weesen, Amden Weesen Tourismus / Karin Bischof
Abb. 4: Fraumünster mit Lettner und Nonnenchor, 1835, nach J. Arter, Kunsthaus Zürich, Grafische Sammlung, Nachlass Frau Schulthess-Schulthess, 1887
Abb. 5: Flachschnitzereien, Blütenkind, Schweizerisches Nationalmuseum, DIG-51128
Abb. 6: Die Madonna wird nach Einsiedeln überführt, Reliefbild bei der Klosterpforte Einsiedeln, Foto: Irene Gysel
Abb. 7: Zimmerische Chronik, Württembergische Landesbibliothek Stuttgart, Cod. Don. 580a, 370v–371r
Abb. 8: Siegel der Äbtissin an ihrer ersten Urkunde vom 28. Juni 1496, Staatsarchiv Zürich, C 1 198
Abb. 9: Rechnungsbuch, Stadtarchiv Zürich, III.B.227.
Abb. 10: Lindenhof, Ausschnitt aus dem übermalten und ergänzten (um 1566) Altarbild von Hans Leu ‹Der Stadt Zürich Conterfey›, Baugeschichtliches Archiv Zürich, BAZ 047182

Abb. 11: Steinberg und Haus zum Rech, Zürich, Foto: Irene Gysel
Abb. 12: Wellenberg, Zürich, Foto: Hotel Boutique Wellenberg
Abb. 13: Göldliturm in Zürich, Emil Schulthess, 1836, Baugeschichtliches Archiv Zürich, BAZ 091823
Abb. 14: Stadtplan Zürich, Baugeschichtliches Archiv Zürich, Zeichnung: Urs Jäggin
Abb. 15: Curia abbatie, Baugeschichtliches Archiv Zürich, BAZ 052819
Abb. 16: Katharinas Hof, Baugeschichtliches Archiv Zürich, Umzeichung: Urs Jäggin nach der Bauaufnahme des Hochbauamtes II der Stadt Zürich von 1896/97
Abb. 17: Flachschnitzereien, Katze, Schweizerisches Nationalmuseum, IN-99.2, DIG-51160
Abb. 18: Flachschnitzereien, Devise, Schweizerisches Nationalmuseum, DIG-51153
Abb. 19: WWVWW, Abschrift des Passionstraktates von Heinrich von St. Gallen, Anfang 16. Jh., Bayerische Staatsbibliothek München, Cgm 4566, 128r
Abb. 20: Devise bei Heinrich von Weinsberg, Historisches Archiv Köln, 7030 (Chroniken und Darstellungen, C+D), fol. 52, 127r
Abb. 21: Flachschnitzereien, Liebespaar, Schweizerisches Nationalmuseum, IN-99.2, DIG-51127
Abb. 22: Flachschnitzereien, Badeszene, Schweizerisches Nationalmuseum, DIG-51124
Abb. 23: Wühre, Ausschnitt aus dem übermalten und ergänzten (um 1566) Altarbild von Hans Leu «Der Stadt Zürich Conterfey», Baugeschichtliches Archiv Zürich, BAZ 047182
Abb. 24: Haus zum Tiergarten, Schaffhausen, Foto: Irene Gysel
Abb. 25: Kirche Oetenbach, Bild von J. Arter, Privatbesitz, Foto: Irene Gysel
Abb. 26: Zwinglis Schrift von göttlicher und menschlicher Gerechtigkeit mit eigenhändiger Widmung an Katharina von Zimmern, Privatbesitz, Foto: Irene Gysel

Abb. 27: Die Schule, lavierte Federzeichnung von Emil Schulthess, um 1835, in: Kunstdenkmäler der Schweiz, Stadt Zürich
Abb. 28: Plan des spätmittelalterlichen Zürich um 1504 von Heinrich Keller (1829), aus: Karl Dändliker: Geschichte der Stadt und des Kantons Zürich. Erster Band: Vorgeschichte der Stadt und der Landschaft bis 1400. Zürich: Schulthess 1908.
Abb. 29: Das rote Haus am Elsässerplatz, Zürich, Foto: Irene Gysel
Abb. 30: Übergabeurkunde, Stadtarchiv Zürich, I.A.501.
Abb. 31: Neustadtgasse 1, Zürich, Foto: Irene Gysel
Abb. 32: Zwinglis Abendmahlliturgie, Privatbesitz, Foto: Irene Gysel
Abb. 33: Kloster Allerheiligen, Rüeger Chronik, Staatsarchiv Schaffhausen, Chroniken A1, Bd. II, bei Seite 546
Abb. 34: Abgeltung für das Wohnrecht 1536, Stadtarchiv Zürich III.B.322.
Abb. 35: Oberdorfstrasse 17, Zürich, Foto: Irene Gysel
Abb. 36: Neumarkt 13, Zürich, Foto: Irene Gysel
Abb. 37: Unterschrift von Katharina von Zimmern, Brief vom 22. November 1528, Stadtarchiv Zürich, III.B.961.12

Autorin und Verlag waren bemüht, alle nötigen Abdruckrechte einzuholen. Sie bitten, nicht erhebbar gewesene Rechte gegebenenfalls beim Theologischen Verlag Zürich zu melden.

«Hör nicht auf zu singen»

Zeuginnen der
Schweizer Reformation

Herausgegeben von
Rebecca A. Giselbrecht
und Sabine Scheuter

Welche Rolle spielten Frauen während der Reformation? Was bedeutete es für Katharina Schütz Zell oder Idelette de Bure, «Gefährten im Dienst» zu sein? Und inwiefern war Margarete Blarer aus Konstanz eine Ausnahmeerscheinung? Neben Zeugnissen von selbständigen Frauen wird dem Einfluss der Reformation auf die Frauen- und Männerrolle sowie auf das Ehe- und Familienverständnis Raum gegeben. Neue Ehe- und Gesellschaftsideen und deren Wirkung kommen ebenfalls zur Sprache. Nicht zuletzt ist es ein Buch über die tragischen Schicksale von prominenten, aber auch völlig unbekannten Frauen, die der Reformation zum Opfer fielen.

TVZ, 2016, 268 Seiten
Paperback mit Farbabbildungen
ISBN 978-3-290-17850-5

Christine Christ-von Wedel

Die Äbtissin, der Söldnerführer und ihre Töchter

Katharina von Zimmern im politischen Spannungsfeld der Reformationszeit

Unter Mitarbeit von Irene Gysel, Jeanne Pestalozzi und Marlis Stähli

Katharina von Zimmern muss eine starke Persönlichkeit gewesen sein: Sie übergab während der Reformation das Fraumünsterstift der Stadt Zürich, hoffte, damit den Frieden in Zürich zu fördern, heiratete aber kurz darauf mit 48 Jahren einen notorischen Söldnerführer. Vier Frauen haben gemeinsam das Leben und Wirken dieser bemerkenswerten Frau erforscht. Sie haben Quellen neu analysiert und sogar neue Quellen gefunden – Quellen, die sie u.a. auf die Spur einer unehelichen Tochter brachten. Um die «Äbtissin» herum entfalten sie ein detailreiches Panorama der Reformationszeit.

TVZ, 2. durchgesehene Aufl. 2020, 360 Seiten
Hardcover mit zahlreichen farbigen Abbildungen
ISBN 978-3-290-18255-7

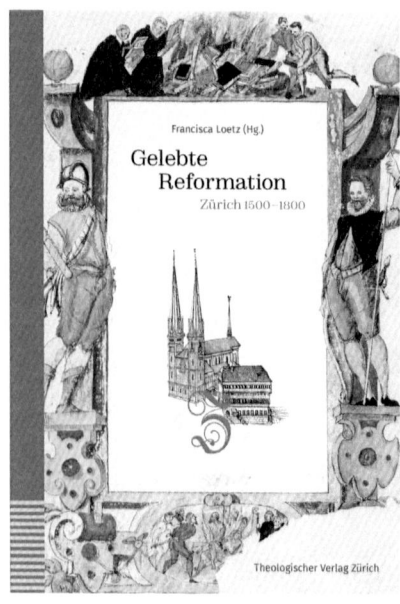

Gelebte Reformation

Zürich 1500–1800

Herausgegeben von
Francisca Loetz unter
Mitarbeit von Wolfram
Schneider-Lastin

«Sehen und hören», «Glauben und zweifeln» oder «Nicht eheliche Sexualität dulden und bestrafen»: In sieben innovativen Kapiteln wie diesen veranschaulicht der Band exemplarisch, was «Reformation» für die Menschen in der Frühen Neuzeit bedeutete und ermöglicht so Interessierten wie Fachleuten einen frischen, alltagsnahen Zugang zur Zürcher Reformation.

TVZ, 2022, 544 Seiten
Hardcover mit zahlreichen farbigen Abbildungen
ISBN 978-3-290-18468-1

Peter Opitz

Ulrich Zwingli

Prophet, Ketzer,
Pionier des Protestantismus

Die allgemein verständliche und reich illustrierte Biografie des Zwingli-Forschers Peter Opitz zeichnet auf knappem Raum das Denken und Wirken des Zürcher Reformators in den Konflikten seiner Zeit nach. Sie erhellt, welche theologischen Grundüberzeugungen Zwinglis Handeln in der Kirche wie innerhalb der Eidgenossenschaft prägten. Die anschauliche Biografie vermittelt auf aktuellem Forschungsstand ein lebendiges und zugleich wissenschaftlich fundiertes Bild des Reformators. Viele der gängigen, mit Zwinglis Namen verbundenen Vorstellungen werden dabei kritisch hinterfragt.

TVZ, 3. Aufl. 2019, 120 Seiten
Paperback mit Farbabbildungen
ISBN 978-3-290-17828-4

Produktsicherheit

Hersteller:
TVZ Theologischer Verlag Zürich AG, Schaffhauserstr. 316, CH-8050 Zürich
info@tvz-verlag.ch

Verantwortlicher in der EU gemäss GPSR:
Brockhaus Kommissionsgeschäft GmbH, Kreidlerstr. 9, D-70806 Kornwestheim
info@brocom.de

Weitere Informationen bezüglich Produktsicherheit finden Sie unter:
www.tvz-verlag.ch/produktsicherheit